Optimales Sportwissen

W. Friedrich

spitta verlag

Spitta Verlag GmbH & Co. KG · Ammonitenstraße 1 · 72336 Balingen · www.spitta.de

Anschrift des Autors:
Dr. Wolfgang Friedrich
Im Brühl 1/2
72144 Dusslingen

Bibliografische Information der Deutschen Bibliothek
Die Deutsche Bibliothek verzeichnet diese Publikation in der Deutschen Nationalbibliografie;
detaillierte bibliografische Daten sind im Internet über http://dnb.ddb.de abrufbar.
ISBN 3-934211-91-7

Ammonitenstraße 1, D-72336 Balingen
www.spitta.de

Produktmanagement: Renzo Hager
Covergestaltung: Spitta Verlag/C. Lenski, Haigerloch
Lektorat: mariscript Lektorat, Marianne Schmidt M.A., Rottenburg
Satz: Koch, Reutlingen
Druck: Sautter GmbH, Reutlingen
Printed in Germany

Inhaltsverzeichnis

Hinweis zum Arbeiten mit »Optimales Sportwissen«

Zum leichteren Auffinden sind alle wichtigen Begriffe und Themenblöcke am Seitenrand des Buches vermerkt.

Wichtige Definitionen bzw. Merksätze sind farbig markiert.

Jedes Kapitel schließt mit mehreren Aufgaben zum Inhalt. Die Aufgaben dienen zur Wiederholung, zum besseren Verständnis, zur Zusammenfassung und zum Lernen.

Weiterführende Literatur und Literatur, die bei der Erstellung der Kapitel herangezogen wurde, findet sich gesammelt im Literaturverzeichnis.

Geleitwort

Für Schüler und Sportstudenten ist es nicht leicht, eine aktuelle kompakte und praxisnahe Information zu biologischen und physiologischen Erkenntnissen der Trainingslehre zu bekommen. Meist muss man sich die neuesten Informationen aus mehreren Literaturstellen zusammenstellen, was nicht nur gewisse Kenntnisse in der Literaturbeschaffung erfordert, sondern auch vom Zeitaufwand oft nicht in Relation zu den durchzuführenden Aufgaben steht.

Umso dankenswerter ist es, wenn sich kenntnisreiche Autoren die Mühe machen, die Informationen in regelmäßigen Abständen zusammenzustellen und auf den neuesten Stand zu bringen. Besonders sinnvoll erscheint die Absicht des Autors, nicht nur theoretische Informationen zu liefern, sondern auch Kapitel einzuschließen, die unmittelbar die praktische Anwendung im Blickfeld haben.

Vonseiten der Sportmedizin freuen wir uns auch darüber, dass wichtige Erkenntnisse aus der Sportmedizin in verständlicher Form in den Sport transferiert werden. Nach wie vor bestehen Defizite in der Wissensübermittlung aus dem sportmedizinisch-physiologischen Bereich in den sportpraktischen Bereich.

Das vorliegende Buch greift die wichtigsten aktuellen Aspekte des Sportwissens auf und schlägt auch die Brücke zu den Gesundheitsproblemen im Sport. Wir hoffen, dass der Autor genug Anerkennung finden wird, um auch weiterhin an einer permanenten Fortführung der Grundlagen im Sportwissen zu arbeiten, und wünschen dem Buch eine weite Verbreitung.

Freiburg, Sommer 2005

Prof. Dr. Hans-Hermann Dickhuth
Präsident der Deutschen Gesellschaft
für Sportmedizin und Prävention

Vorwort des Autors

Das Anliegen des neuen Schulbuchs »Optimales Sportwissen« ist es, dem Leser auf verständliche Art und Weise die neuesten wissenschaftlichen Erkenntnisse in den Bereichen der Kondition und Koordination nahe zu bringen. Dazu sind vor allem die Kapitel zu den konditionellen Fähigkeiten um einfache und verständliche Beispiele aus der Sportpraxis bzw. Trainingspraxis ergänzt. Neben dem Leistungssport sind auch die beiden Bereiche Fitness- und Gesundheitssport berücksichtigt. Kraft-, Ausdauer- und Schnelligkeitstraining runden das Werk umfassend ab.

Das Buch ist insbesondere für Schüler geschrieben und ist inhaltlich umfangreich und aktuell an deren Bedürfnisse angepasst. Es ermöglicht ein selbstständiges Erarbeiten der Thematik und somit eine optimale Vorbereitung auf schulsportrelevante Themen und Prüfungen. Damit verbunden orientiert sich »Optimales Sportwissen« an dem Lehrplan des Fachbereichs Sport in Baden-Württemberg, enthält aber auch Elemente von Lehrplänen weiterer Bundesländer.

Die thematischen Module für das Pflichtfach Sport und für das Neigungsfach Sport sind zudem in diesem Buch zusammengeführt, das so für den Sportlehrer ein kompaktes und aktuelles Arbeitshandbuch darstellt.

Die vielen Rückmeldungen und Anregungen von Kollegen aus dem Schuldienst und Trainern an bekannten Sportschulen haben maßgeblich zu dieser Auflage von »Optimales Sportwissen« beigetragen. Ihnen allen sei an dieser Stelle noch einmal ausdrücklich gedankt.

Dr. Wolfgang Friedrich, im Juni 2005

1 Theorie und Methodik des Trainings und Trainierens

Einführung in die Thematik

Die Frage »Kommst du heute Abend ins Training?« kann man täglich von vielen Sportlern hören, die sich für abendliche Sportaktivitäten verabreden wollen. Tischtennis-Nationalspieler, Altherrenfußballer und Thekenmannschaften, Fitness- und Gesundheitssportler, Kinder und Senioren, Frauen und Männer, alle gehen ins Training. Kann man deshalb behaupten, dass alle dort dasselbe tun? Was hat zum Beispiel eine Handballtrainingseinheit eines Bundesligaklubs mit der Trainingseinheit eines Bezirksligisten in der gleichen Sportart gemeinsam, außer der allgemeinen Gliederungsstruktur? Ein Handballer gestaltet sein Ausdauertraining z.B. völlig anders als ein Schwimmer und nicht einmal alle Handballer führen ihr Ausdauertraining in der gleichen Art und Weise durch. Zudem kommt es vor, dass genau das gleiche Ausdauertraining bei dem einen Handballer schneller und besser anschlägt als bei dem anderen. Training für Mädchen und Frauen unterscheidet sich in vielen Sportarten bzw. Disziplinen von dem der Jungen und Männer.

Praxisbeispiele für Motive von Training

Zur Vorbereitung auf die Wettkampfsaison macht der Handballer u.U. vier- bis fünfmal pro Woche Waldläufe, während der Wettkampfsaison läuft er nur noch ein- bis höchstens zweimal. In einem Tischtennistraining wird der kleine weiße Ball in einer Trainingseinheit z.T. tausende Male übers Netz gespielt und die Trainer korrigieren die technische Ausführung der Schläge sehr genau. Hier spielt offensichtlich technische Perfektion eine große Rolle. Dafür absolvieren auf der anderen Seite professionelle Ausdauerathleten in der Leichtathletik insgesamt Läufe über 150–200 km pro Woche, Radprofis fahren 40.000–45.000 km pro Jahr auf dem Rennrad. Zur Lauftechnik sagt der Trainer eher wenig bis nichts, er gibt aber ständig Hinweise zur gelaufenen Zeit. Er nimmt dem Läufer immer wieder aus dem Ohrläppchen Blut ab und kontrolliert die Pulsfrequenz seines Pulsmessers. Welche Gemeinsamkeiten bzw. Unterschiede gibt es zwischen dem Training in einer Individualsportart wie dem Tischtennis und dem in einer Mannschaftssportart wie dem Basketball? Schüler in der Schule wollen mehr Volleyball **spielen** und weniger gern – weil als monoton empfunden – das untere oder obere Zuspiel **trainieren**. Der Begriff »Training« wirft viele Fragen auf.

Die Trainingslehre beschäftigt sich u.a. damit, möglichst plausible Antworten auf die hier gestellten Fragen zu geben bzw. Erklärungen dafür zu finden.

Definition

Trainingslehre
Die Trainingslehre stellt eine systematische Sammlung von Aussagen zum Training dar, die einen Bezug zur Handlungsweise im Training haben und sich auf unterschiedliche Quellen beziehen, wie z.B. wissenschaftliche Untersuchungen oder Erfahrungswissen (vgl. *Hohmann* et al. 2003).

Ein erster Zugang zum »Trainieren« ist über die unterschiedlichen Zielsetzungen der Trainierenden möglich (Abb. 1). Zum Zielbereich der Leistungssteigerung zählt der Leistungserhalt ebenso wie das gezielte Abtrainieren, wenn z.B. Profis ihre aktive Laufbahn beenden.

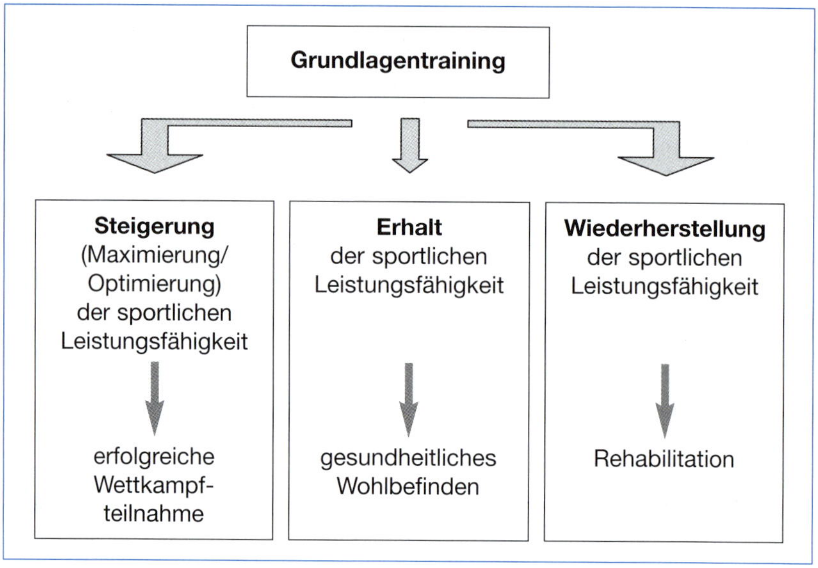

Abb. 1: Ziele des Trainings

Training auf unterschiedlichen Leistungsniveaus

Wie bereits oben angesprochen, gibt es natürlich prinzipielle Unterschiede im Training auf unterschiedlichen Leistungsniveaus. Nehmen wir an, ein Breitensportler und ein Fußballprofi trainieren mit dem gleichen Ziel, nämlich der Leistungssteigerung. Für einen Profi ist dieses Ziel schwieriger zu erreichen als für den Breitensportler. Je höher nämlich das sportliche Niveau ist, desto langsamer vollzieht sich die Leistungssteigerung. Hinzu kommt, dass die Trainingseinheit zwar vom Aufbau her gleich gestaltet sein kann, z.B. mit einleitendem Aufwärmteil, technischem Hauptteil und spielerischem Schlussteil. Von der konkreten inhaltlichen Gestaltung her betrachtet, kann man jedoch deutliche Niveauunterschiede in technischer und konditioneller Hinsicht bei den Spiel- und Übungsformen feststellen. Beide trainieren sehr unterschiedlich. Ein Breitensportler trainiert vielleicht 1- bis 2-mal pro Woche, während ein Profi auf ca. 10 Trainingseinheiten pro Woche kommt. Das Training von beiden unterscheidet sich also trotz des gleichen Trainingsziels sowohl qualitativ als auch quantitativ erheblich voneinander. Training findet also mit **unterschiedlichsten Zielsetzungen** und auf **unterschiedlichsten Ebenen** bzw. in **unterschiedlichen Bereichen** (Leistungsniveaus) statt.

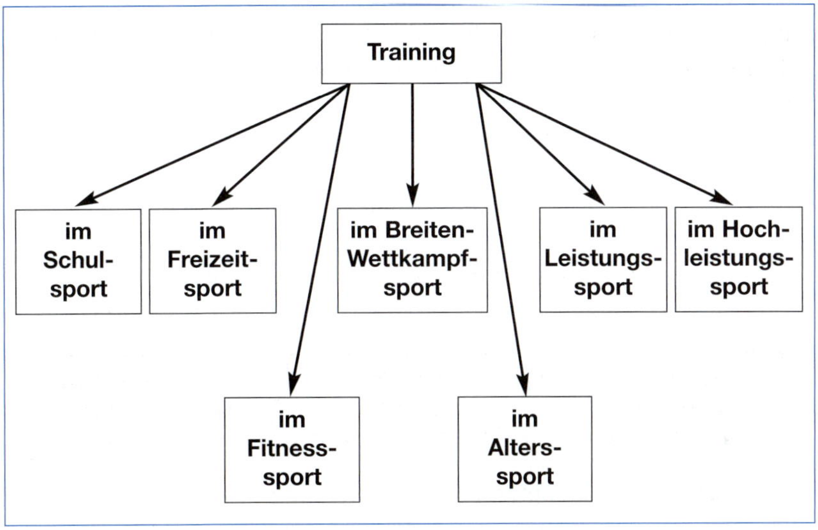

Abb. 2: Bereiche von Training

Unabhängig von Zielsetzung und Niveau werden Trainingsprozesse jedoch immer dadurch begründet, dass einige typische – für Training charakteristische – Merkmale erfüllt sind:

Definition

Training
Training ist die geplante und systematische Realisation von Maßnahmen (Trainingsinhalte und Trainingsmethoden) zur nachhaltigen Erreichung von Trainingszielen im Sport (vgl. *Hohmann* et al. 2003).

In dieser Definition sind wesentliche Bestandteile von Training enthalten:

Wesentliche Bestandteile von Training

- **Planmäßigkeit:** Sie ist dann gegeben, wenn Trainingsziele, Trainingsmethoden, Trainingsinhalte sowie Trainingsaufbau und -organisation unter Beachtung trainingswissenschaftlicher Erkenntnisse und trainingspraktischer Erfahrung im Vorhinein festgelegt sind. Die Durchführung muss kontrolliert und die Wirkung mit entsprechenden Leistungskontrollen überprüft werden (vgl. *Weineck* 2004a).
- **Systematik:** Für die Leistungsfähigkeit eines Sportlers sind Bedingungen und Prozesse verantwortlich, die in Wechselbeziehung zueinander stehen und somit ein System bilden. Die leistungsbestimmenden Komponenten (Einflussgrößen) sind in Abbildung 3 und 4 dargestellt.
- **Trainingsziele:** Im Training sollen z.B. konditionelle Fähigkeiten oder sportliche Techniken auf Dauer verbessert werden, eine hohe Leistungsfähigkeit für den nächsten Wettkampf erarbeitet werden oder auch für den Gesundheitssport wichtige Entspannungsmethoden erlernt werden. Es wird gezielt an etwas gearbeitet.
- **Trainingsinhalte und -methoden:** Die Trainingsziele geben dem Sportler oder Trainer die Trainingsinhalte mehr oder weniger genau vor: Sämtliche praktischen Maßnahmen, mit denen diese Trainingsziele planmäßig und systematisch angestrebt werden, wie z.B. Sprünge zum Sprungkrafttraining, häufige Übungswiederholungen des Korblegers im Basketball zum Techniktraining, Wassergymnastik im Gesundheitssport oder ein 10-km-Ausdauerlauf zur Schulung der Grundlagenausdauer, bezeichnet man als Trainingsinhalte (vgl. *Weineck* 2004a)

Training als Handlungsprozess

Training ist ein sehr komplexer Handlungsprozess, der darauf ausgerichtet ist, eine angemessene Wirkung auf alle leistungsrelevanten Merkmale des Sportlers zu erzielen. Bei der Vielzahl der Komponenten der personeninternen Bedingungen wird deutlich, dass deshalb jeder Sportler/Athlet einen ganz individuellen Weg vom Anfänger zum Könner nimmt (siehe Abb. 3). Diese personeninternen Bedingungen sind es letztendlich, welche es verhindern oder erst ermöglichen, zum Spitzensportler zu werden.

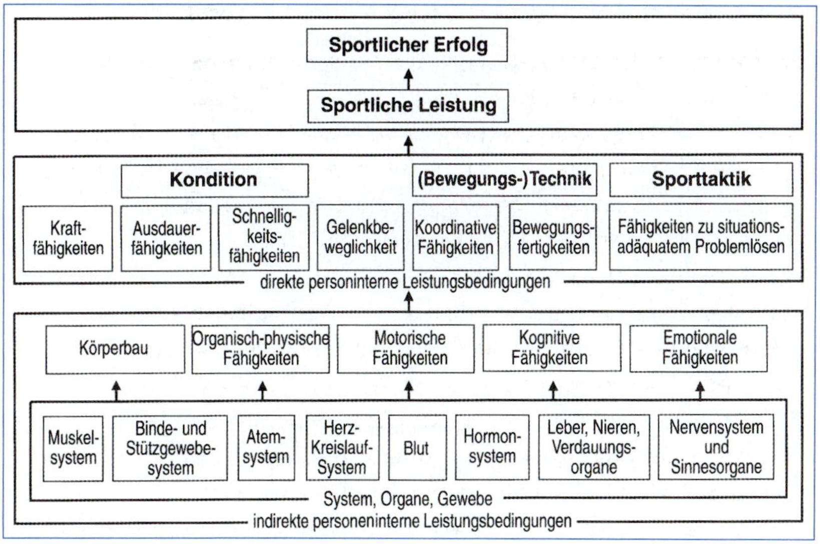

Abb. 3: Schema personeninterner Bedingungen sportlicher Leistungen und Erfolge (*Weineck* 2004a)

1.1 Sportliche Leistungsfähigkeit

Die komplexe sportliche Leistungsfähigkeit – ob hoch oder niedrig – beruht auf dem Vorhandensein und Zusammenwirken wiederum komplexer Wirkungsgrößen (d.h. von Leistungskomponenten), was an dem Basketballbeispiel (Abb. 5) ersichtlich wird. Die übergeordnete Zielsetzung »Leistungssteigerung« kann z.B. nur erreicht werden, wenn aus dieser übergeordneten Zielsetzung konkrete Trainingsziele, also Grob- und Feinziele, abgeleitet werden.

Leistungskomponenten

Ausgangspunkt für die Bestimmung dieser konkreten Trainingsziele für jede Sportart oder Disziplin ist die Frage nach dem Anforderungsprofil. Wenn das Anforderungsprofil geklärt ist, weiß man, was genau trainiert werden muss. Die folgende Abbildung zeigt ein Modell der Komponenten der Leistungsfähigkeit, welches als Raster zur Analyse der Sportart/Disziplin dienen kann.

Anforderungsprofil

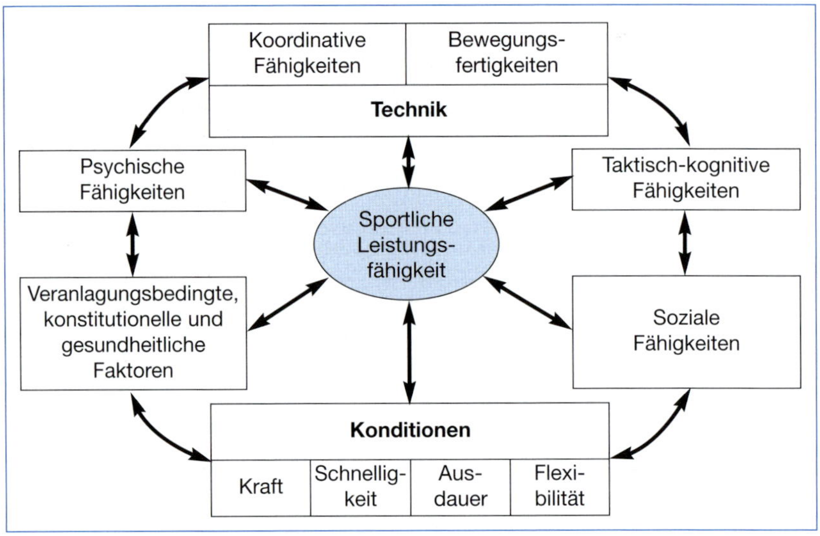

Abb. 4: Vereinfachtes Strukturmodell der Komponenten der sportlichen Leistungsfähigkeit (*Weineck* 2004a)

Das hier abgebildete Modell kann quasi auf alle Sportarten und Disziplinen übertragen werden. Es zeigt auf, dass die Komponenten der sportlichen Leistungsfähigkeit sich gegenseitig beeinflussen können und aufgrund ihrer Zusammensetzung nur komplex zu trainieren sind. Allein die harmonische Entwicklung aller leistungsbestimmenden Faktoren ermöglicht das Erreichen der individuellen Höchstleistung.

Sportartanalyse

Die Sportartanalyse, welche zum Anforderungsprofil der jeweiligen Sportart/Disziplin führt, gilt als wichtigste theoretische Wissensgrundlage eines Trainers oder Sportlers. Sie vermittelt Kenntnisse zu den aktuellen Ausprägungen von leistungsbestimmenden Faktoren und deren internem Beziehungsgefüge.

Merke

Nur wenn man das Anforderungsprofil einer Sportart bzw. Disziplin sehr genau kennt, kann man genau das üben und trainieren, worauf es ankommt!

Beispiel Basketball

Aus dem oben abgebildeten Strukturmodell kann man wiederum einzelne Komponenten herauslösen und diese einer genaueren Analyse unterziehen, um ein differenzierteres Bild zu erhalten. Die Abbildung 5 bezieht sich auf Basketball.

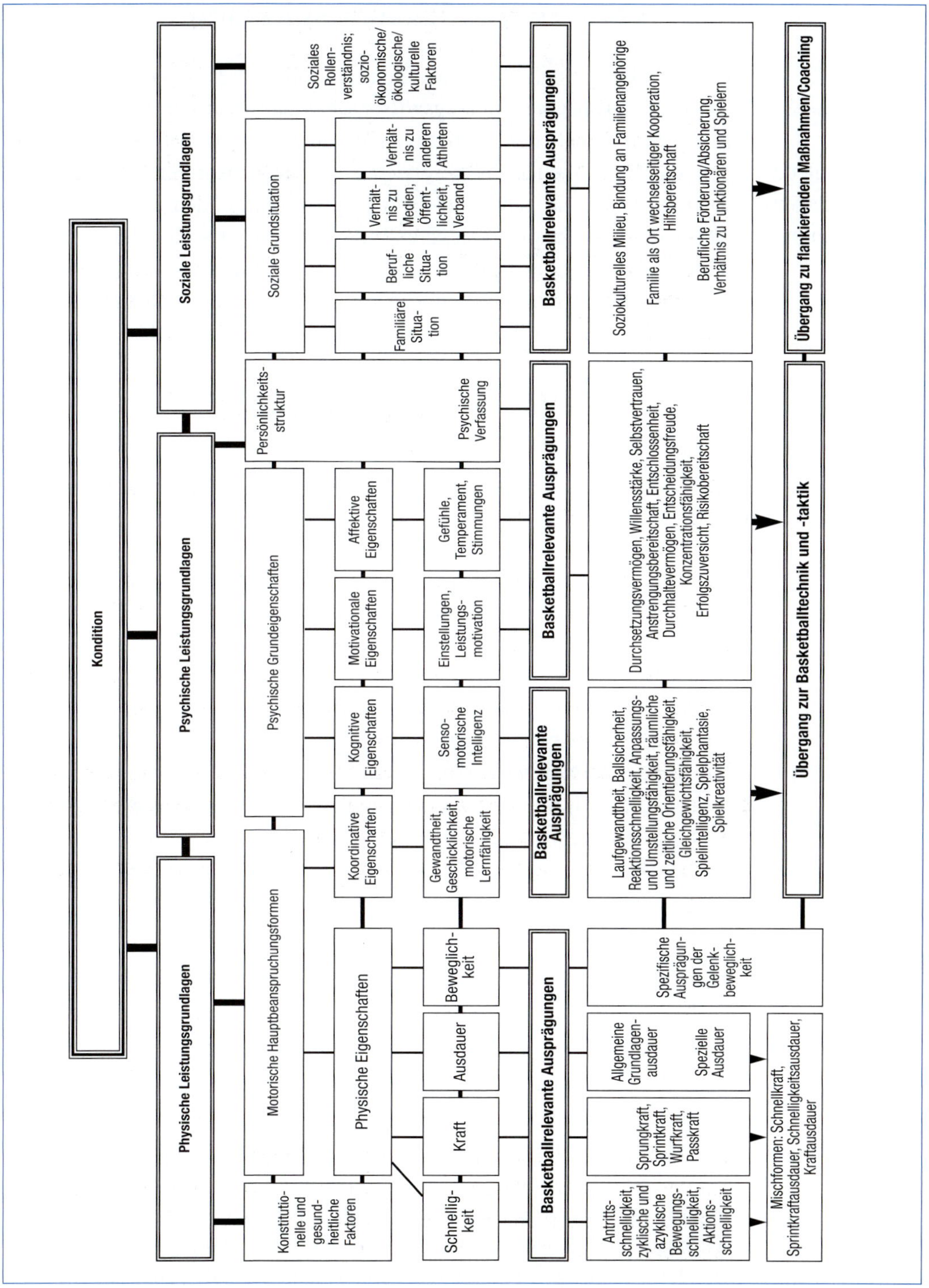

Abb. 5: Erweitertes Strukturmodell zur Kondition des Basketballspielers (*Weineck* und *Haas* 1999)

1.2 Langfristige Trainingsplanung

Bedeutung des Grundlagentrainings

Wenn Training langfristig erfolgreich sein soll, bedarf es einer entsprechenden Trainingsplanung. Trainingswissenschaft und praktische Erfahrung belegen, dass innerhalb der langfristigen Trainingsarbeit dem Training mit Kindern und Jugendlichen eine besondere Bedeutung zukommt. Dies gilt insbesondere für das so genannte »Grundlagentraining«, den ersten geplanten Abschnitt jedes langjährigen Trainingsprozesses. Das Grundlagentraining bildet die **Basis** jedes systematisch betriebenen Trainings. Es hat die Funktion, **Fundamente zu schaffen**. Die Stufen des Trainingsaufbaus im spitzensportlich orientierten Training sind in Abbildung 6 dargestellt.

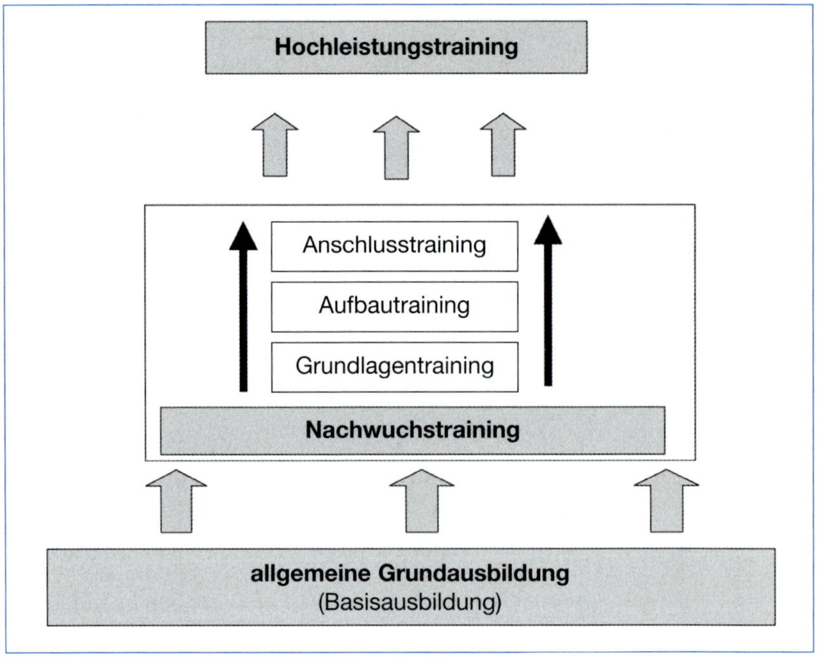

Abb. 6: Stufen des Trainingsaufbaus im spitzensportorientierten Training

Jeder Sportler durchläuft diese einzelnen Phasen. Der Ablauf ist nicht umkehrbar. Einzelne Etappen können nicht übersprungen oder weggelassen werden. Die Etappen können bei jedem Sportler wiederum zeitlich unterschiedlich sein. Die Übergänge von Etappe zu Etappe sind fließend. In der Praxis kommt es immer wieder vor, dass Sportler bereits mehrere Etappen in einer anderen Sportart/Disziplin absolviert haben, bevor sie in eine neue wechseln, und es dennoch dort zu Spitzenleistungen bringen können.

Langfristiger Trainingsaufbau

Bei der langfristigen Trainingsplanung ist einerseits die Schaffung perspektivischer Leistungsvoraussetzungen im langfristigen Leistungsaufbau, andererseits die Sicherung der notwendigen Zeitstrukturen und Rahmenbedingungen für die langfristige Vorbereitung und Entwicklung von Spitzenleistungen entscheidend. Abbildung 7 verdeutlicht diese Forderung am Beispiel des langfristigen Trainingsaufbaus in den leichtathletischen Lauf- und Gehsportarten.

Beispiel Leichtathletik

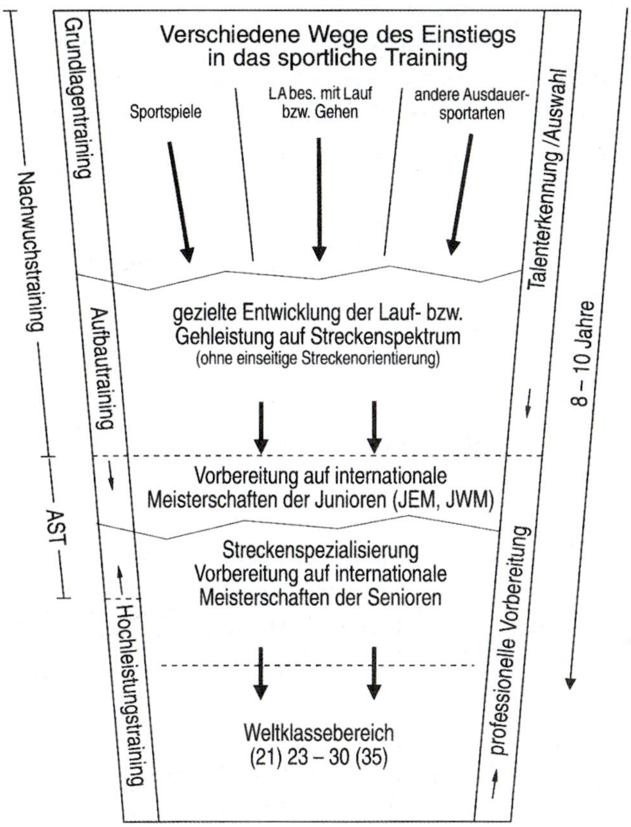

Abb. 7: Modell eines langfristigen Leistungsaufbaus am Beispiel Lauf/Gehen (Legende: LA = Leichtathletik, AST = Anschlusstraining, JEM = Junioren-Europameisterschaft, JWM = Junioren-Weltmeisterschaft) (*Weineck* 2004a)

Wie aus der Grafik zu entnehmen ist, kann man nicht auf das Jahr genau voraussagen, wann welche Etappe erreicht sein wird. Das ist von zu vielen Faktoren abhängig. Die Abbildung entspricht dem grundsätzlichen Aufbau des langfristigen Trainingsprozesses auf Seite 20. Das Modell steht quasi auf dem Kopf.
Eine am deutschen Trainingssystem orientierte Modellstruktur verbindet die Trainingsjahre mit den Trainingsetappen (Abb. 8).

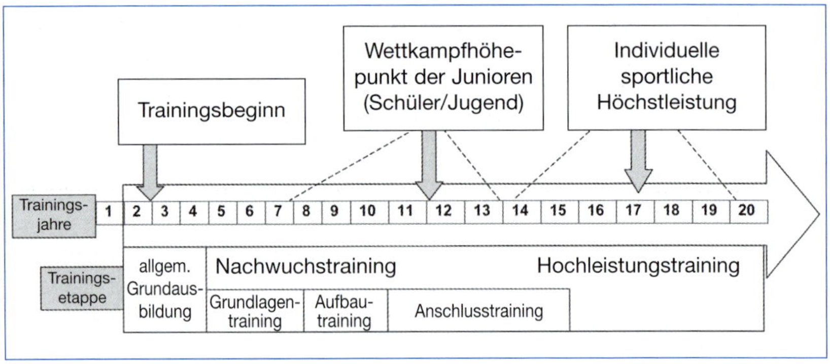

Abb. 8: Struktur des langfristigen Trainingsaufbaus im nationalen Trainingssystem Deutschlands (nach *Hohmann* et al. 2003)

Wie aus der Grafik zu erkennen ist, kann man den Bereich des Wettkampfhöhepunktes der Junioren sowie der individuellen sportlichen Höchstleistung nicht auf das Jahr exakt voraussagen. Umfangreiche Erfahrungswerte aus der Praxis führen zu dieser Erkenntnis.

Ziel des langfristigen Trainingsprozesses

Das Ziel des langfristigen Trainingsprozesses ist die allmähliche Steigerung der Trainingsanforderungen bzw. die kontinuierliche Verbesserung der sportlichen Leistungsfähigkeit. Die sportliche Leistungsfähigkeit ist dabei abhängig von dem physischen, psychischen, technisch-taktischen und dem intellektuellen Leistungsvermögen. Um ein möglichst hohes Leistungsniveau zu erreichen, bedarf es einer sorgfältigen perspektivischen Planung des Trainingsprozesses.

1.2.1 Die allgemeine Grundausbildung

Allgemeine Grundausbildung = Basistraining

Diese Trainingsphase wird auch als Basistraining bezeichnet. Im Zentrum steht die allgemeine Entwicklung der **koordinativen Fähigkeiten** sowie das **technische Grundlagentraining** bei Sportarten und Disziplinen, in denen die Technik ein wesentlicher leistungsbestimmender Faktor ist.

Die Anforderungen sollten dem Alter der Kinder angemessen, freudebetont, vielfältig und variabel gestaltet werden. Das Stichwort lautet in diesem Abschnitt »polysportive Ausbildung«. Die Kinder sollten am besten mehrere Sportarten/Disziplinen gleichzeitig betreiben. Falls die Kinder schon im Verein trainieren, kann bereits in dieser Stufe das Prinzip der progressiven Belastung angewendet werden. Für eine spätere leistungssportliche Karriere werden hier die wichtigsten Grundlagen gelegt. Das **sportartgerichtete Training** muss in dieser Etappe bereits stattfinden. **Allgemeine Trainingsinhalte** dürfen aber unter keinen Umständen vernachlässigt oder sogar weggelassen werden. Dies wäre ein grober trainingsmethodischer Fehler.

Praxisbeispiel: Polysportive Ausbildung

Aller Trainingslehre zum Trotz kann die allgemeine Grundausbildung auch »auf der Straße«, also der natürlichen Bewegungsumwelt der Kinder, stattfinden und sollte vom Elternhaus entsprechende Unterstützung erfahren.

1.2.2 Nachwuchstraining

Ziele des Nachwuchstrainings

Das Ziel des Nachwuchstrainings ist hauptsächlich im Erkennen der **spezifischen Eignung** und der Aufdeckung der **individuellen Entwicklungspotenzen** zu sehen. Wie dies z.B. im leichtathletischen Lauf auf das kalendarische Alter bezogen aussehen kann, zeigt Tabelle 1.

Laufdisziplin	Grundlagentraining	Aufbautraining	Anschlusstraining	Hochleistungstraining
Sprint	10–12	13–16	17–21	22–28
Mittelstreckenlauf	12–14	15–17	18–21	22–30
Langstreckenlauf	13–16	17–20	21–24	25–35

Tab. 1: Lebensalter (Jahre) bei Trainingsbeginn, Streckenspezialisierung und Höchstleistung in Laufsportarten (mod. nach *Neumann* und *Hottenrott* 2002)

Wie aus Abbildung 8 zu ersehen ist, lässt sich das Nachwuchstraining in drei Abschnitte unterteilen:

Drei Abschnitte des Nachwuchstrainings

1. Im **Grundlagentraining** werden folgende Ziele verfolgt:
   - Fortsetzung der sportartgerichteten Grundausbildung
   - Einsatz vielfältiger allgemeiner Trainingsinhalte und -methoden
   - Weiterentwicklung der Grundtechniken bzw. Anlage einer breiten motorischen Basis
   - sportartgerichtetes Koordinationstraining
2. Im **Aufbautraining** verfolgt man folgende Ziele:
   - Weiterführung und Weiterentwicklung der Grundlagen der vorigen Ausbildungsetappe
   - stärkere Sportartausrichtung der Trainingsinhalte
   - in der Folge zunehmende Spezialisierung der verwendeten Trainingsmethoden
   - Steigerung von Belastungsumfang und Belastungsintensität
   - vermehrtes sportartspezifisches Koordinationstraining
3. Das **Anschlusstraining** stellt die wichtige Übergangsphase zum Hochleistungstraining dar. Es umfasst je nach Sportart/Disziplin zwischen zwei und etwa vier Jahren. Generell wird diese Phase als eine entscheidende Phase für den jungen Sportler gesehen, da es hier in vielen Fällen um seine weitere leistungssportliche Zukunft geht.
   Im Anschlusstraining werden folgende Ziele verfolgt:
   - weitere Steigerung der Belastbarkeit des gesamten Organismus
   - Periodisierung der Wettkampfsaison
   - Zunahme der Wettkampfhäufigkeit
   - Beachtung des Zusammenhangs von Belastung und Erholung
   - verstärkte Anwendung spezifischer Trainingsmethoden
   - vermehrter Einsatz von Leistungsdiagnose und Wettkampfanalyse

1.2.3 Hochleistungstraining

Das Hochleistungstraining verfolgt folgende Ziele (vgl. *Weineck* 2004a):

Ziele des Hochleistungstrainings

- Heranführen an die individuelle Höchstleistung
- höchstmögliche Steigerung von Trainingsumfang und -intensität
- weitere Spezifizierung von Trainingsmethoden und -inhalten
- die sportartspezifische Technik wird perfektioniert
- Leistungsstabilisation der individuellen Höchstleistung über einen möglichst langen Zeitraum

Aufgabe

Versuchen Sie für das Grundlagentraining in Ihrer Sportart Antworten in möglichst knapper Form entsprechend Tabelle 2 zu formulieren.

Praxisbeispiel: Basketball

Grundlagentraining (Dauer 3–4 Jahre)	
Ziele/Inhalte	**Methoden/Trainerverhalten**
Übergeordnete Zielsetzungen	1. zielgerichtet-vielseitige allgemeine Grundausbildung 2. Entwicklung der sportartspezifischen Grundlagen
Inhalte und inhaltliche Proportionen	1. vielseitige allgemeine sportliche Ausbildung (1/3–1/2 der Trainingszeit) 2. vielseitige sportartspezifische Ausbildung (1/2–2/3 der Trainingszeit)
Leitgedanken	**Höchste Priorität** haben • Ziele und Inhalte in den Bereichen **Technik** und **Koordination**, • die Herausbildung, Erhaltung und Förderung aktueller und überdauernder **Motivation** sowie • das **soziale Klima** (Beziehungen Übungsleiter–Sportler und Sportler–Gruppe)
Koordinative Ziele/Inhalte	1. Erwerb eines möglichst umfangreichen Bewegungsrepertoires 2. Basisbewegungen aus der LA (Laufen, Springen etc.), dem GT (Rollen, Drehen etc.) u.a. sowie allgemeine Koordinationsaufgaben (eigener Körper, Geräte etc.) gezielt zum Erwerb **allgemeiner koordinativer Fähigkeiten** (v.a. Orientierungs-, Reaktions-, Differenzierungsfähigkeit) nutzen 3. Vorformen und Grundformen der basketballspezifischen Techniken (v.a. Prellen, Werfen, Fangen, Passen) – auch durch gezielte Variation der Bewegungsausführung – zum Erwerb **spezieller koordinativer Fähigkeiten** nutzen
Technische und technisch-taktische Ziele/Inhalte	1. Erlernen der Ball- und Körpertechniken (v.a. Bein- und Armarbeit – speziell in der 1:1-Abwehr –, Blocken, Wurfarten, Anspielarten, Täuschungen) 2. Spiel- und Handlungserfahrung auf allen Spielpositionen sammeln 3. Anwenden der erlernten Technikelemente und individualtaktischer Handlungen auf verschiedenen Spielpositionen (Schwerpunkt: Technikvariationen)

Tab. 2: Grundlagentraining am Beispiel der Sportart Basketball (Fortsetzung auf der nächsten Seite)

Grundlagentraining (Dauer 3–4 Jahre)	
Ziele/Inhalte	**Methoden/Trainerverhalten**
Konditionelle Ziele/Inhalte	Beginn der Entwicklung einer allgemeinen konditionellen Basis mit Schwerpunkt in den Bereichen: 1. Reaktionsschnelligkeit 2. Sprintschnelligkeit (mit und ohne Ball) 3. allgemeine aerobe Ausdauer 4. allgemeine Beweglichkeit 5. Ganzkörperkräftigung (Schwerpunkt: Stabilisierungsfähigkeit)
Psychische Ziele/Motivation/soziales Klima	1. »**Kindgemäße Trainingsgestaltung**« in der Praxis konsequent anwenden! • nicht nur sportartspezifische Inhalte – vielgestaltiges und – mehrere Themen umfassendes und abwechslungsreiches Angebot – Inhaltsschwerpunkte in jeder Trainingseinheit – nicht zu lange Konzentrationsphasen – Variation von Trainingsmethoden – Wechsel von Spiel- und Übungsformen, reizvollen Aufgaben und Wettkämpfen • **inhaltliche Säule**, auf der Spaß und Motivation entsteht/erhalten wird • **Nicht Muskeln und Kreisläufe trainieren, sondern Menschen!** 2. Offene Beziehung zwischen ÜL/Trainer und Spieler aufbauen, sodass z.B. Ängste/Befürchtungen ausgesprochen und besprochen werden können: • nicht (nur) anweisen/anordnen/nachvollziehen lassen/einsichtig machen/ermuntern/Mut machen, • sondern (auch) Sportler betreuen (im umfassenden Sinne), d.h. beraten, auf Einzelne eingehen, nicht »blocken«, wenn eine Beanspruchungssituation auftritt, konstruktiv kritisieren ... 3. Kommunikationshandwerk« erwerben: **Sozialkompetenz** verbessern **als zwischenmenschliche Säule**, auf der Spaß und Motivation entsteht und erhalten wird

Tab. 2 (Fortsetzung)

1.3 Zusammenfassung

Wie in diesem Kapitel gezeigt wurde, kann Training sehr vielfältig sein. Man betreibt es aus unterschiedlichen Motiven heraus und verfolgt damit unterschiedliche Ziele. Durch Training versucht man die sportliche Leistungsfähigkeit positiv zu beeinflussen. Dazu muss man zuvor über eine Sportartanalyse das jeweilige Anforderungsprofil der Sportart bzw. Disziplin erstellen, denn nur wenn man genau weiß, was man benötigt, kann man dies auch zielgerichtet trainieren. Wenn das Training langfristig erfolgreich sein soll, muss es sich entsprechend an der langfristigen Trainingsplanung orientieren. Das Ziel des nächsten Kapitels ist es, diese Trainingsplanung zu konkretisieren.

Aufgaben zum Kapitel

1. Welche Ziele kann man mit »Training« verfolgen?
2. Welche Bereiche von Training kennen Sie? Welche Ziele verfolgt man in den jeweiligen Bereichen?
3. Wie kann man »Training« definieren? Welche Bestandteile sollte ein Training aufweisen?
4. Versuchen Sie eine Ihnen vertraute Sportart bzw. Disziplin nach dem Schema von Abbildung 3 zu beschreiben und einzuordnen.
5. Wozu dienen jeweils Sportartanalyse bzw. Anforderungsprofil einer Sportart/Disziplin?
6. Führen Sie gemäß Abbildung 4 eine Analyse einer Ihnen bekannten Sportart bzw. Disziplin zur Erfassung des Anforderungsprofils durch.
7. Welche »Phasen« durchläuft ein Sportler im langfristigen Trainingsaufbau?
8. Wo liegen die Trainingsschwerpunkte in den jeweiligen Phasenabschnitten?

2 Allgemeine Gesetzmäßigkeiten des Trainings und Trainingsprinzipien

Praxisbeispiele

Wenn ein Sportler regelmäßig im Studio Krafttraining absolviert, so ist er nach ein paar Wochen bzw. Monaten beispielsweise in der Lage, ein größeres Gewicht zur Hochstrecke zu bringen. Führt ein Freizeitsportler über mehrere Wochen oder Monate ein gezieltes Ausdauertraining im Laufen durch, so kann er danach entweder eine längere Strecke am Stück laufen oder eine bestimmte Strecke schneller als zuvor. Ein absoluter Anfänger im Tischtennis kann bereits nach wenigen Wochen Techniktraining den Ball im Spiel halten. Kann sich ein professioneller Tischtennisspieler nicht gut konzentrieren und führt daraufhin regelmäßig Konzentrationsübungen über einen längeren Zeitraum durch, so kann er damit seine Konzentrationsfähigkeit verbessern. Möchte man seine Gewandtheit bzw. Geschicklichkeit im Sport allgemein verbessern, so empfiehlt sich ein entsprechendes Koordinationstraining. Durch regelmäßige Gymnastik können Turnerinnen und Turner ihre Beweglichkeit verbessern. Ein Senior, der einen Inlineskating-Kurs für Anfänger belegt, ist danach üblicherweise in der Lage, diese Sportart zu betreiben.

Adaptation

Diese Phänomene der Leistungssteigerung durch sportliches Training beschreibt man als Anpassung oder Adaptation. Die Adaptation führt zu einer Steigerung der Funktionstüchtigkeit, Leistungsfähigkeit und Belastungstoleranz (vgl. *Hohmann* et al. 2003). Im Sport gibt es vielfältige Anpassungserscheinungen. Sie können in verschiedenen Bereichen auftreten (Abb. 9)

Merke

Die in Abb. 9 dargestellten Parameter bzw. Anpassungsvorgänge unterliegen nicht alle den Optimierungsgesetzen bzw. -prinzipien, die im folgenden Text dargestellt sind.

Adaptationsbereiche

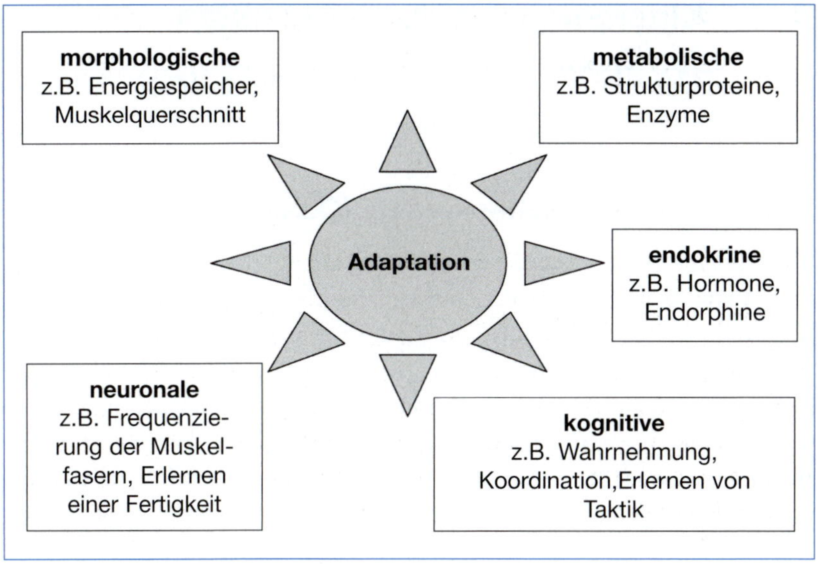

Abb. 9: Unterschiedliche Parameter der Anpassungserscheinungen durch Sport

Gesetzmäßigkeiten und Trainingsprinzipien als Steuerungsinstrumente

Wenn ein Training effektiv sein soll, so sind zu seiner Realisierung u.a. Kenntnisse über die allgemeinen Steuerungsinstrumente, die so genannten **allgemeinen Gesetzmäßigkeiten des Trainings** bzw. **Trainingsprinzipien**, notwendig. Beide haben eine hohe Bedeutung, wenn es um Planung, Steuerung und Gestaltung des sportlichen Trainings geht. Sie bestimmen Inhalt, Methoden und Organisation des Trainings. Gleichzeitig haben sie einen hohen Allgemeinheitsgrad und werden z.B. erst von Trainingsmethoden konkretisiert. **Sie allein genügen nicht, um ein Training zu planen bzw. zu gestalten.**

Die allgemeinen Gesetzmäßigkeiten des Trainings haben gegenüber den Trainingsprinzipien eine übergeordnete Bedeutung. Dabei gelten die Gesetzmäßigkeiten jeweils nur in ganz bestimmten Anpassungsbereichen.

Die folgende Auf- bzw. Einteilung der allgemeinen Gesetzmäßigkeiten des Trainings bzw. der Trainingsprinzipien folgt trainingsmethodischen Überlegungen, die dazu dienen sollen, die unterschiedlichen Prozesse und Wirkungsweisen der Adaptation verständlich zu erklären.

2.1 Allgemeine Gesetzmäßigkeiten des Trainings

2.1.1 Physiologisches Gesetz (Qualitätsgesetz)

Qualitätsgesetz als biologisches Prinzip

Beim Qualitätsgesetz handelt es sich quasi um ein übergeordnetes **biologisches Prinzip**, welches für die sportmedizinischen Anpassungsprozesse gilt. Nach dem physiologischen Gesetz sind Form und Funktion wechselseitig aufeinander bezogen. Organe wie z.B. die Muskeln passen sich je nach Beanspruchung in eine ganz bestimmte Richtung an. Ein bestimmter Muskelquerschnitt (= die **organische Form**) erlaubt es dem Sportler, ein bestimmtes Gewicht zu stemmen (= die **Funktion**). Trainiert der Sportler nun systematisch dieses Gewichtestemmen, so nimmt die Kraft des Muskels (organische Form) zu und ermöglicht es ihm, noch größere Gewichte zu stemmen (Funktion).

Durch eine längere Trainingsunterbrechung können sich die erworbenen Anpassungserscheinungen auch wieder zurückbilden.

Praxisbeispiele

> Ein Basketballspieler macht viele Sprünge, um seine **Sprungkraft** zu steigern. Durch lang andauerndes Radfahren, Schwimmen oder Laufen nimmt die **Ausdauerleistungsfähigkeit** zu. Durch Sprinttraining verbessert der 100-m-Läufer seine **Schnelligkeit**.

2.2 Die Trainingsprinzipien

Bewährt hat sich eine Einteilung der Trainingsprinzipien in

1. Prinzipien zur **Auslösung**,
2. Prinzipien zur **Festigung** und
3. Prinzipien zur **Steuerung** von Anpassungsprozessen (vgl. *Steinhöfer* 2003).

Dabei dienen **Regeln** dazu, ein Trainingsprinzip zu interpretieren und dessen Anwendung auf bestimmte Bereiche der sportlichen Trainings zu erläutern (vgl. *Weineck* 2004a).

2.2.1 Übergeordnetes Leitprinzip: Das Prinzip der Entwicklungs- und Gesundheitsförderung

Entwicklungs- und Gesundheitsförderung als pädagogisches Leitprinzip

Als übergeordnetes **pädagogisches Leitprinzip** soll an dieser Stelle das Prinzip der Entwicklungs- und Gesundheitsförderung aufgeführt werden. Sportliches Training ist so zu gestalten, dass es bei aller Ausrichtung auf die Selbstverwirklichung der Leistungen die gesamte körperliche, psychische und motorische Entwicklung zu keinem Zeitpunkt hemmt. Sein Ziel soll es vielmehr sein, unter Vermeidung oder weitestgehender Reduzierung von Risiken die Gesundheit und Entwicklung allseitig zu fördern. Neben der Förderung der Gesundheit ist auch deren Schutz ein wichtiges und stets zu beachtendes Prinzip. Als Grundlage dieses Prinzips dient die humanistische Ethik des Sports (*Schnabel* et al. 2002).

Tabelle 3 gibt einen Überblick über die Trainingsprinzipien sowie die allgemeinen Gesetzmäßigkeiten des Trainings.

Überblick über Trainingsprinzipien und allgemeine Gesetzmäßigkeiten des Trainings

Bedeutung für den Adaptationsprozess	Allgemeine Gesetzmäßigkeit des Trainings/Trainingsprinzip	Sportbiologischer Einflussfaktor
Auslösung der Anpassung	Reizschwellengesetz	Reizstufenregel
	Prinzip der progressiven Belastungssteigerung	Kurvenverlauf des Adaptationsprozesses
	Prinzip der Variation der Trainingsbelastung	Reizstufenregel
Festigung der Anpassung	Gesetz der Homöostase und Superkompensation	unterschiedlicher zeitlicher Verlauf der Adaptation
	Prinzip der Wiederholung und Kontinuität	negative Anpassung
	Prinzip der Periodisierung und Zyklisierung	Phasencharakter des Adaptationsverlaufs
	Gesetz der Anpassungsfestigkeit	metabolische, morphologische, neuronale Adaptation

Tab. 3: Trainingsprinzipien (mod. nach *Steinhöfer* 2003) (Fortsetzung auf der nächsten Seite)

Bedeutung für den Adaptationsprozess	**Allgemeine Gesetzmäßigkeit des Trainings/ Trainingsprinzip**	**Sportbiologischer Einflussfaktor**
Steuerung der Anpassung	Gesetz der Trainierbarkeit	individuelle Adaptationsfähigkeit (Adaptabilität = individuelle Anpassungsfähigkeit)
	Prinzip der zunehmenden Spezialisierung	Spezifische Adaptation
	Gesetz zum Verlauf der Leistungsentwicklung	Individuelles Adaptationspotenzial

Tab. 3 (Fortsetzung)

Trainingsprinzipien als Handlungsorientierung

Die Trainingsprinzipien verstehen sich als allgemeine Handlungsorientierung für Training und Wettkampf sowie für den systematischen Aufbau des Trainings. Sie erheben den Anspruch, für die Mehrheit aller Sportarten bzw. Disziplinen gültig zu sein. Sie sind nicht als starre Vorschriften zu sehen, sondern mehr als Regulative mit einer bestimmten Handlungsbreite und einem gewissen Handlungsspielraum.

2.3 Trainingsprinzipien zur Auslösung der Anpassung

2.3.1 Das Reizschwellengesetz

Reizstufenregel

Dieses Prinzip besagt, dass es für die Trainingswirksamkeit eines Reizes wichtig ist, dass dieser eine bestimmte Schwelle überschreiten muss, wenn er zu Anpassungserscheinungen führen soll. Dabei orientiert sich die Stärke der Belastungsreize an der Reizstufenregel nach *Roux*. Danach führen lang andauernde Laufbelastungen zu einer Ausdauerverbesserung und intensive Kraftbelastungen zu einer Verbesserung der Muskelkraft. In Tabelle 4 ist die Reizstufenregel nach *Roux* dargestellt:

Belastungsintensität	Biologische Anpassung
unterschwellige Reize (d.h. unter der wirksamen Reizschwelle)	bleiben wirkungslos
überschwellige, leichte Reize	erhalten das aktuelle Funktionsniveau
überschwellige, mittlere und starke Reize	lösen physiologische und anatomische Veränderungen aus
überschwellige, zu starke Reize	können die Funktion beeinträchtigen, den Organismus schädigen

Tab. 4: Die Reizstufenregel nach *Roux* (mod. nach *Steinhöfer* 2003)

Wie hoch der Schwellenwert bei dem jeweiligen Sportler ist, hängt z.B. von dessen Leistungsstärke ab. Spitzensportler reagieren nur bei hohen und spezifischen Belastungsreizen mit entsprechender Anpassung, während weniger gut Trainierte im Vergleich dazu nur relativ niedrige und unspezifische Reize benötigen.

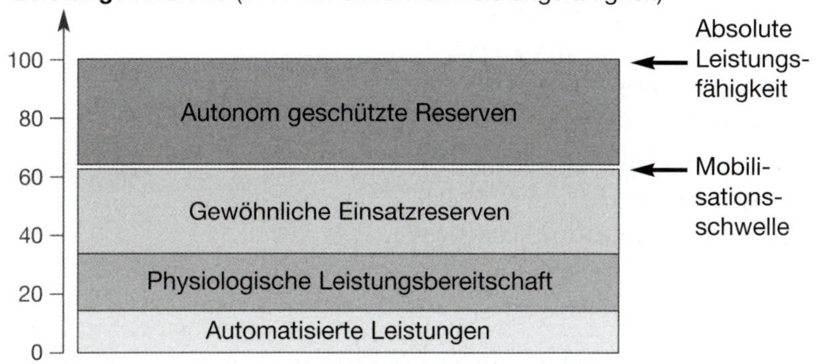

Abb. 10: Schema der Leistungsbereiche (mod. nach *Weineck* 2004b)

Praxisbeispiel zur Reizstufenregel

Ein Krafttraining muss individuell auf die Bedürfnisse des jeweiligen Sportlers ausgerichtet sein. Das gleiche Training kann für einen relativ untrainierten Freizeitsportler zu positiven Anpassungserscheinungen führen, während es einem Leistungssportler nicht einmal zum Erhalt seiner Form genügt. Der Belastungsreiz ist für den Leistungssportler zu gering. Durch Training kann die Mobilisationsschwelle von ca. 60 % bei Untrainierten auf ca. 90 % bei Hochtrainierten angehoben werden.

2.3.2 Das Prinzip der progressiven Belastungssteigerung

Der Belastungsreiz muss sich nach der Reizstufenregel dem Trainingszustand des Sportlers anpassen. Immer gleiche Belastungsreize verlieren im Laufe der Zeit ihre Wirkung im Hinblick auf die Leistungsverbesserung. Die Belastungen müssen von Zeit zu Zeit dem neuen Funktionszustand angeglichen werden. Um eine weitere Leistungssteigerung zu bewirken, muss die Belastung progressiv (= ansteigend) sein und stets im richtigen Verhältnis zur jeweils erreichten Leistungsfähigkeit stehen.

Dazu hat man die Möglichkeit der Erhöhung der Belastungsanforderungen durch:

Erhöhung der Belastungsanforderungen

1. Steigerung von **Belastungsumfang, -intensität, -dauer** und **-dichte**
   Im Allgemeinen wird der Umfang vor der Intensität angehoben.
2. Steigerung der Anforderungen an die **Bewegungskoordination**
   Dies geschieht durch schwierigere Übungen, komplexere Übungskombinationen.
3. Steigerung der **Anzahl** bzw. des **Anforderungsniveaus der Wettkämpfe**
   Mit zunehmendem Trainingsalter steigt die Anzahl der Wettkämpfe an.

Weiterhin besteht die Möglichkeit der Veränderung der Art der Belastungssteigerung durch:

Veränderung der Art der Belastungssteigerung

1. **allmähliche Belastungssteigerung**
   Sie kommt vor allem im Kinder- und Jugendbereich zum Tragen.
   Einsatz auch bei Leistungssportlern, solange sich noch Fortschritte damit erzielen lassen.
2. **sprunghafte Belastungssteigerung**
   Sie findet in der Regel bei hochtrainierten Leistungssportlern statt, wenn die Leistung stagniert (vgl. *Weineck* 2004a, *Steinhöfer* 2003).

In der Trainingspraxis ist es wichtig zu erkennen, wann das Leistungspotenzial des Sportlers bzw. Athleten erschöpft ist. Jede Belastungssteigerung stößt irgendwann an ihre biologisch bedingten Grenzen, an der es zu einer Stagnation kommt.

> Wenn die Leistungsfähigkeit eines Sportlers erhöht werden soll, so müssen die Belastungen über einen längeren Zeitraum hinweg (Wochen/Monate/Jahre) immer mehr ansteigen. Man trainiert zunächst häufiger, danach auch intensiver, wenn der Organismus sich angepasst hat. So spielt man bei einem positiven Anpassungsverlauf z.B. im Tennis in immer höheren Klassen und qualifiziert sich über Ranglistenturniere für regionale oder sogar nationale Auswahlmannschaften. Dabei nimmt die Wettkampfdichte zu (= mehr Wettkämpfe in vergleichbarer Zeit), je höher man sich qualifiziert hat.

Praxisbeispiel zur progressiven Belastungssteigerung

2.3.3 Das Prinzip der Variation der Trainingsbelastung

Bei diesem Prinzip geht es um den gezielten Wechsel von
- Trainingsbelastungen,
- Trainingsinhalten,
- Trainingsmethoden und
- Trainingsmitteln.

Die Variation wirkt der Monotonie entgegen und vermindert dadurch ein Leistungsplateau. Es findet hauptsächlich im Leistungs- und Hochleistungssport Anwendung.

> Eine Fußball-Regionalligamannschaft engagiert für das Konditionstraining speziell einen Leichtathletiktrainer, der mit anderen Trainingsinhalten, -methoden und -mitteln arbeitet als der Fußballtrainer selbst. Durch diese gezielte Variation der Trainingsbelastung im konditionellen Bereich schafft der Fußballtrainer wieder neue Anpassungsmöglichkeiten bei seinen Spielern.

Praxisbeispiel zur Variation der Trainingsbelastung

2.4 Trainingsprinzipien zur Festigung der Anpassung

2.4.1 Das Gesetz der Anpassungsfestigkeit

Ein schnell erarbeitetes Leistungsniveau ist weniger stabil und recht störanfällig. Über einen längeren Zeitraum hinweg erzielte Anpassungserscheinungen sind durch eine wesentlich höhere Stabilität (**Trainingsfestigkeit**) und eine geringere Störanfälligkeit gekennzeichnet.

Trainingsfestigkeit durch langsamen Leistungsaufbau

Abbildung 11 zeigt, dass ein dreißigwöchiges einmaliges Krafttraining pro Tag nach Beendigung fast genauso schnell wieder verschwunden ist, wie es aufgebaut wurde (A). Bei den beiden anderen Trainingsgruppen (B und C) wurde die Form langsamer aufgebaut. Nach Trainingsende baute sich die Form entsprechend langsam wieder ab.

Die **konditionellen Fähigkeiten** bilden sich zeitlich unterschiedlich schnell zurück. Relativ rasch bildet sich die Schnelligkeit zurück. Die Kraftausdauer und die anerobe Ausdauer sind etwas stabiler. Die längsten Resteffekte zeigen Maximalkraft und Grundlagenausdauer.

Praxisbeispiele

Die erste Grafik der Abbildung kann z.B. für eine dreiwöchige Skigymnastik vor einer Skiausfahrt stehen. Diese Form kann nicht gehalten werden und wird sehr schnell nach Beendigung der Skiausfahrt wieder verschwunden sein. Die dritte Grafik kann man auf den über Jahre hinweg trainierenden Sportler übertragen. Selbst nach einer mehrwöchigen Verletzungspause ist seine sportliche Form nicht völlig verschwunden. Seine Form erweist sich als stabiler oder »fester«.

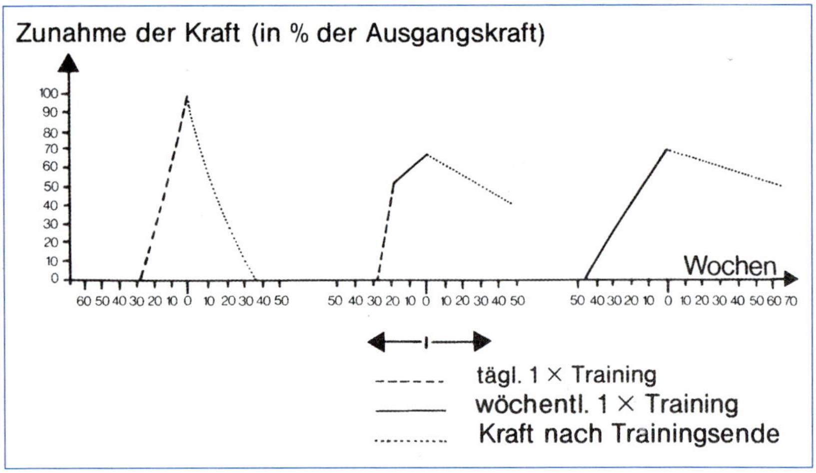

Abb. 11: Die Schnelligkeit des Kraftanstiegs in Abhängigkeit von der Trainingshäufigkeit bzw. das Verhalten der Kraft nach Trainingsende (mod. nach *Weineck* 2004a)

2.4.2 Das Gesetz der Homöostase und Superkompensation

Die Anpassungsvorgänge im menschlichen Organismus verlaufen in bestimmten zeitlichen Phasen. Nach einer intensiven Belastung kommt es zu einer Auslenkung von Parametern, welche sich nach einer gewissen Zeit wieder auf ihr Ausgangsniveau einpendeln, wenn keine weitere Belastung erfolgt. Der menschliche Organismus befindet sich vor einer körperlichen Belastung in einer Art Fließgleichgewicht, der so genannten Homöostase. Nach dem so genannten **Roux-Prinzip** versucht der Organismus Störungen der Funktion (= Heterostase) aktiv zu kompensieren, um den Ausgangszustand wiederherzustellen.

Homöostase

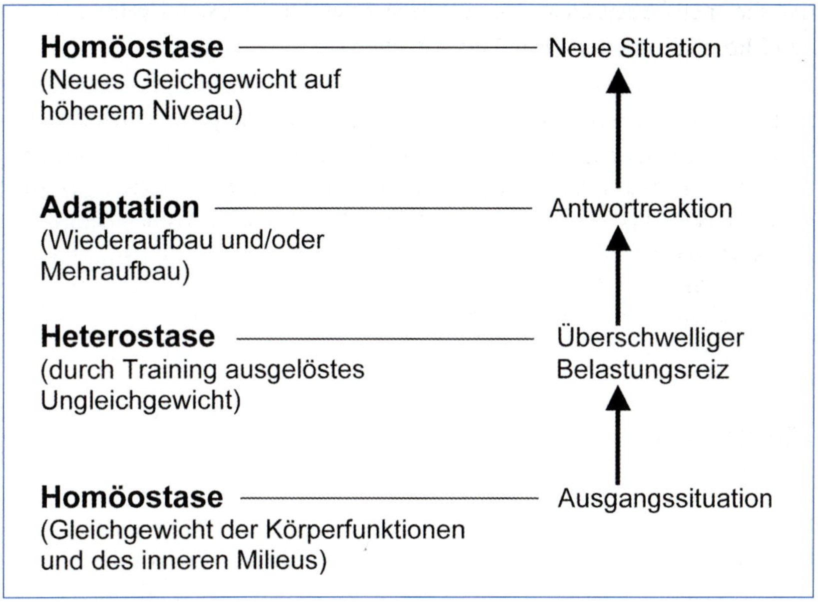

Abb. 12: Modell des Adaptationsprozesses (mod. nach *Steinhöfer* 2003)

Bei der **Glykogenspeicherung**, dem Verhältnis von Proteinabbau und -neuaufbau sowie bei den Enzymreaktionen des aeroben und anaeroben Stoffwechsels konnte die Superkompensation ca. 2–3 Tage nach einer isolierten und standardisierten Trainingsbelastung nachgewiesen werden.

Superkompensation

Definition

Superkompensation
Bei der Superkompensation geht man davon aus, dass Training zur Ermüdung führt und nach der Ermüdung eine Erholung einsetzt, welche letztendlich den Organismus in einen »belastbareren« Zustand führt als zuvor. Die Konsequenz ist eine Verbesserung der Leistungsfähigkeit. Ein linearer Formanstieg ist nach heutigen Erkenntnissen damit jedoch nicht verbunden.

Erläuterungen zur Superkompensation

Wie die Abbildung 13 zeigt, gibt es stark **unterschiedliche Resyntheseraten** im menschlichen Organismus. Daher wäre die Aussage, dass Anpassungserscheinungen durch die Superkompensation generell nach 2–3 Tagen eintreten, nicht korrekt. Im Ausdauerbereich hat z.B. *Neumann* (2002) aufgezeigt, dass ca. 6 Wochen vergehen, bis man von einer vollzogenen Anpassung im Organismus sprechen kann. Berücksichtigt werden müssen für die individuelle Regeneration z.B. folgende Parameter: Leistungsniveau, Trainingszustand, Alter, Ernährung, regenerative Maßnahmen oder Saisonabschnitt des Wettkampfjahres.

Wenn die zeitliche Aneinanderreihung von Belastungen optimal realisiert wird, kann eine positive Anpassung erfolgen. Dazu darf zum einen der zeitliche Abstand zwischen zwei Trainingseinheiten nicht zu groß sein. Der Trainingseffekt würde dadurch ausbleiben. Führt man andererseits mehrere Tage hintereinander ein stark ermüdendes Training durch, so kann dadurch die sportliche Form negativ beeinflusst werden. Ob das Gesetz der Homöostase und Superkompensation erfolgreich umgesetzt werden konnte, lässt sich nur durch objektive Leistungsdiagnosen (z.B. Trainingsanalyse, Spielanalyse, Tests) überprüfen.

2.4.3 Folgerungen für die Trainingspraxis

Gültigkeitsbereiche der Superkompensation

Unter praktischen Gesichtspunkten hat sich im Konditionstraining eine zwei- bis dreimalige Belastung pro Woche bewährt. Am ehesten trifft das Gesetz der Superkompensation auf die Glykogenvorräte sowie auf Krafttraining und Ausdauertraining zu. Es gilt nicht im Bereich des Schnelligkeitstrainings, des Beweglichkeitstrainings, des Techniktrainings, des Koordinationstrainings oder etwa im kognitiven Bereich (vgl. *Friedrich* und *Moeller* 1999, *Steinhöfer* 2003).

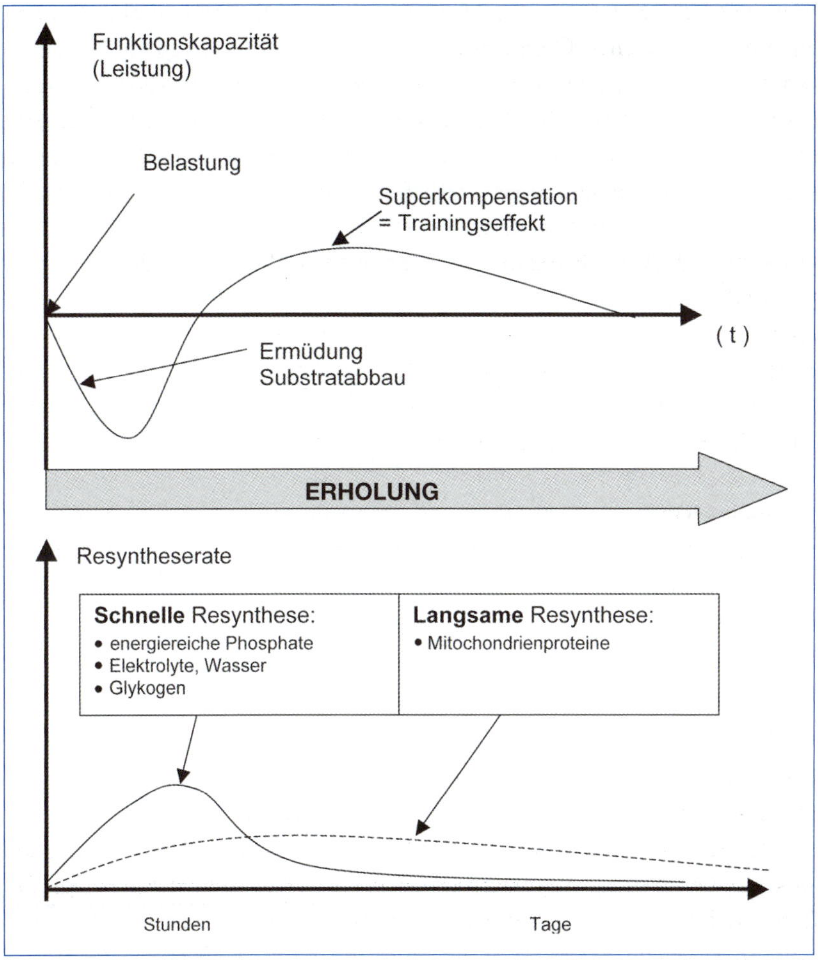

Abb. 13: Das Gesetz der Superkompensation als Verlauf der Leistungsentwicklung (oberer Teil der Grafik) sowie in Bezug auf verschiedene Anpassungsreaktionen im Organismus (unterer Teil der Grafik) (mod. nach *Hohmann* et al. 2003)

2.4.4 Das Prinzip der Wiederholung und Kontinuität

Die Reizeinwirkung auf den menschlichen Organismus muss über einen längeren Zeitraum erfolgen, wenn dadurch eine Leistungserhöhung erzielt werden soll. Ähnliche oder gleiche Reize müssen in den zeitlich richtigen Abständen immer wieder auf das System einwirken. Ist dies nicht der Fall, findet eine negativ verlaufende Anpassung statt, welche mit Leistungseinbußen verbunden ist. Dabei kann die negative Anpassung auch gezielt herbeigeführt werden, etwa in der Übergangsperiode oder wenn Leistungssportler ihre Karriere beenden. Sie kann sich aber auch als Folge eines trai-

Reize in zeitlich richtigen Abständen

ningsmethodischen Fehlers ergeben, wenn Reize zu dicht aufeinander folgen oder zu intensiv sind. Ständig andersartige und von Tag zu Tag wechselnde Belastungen mit unterschiedlicher Beanspruchung lassen für entsprechende Erholungsvorgänge genügend Zeit. In der Konsequenz heißt das für den Sportler, dass er keine inhaltlich oder zeitlich beliebigen Reize setzen darf. Es ist auf Kontinuität und Variation zu achten.

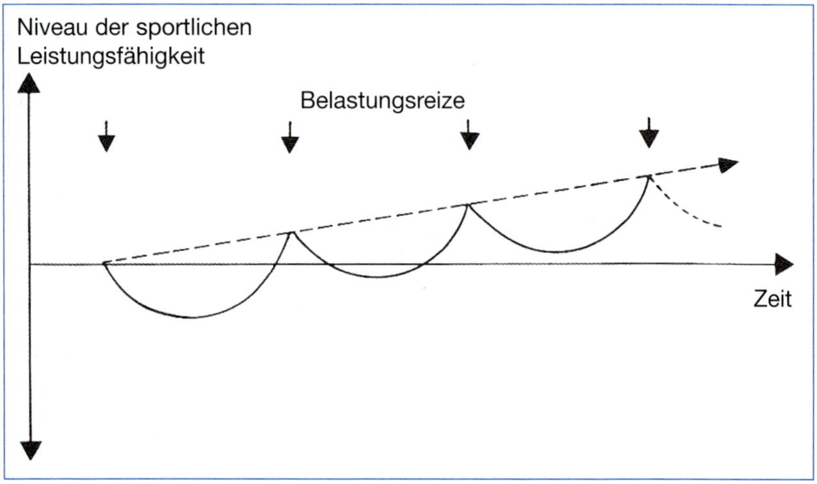

Abb. 14: Verbesserung der sportlichen Leistungsfähigkeit durch zeitlich optimal gesetzte Reize (*Weineck* 2004a)

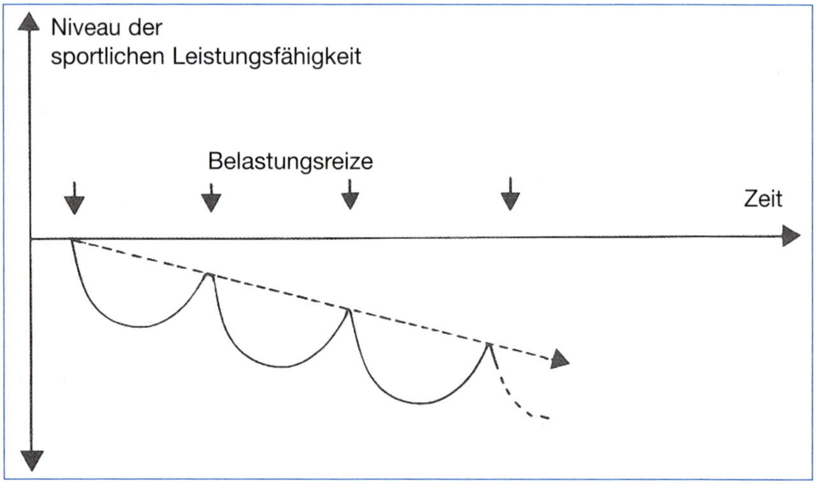

Abb. 15: Negativ verlaufende Anpassung der sportlichen Leistungsfähigkeit durch zu schnell aufeinander folgende Reize (*Weineck* 2004a)

> Wenn man in der Vorbereitungsperiode intensiv Kraft und Ausdauer trainiert hat, so muss dies auch während der Wettkampfperiode praktiziert werden. Unterbleiben die Reize oder sind sie nicht intensiv genug, führt dies zu Leistungseinbußen (vgl. *Steinhöfer* 2003).

Praxisbeispiel zur Wiederholung und Kontinuität

2.4.5 Das Prinzip der Periodisierung und Zyklisierung

Da die sportliche Form sich nicht ein ganzes Jahr lang auf Topniveau befinden kann, muss auch über diese Zeitspanne hinweg betrachtet die sportliche Form gezielt einem periodischen Wandel unterworfen werden.

Unter Periodisierung versteht man die zyklische Gestaltung des Wettkampfjahres, wobei man drei Perioden unterscheidet:

Zyklische Gestaltung des Wettkampfjahres

1. Vorbereitungsperiode
Ziel: Die Entwicklung allgemeiner Leistungsvoraussetzungen und hoher allgemeiner Belastbarkeit. Man führt das moderne Konditionstraining heute in Blockform (= **Blocktraining**) durch.

Es geht darum, die einzelnen konditionellen Fähigkeiten nicht gemeinsam, sondern zeitlich und inhaltlich-methodisch aufeinander aufbauend zu entwickeln. In der Vorbereitungsperiode dominiert der Trainingsumfang. Die Intensität ist noch relativ gering. Man unterscheidet heute eine **allgemeine Vorbereitungsperiode** und eine **spezielle Vorbereitungsperiode**. Der Anteil des unspezifischen Trainings ist in der allgemeinen Vorbereitungsperiode relativ hoch. In der folgenden speziellen Vorbereitungsperiode rückt dann die Entwicklung sportartspezifischer Leistungsvoraussetzungen mehr in den Vordergrund. In der Regel führt man ein extensives Grundlagenausdauertraining und Kraftausdauertraining durch. Die einzelnen Trainingsabschnitte können dabei zwischen 3 und ca. 6 Wochen dauern.

Allgemeine und spezielle Vorbereitungsperiode

Trainingsabschnitte				
I	II	III	IV	V
Allgemeines Training/ Kraft-ausdauer-training	Maximal-krafttraining	Schnell-krafttraining	Spezielles Wurfkraft-training	Realisierung der Leistung in den Wett-kämpfen

Tab. 5: Beispiel zum Blocktraining mit aufeinander folgenden Trainingsabschnitten im leichathletischen Wurf bzw. Stoß (vgl. *Schnabel* et al. 2002)

2. Wettkampfperiode

Ziel: Ausprägung der komplexen Wettkampfleistung durch Wettkampfteilnahme.

Wettkampftraining **Erhaltungstraining**

In der Wettkampfperiode muss der Sportler wiederum zwischen wichtigen und weniger wichtigen Wettkämpfen unterscheiden. Auch die individuelle sportliche Höchstform kann nicht über eine ganze Saison auf dem gleichen Niveau gehalten werden. In der Wettkampfperiode sollte im konditionellen Bereich ein so genanntes Erhaltungstraining durchgeführt werden.

Definition

Erhaltungstraining
Darunter versteht man ein gezieltes einmaliges Training im Kraft-, Schnelligkeits-, Ausdauer- oder Beweglichkeitsbereich während einer Trainingswoche.

Grundphasen der Entwicklung der sportlichen Form		
Erwerb	**Erhalt**	**zeitweiliger Verlust**
↓	**TRAININGSAUFGABEN** ↓	↓
Verbesserung der Voraussetzungen und Herausbildung der sportlichen Form	relative Stabilisierung der sportlichen Form	Wiederherstellung der adaptiven Voraussetzungen
Vorbereitungsperiode	**Wettkampfperiode**	**Übergangsperiode**
↑	↑ **Periodenzyklus**	↑

Tab. 6: Die Ableitung der Periodisierung aus den Gesetzmäßigkeiten der Entwicklung der sportlichen Form (vgl. *Schnabel* et al. 2002)

3. Übergangsperiode

Ziel: Die Übergangsperiode dient der psychischen und physischen Regeneration.

Geplanter Formverlust

In der Übergangsperiode kommt es zu einem geplanten Formverlust durch Verringerung des Belastungsumfanges und der Belastungsintensität im Training sowie durch das Ende des Wettkampfbetriebes. Für die meisten Sportler/Athleten wird auch in der Übergangsperiode ein einmaliges Erhaltungstraining im Ausdauerbereich empfohlen.

Praxisbeispiel zur Übergangsperiode

> Fußballbundesligaspieler führen vor der Saison in der Vorbereitungsperiode ein sehr umfangreiches und intensives Konditionstraining durch. Häufig wählen die Trainer dazu ein Trainingslager. Das Fußballspielen steht in dieser Phase zunächst nicht im Vordergrund. Unmittelbar vor Rundenbeginn wird dann mehr Fußball gespielt. Da nur wenige Wochen zur Verfügung stehen, ist die sportliche Form zu Saisonbeginn in der Regel noch nicht optimal. Während der Wettkampfperiode wird systematisch am weiteren Aufbau und/oder Erhalt der Form weitergearbeitet. Nach Beendigung der Wettkampfsaison muss der Profi sich in der Übergangsperiode erholen. **Es wird bewusst und gezielt eine negative Anpassung herbeigeführt, um dadurch optimale Voraussetzungen für einen abermaligen Formaufbau in der darauf folgenden Vorbereitungsperiode zu schaffen.**

2.5 Trainingsprinzipien zur spezifischen Steuerung der Anpassung

2.5.1 Das Gesetz zum Verlauf der Leistungsentwicklung

Maximale Funktionskapazität begrenzt individuelle Leistungsentwicklung

Je näher ein Sportler seiner optimalen sportlichen Form kommt, umso geringer ist die Entwicklung seiner Leistungsfähigkeit. Die sportliche Form eines Menschen kann nicht bis ins Unendliche gesteigert werden. Die maximale Funktionskapazität begrenzt die individuelle Leistungsentwicklung. Umgekehrt machen Anfänger und Fortgeschrittene eine relativ dynamische Entwicklung durch. Die Anpassungserscheinungen fallen bei ihnen wesentlich deutlicher aus (Abb. 16).

Praxisbeispiel

> Ein Sprintanfänger macht z.B. im Grundlagentraining in den ersten Jahren relativ große Fortschritte. Im Aufbautraining verliert die Entwicklung bereits an Dynamik. In der Phase des Hochleistungstrainings sind die Fortschritte nur noch minimal. Nehmen wir an, der Sprinter verbessert sich im 100-m-Sprint von 13,8 sek auf eine Zeit von 10,8 sek. Die Verbesserung seiner Sprintzeit wird dabei zu Beginn in einem definierten Zeitrahmen größer sein als gegen Ende, wenn er sich der 10,8 nähert.

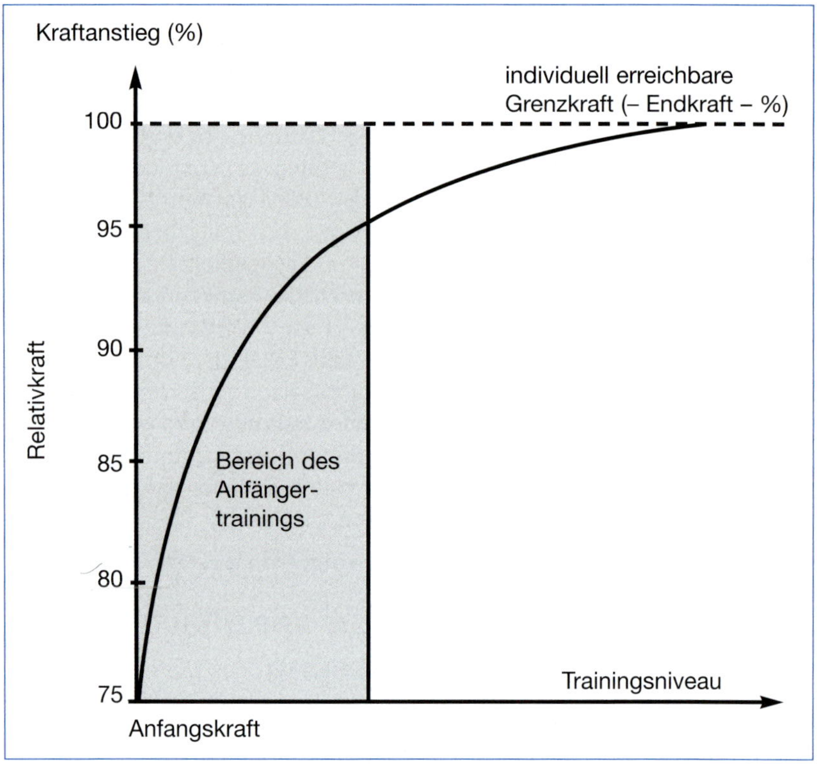

Abb. 16: Das Gesetz zum Verlauf der Leistungsentwicklung, aufgezeigt anhand der Zunahme der Relativkraft (siehe Kap. 5 »Krafttraining«) bis zur Grenzkraft unter besonderer Hervorhebung des Anfängerbereiches (*Weineck* 2004a). Gut zu erkennen ist der dynamische Anstieg im Bereich des Anfängertrainings und das Abflachen der Kurve danach.

2.5.2 Das Gesetz der Trainierbarkeit

Altersgemäß abgestimmte Trainingsbelastung

Wenn Training optimal gestaltet werden soll, muss während der gesamten Lebensspanne auf eine altersgemäße, auf das biologische Alter abgestimmte Trainingsbelastung geachtet werden. Dies bedeutet, dass die Zielsetzungen und Inhalte des Trainings sich den geschlechts- und altersspezifischen Besonderheiten anpassen müssen.

Praxisbeispiele

In der Praxis ist also zu berücksichtigen, dass ein Krafttraining von Kindern und Jugendlichen anders ablaufen muss als bei erwachsenen Männern und Frauen. Zusätzlich sind individuelle Fähigkeiten nicht nur im athletischen und techno-taktischen Bereich, sondern auch hinsichtlich der Motivation und Leistungsbereitschaft zu beachten. Es gilt dabei die Phasen der Trainierbarkeit zu berücksichtigen.

Merke

Leitprinzip: Training muss so gemeinsam wie möglich und so individuell wie nötig sein.

Die Tabelle 7 zeigt Phasen der Trainierbarkeit der konditionellen Fähigkeiten im Kindes- und Jugendalter auf.

Konditionelle Fähigkeiten	**Altersphase (Jahre)**			
	Kindheit		**Jugend**	
	6/7–9/10	10/12–12/13	12/13–14/15	14/15–16/18
Schnelligkeit	****	****		
Maximalkraft			****	****
Schnellkraft	***	****		
Aerobe Ausdauer	***	***	***	****
Anaerobe Ausdauer		**	***	****

Tab. 7: Modell günstiger Phasen der Trainierbarkeit: je mehr Sterne, umso besser die Trainierbarkeit (mod. nach *Conzelmann* 2002, *Martin* 1999, *Steinhöfer* 2003)

Erläuterungen

Nach Tabelle 7 sind **Kinder und Jugendliche** relativ gut im Bereich der Schnelligkeit und Schnellkraft sowie der aeroben Ausdauer trainierbar. Für die anaerobe Ausdauer ist das enzymatische System im frühen Schulkindalter noch nicht weit genug entwickelt. Maximalkrafttraining ist für den passiven Bewegungsapparat im frühen Schulkindalter nicht geeignet.
Eine gute Trainierbarkeit über das gesamte Kinder- und Jugendalter ist beim Koordinationstraining gegeben.
Entgegen früheren Behauptungen kann man heute sagen, dass auch im **Seniorenalter** (> 60 Jahre) noch positive Anpassungserscheinungen bei allen motorischen Hauptbeanspruchungsformen erzielt werden können. Die Trainierbarkeit bleibt erhalten, wenngleich nicht mehr auf dem Niveau und der Anpassungsgeschwindigkeit der jüngeren Menschen.

Männer und Frauen unterscheiden sich aufgrund geschlechtsspezifischer Merkmale im Bereich der motorischen Hauptbeanspruchungsformen in typischer Weise. Im Hinblick auf Kraft, Schnelligkeit und Ausdauer ist der Mann leistungsfähiger. Im Bereich der Ausdauer sind dabei die Unterschiede am geringsten. Bei der Koordination und Beweglichkeit kann man keinerlei geschlechtsspezifische Unterschiede feststellen.

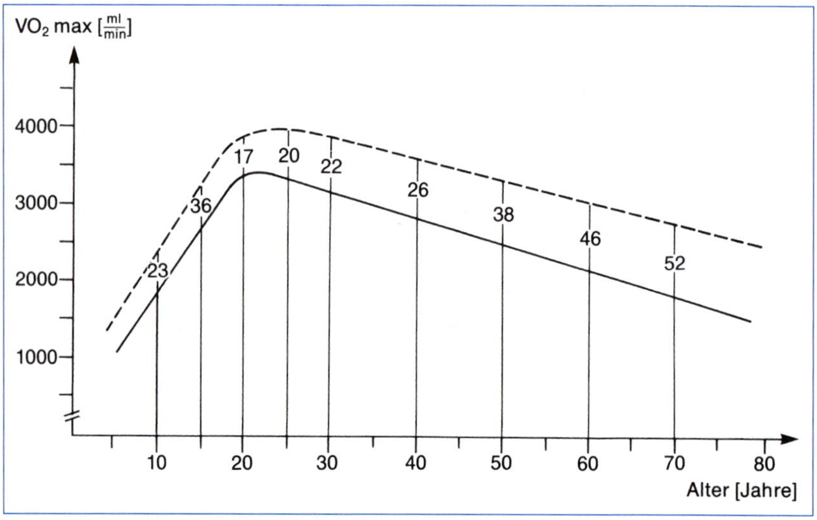

Abb. 17: Mittelwertskurven der maximalen Sauerstoffaufnahme, Alterstendenz von untrainierten (durchgehende Linie) und trainierten (gestrichelte Linie) Männern. Die Zahlen zwischen den Kurven geben die Differenzen an (*Weineck* 2004b).

2.5.3 Das Prinzip der zunehmenden Spezialisierung

Zunehmend sportartspezifisches Training

Wenn in Sportarten bzw. Disziplinen eine hohe Leistungsfähigkeit angestrebt wird, so muss ein rechtzeitiges und zunehmend sportartspezifisches Training durchgeführt werden. Eine Trainingseinheit setzt sich in der Regel immer aus allgemein entwickelnden Übungen und Spezialübungen der Sportart zusammen. Ausgehend von und aufbauend auf einer recht allgemeinen Basis findet im Verlauf der Entwicklung eine zunehmende Spezialisierung statt, die im Profisport ihr höchstes Ausmaß erreicht.

In der Praxis bedeutet dies, dass bereits bei einem Anfänger im leistungssportlich orientierten Training das sportartgerichtete Training gegenüber dem allgemeinen überwiegen sollte. In einem breiten- und freizeitsportlich orientierten Training verschiebt sich dieses Verhältnis in Richtung allgemein entwickelnder Übungs- und/oder Spielformen.

Wie die einzelnen Komponenten zusammenwirken, veranschaulicht Abbildung 18.

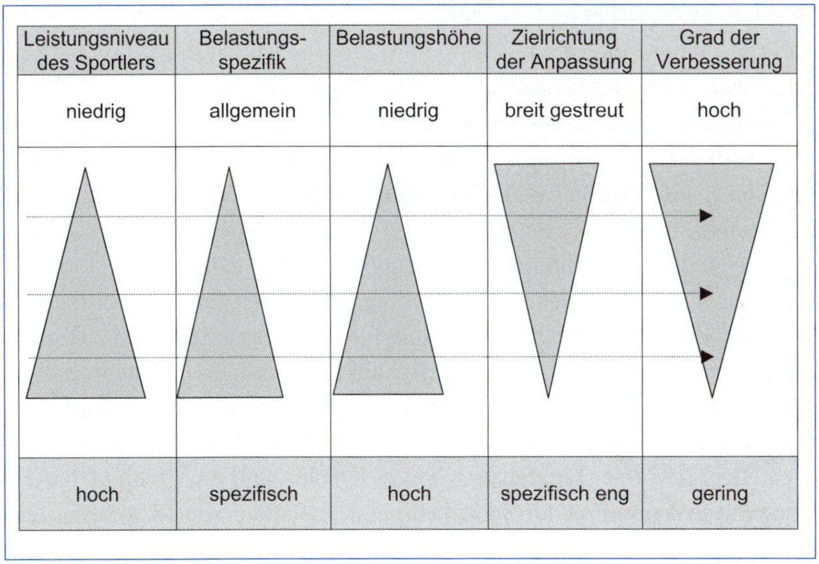

Abb. 18: Wechselwirkungen der Anpassung durch Training (mod. nach *Steinhöfer* 2003)

Aufgaben zum Kapitel

1. Wozu dienen Trainingsprinzipien im Sport?
2. Was versteht man unter dem Prinzip zur Auslösung der Anpassung?
3. Wie hängen nach der Reizstufenregel Belastungsintensität und biologische Anpassung zusammen?
4. Durch welche Faktoren lässt sich die Belastungsanforderung erhöhen?
5. Geben Sie ein Beispiel zur progressiven Belastungssteigerung.
6. Der Ski-Bundestrainer ließ einmal im Sommer zur Saisonvorbereitung die Damen-Nationalmannschaft des deutschen Skiverbandes Motocross fahren, Mountainbike-Downhill fahren, am Ballettunterricht teilnehmen sowie Freiklettern üben. Welches Trainingsprinzip wendete der Coach an?
7. In welche Abschnitte unterteilt man das Wettkampfjahr?
8. Was ist inhaltlich in diesen Abschnitten zu beachten?
9. Was versteht man unter dem Prinzip der zunehmenden Spezialisierung?
10. Kann bzw. darf man mit den Trainingsprinzipien alle Anpassungserscheinungen im Sport erklären?
11. Vergleichen Sie das Wettkampfjahr mehrerer Ihnen bekannter Disziplinen/Sportarten. Gibt es Gemeinsamkeiten bzw. Unterschiede?

3 Sportbiologie

Bedeutung der Sportbiologie

Für Sportlehrer, Trainer und Übungsleiter, welche körperliche Aktivitäten von Menschen organisieren bzw. in ihrer Wirkung analysieren, liegt es nahe, dass sie sich mit den biologischen Grundlagen des menschlichen Organismus beschäftigen müssen. Das Gleiche gilt natürlich für die Sportler bzw. Sporttreibenden selbst. Die Erkenntnisse der Sportmedizin sind z.B. nicht nur im Gesundheitssport oder in der Rehabilitation wichtig, wenn man beurteilen möchte, welcher Sport gesund ist oder rehabilitativ von hohem Nutzen. Ebenso bedeutsame Informationen kann die Sportmedizin zu den Bereichen Seniorensport, Fitnesssport sowie Kinder- und Jugendsport liefern. Ohne die Erkenntnisse der Sportmedizin ist Leistungssport kaum vorstellbar. Für viele Bereiche der Trainingslehre, welche unmittelbar mit der Leistungssteuerung zusammenhängen, liegt die Grundlage im sportmedizinischen Bereich. Besonders in den Bereichen des Ausdauer- und Krafttrainings liegen zahlreiche und fundierte sportmedizinische Untersuchungen vor, die den Weg vorgeben, den es durch die Trainingsmethoden einzuhalten gilt. Der Sportmedizin kommt dabei die Aufgabe des Wissenstransfers aus der Medizin in die Sportpraxis zu (vgl. *Dickhuth* 2000).

Definition

Sportbiologie
Die Sportbiologie ist ganz allgemein die Lehre vom Leben des Menschen in Bezug auf Sport (*Weineck* 2004b).

3.1 Aktiver Bewegungsapparat, Muskulatur und Energiebereitstellung

Praxisbeispiele zur Funktionsweise der Muskulatur

Beim Sporttreiben spielt die menschliche Muskulatur durch die Bewegungsmöglichkeiten, die sie dem Sportler erschließt, und ihre spezifischen Anpassungserscheinungen eine zentrale Rolle. Die Muskulatur erlaubt einem Ringeturner den so genannten »Kreuzhang«, lässt einen Weltklassesprinter auf 100 m unter 10 Sekunden sprinten oder ermöglicht es dem Menschen, Triathlonbelastungen auf sich zu nehmen. Der Volleyballspieler setzt bei einem gelungenen Lob gezielt seine Muskulatur ein, genau wie der Handballer beim präzisen Sprungwurf aufs Tor, der Basketballer beim Korbwurf oder ein Tischtennisspieler bzw. Tennisspieler beim gefühlvollen Vorhand-Topspin.

3.1.1 Arten des Muskelgewebes und Aufbau des Skelettmuskelgewebes

Man unterscheidet drei Arten des Muskelgewebes:

1. glattes Muskelgewebe,
2. Herzmuskelgewebe sowie
3. Skelettmuskelgewebe.

Muskelaufbau

Der Skelettmuskel, welcher im Sport die zentrale Rolle spielt, setzt sich zu 70–80 % aus Wasser, zu 15–20 % aus Eiweiß sowie zu 3–4 % aus Elektrolyten zusammen, wobei sich diese Relationen während des Wachstums verändern können und von der jeweiligen Ernährungsform, vor allem aber von der regelmäßigen körperlichen Belastung (Sport) und vom Trainingszustand mit beeinflusst werden. **Beim hochausdauertrainierten Sportler spielen sich unter Belastung ca. 90–95 % des gesamten Stoffwechsels in der Muskulatur ab.**

Wie Röhren dicht aneinandergelegt bilden viele Muskelfasern den Skelettmuskel (vgl. Abb. 19). Muskelfasern können bis zu 18 cm lang und etwa 1/10 mm stark sein. Eine Muskelfaser wiederum besteht aus mehreren hundert bis tausend parallel verlaufenden Fibrillen, den so genannten **Myofibrillen**. Die Myofibrillen schließlich setzen sich aus tausenden von **Muskelfilamenten** zusammen. Dabei handelt es sich um Eiweißstrukturen, die man nach ihren Proteinbestandteilen in zwei Gruppen einteilt: dünne **Aktinfilamente** und dicke **Myosinfilamente**.

Ablauf der Muskelkontraktion

Die Muskelkontraktion läuft nach dem so genannten **»Greif-Loslass-Zyklus«** ab, bei dem sich die Myosinköpfe an die Aktinfilamente binden und diese durch eine Kippbewegung zusammenziehen. Ausgelöst wird die Muskelkontraktion durch einen elektrischen Impuls, der die Muskelfaser über den dazugehörigen Nerv an der so genannten motorischen Endplatte erreicht (vgl. *Weineck* 2004b).

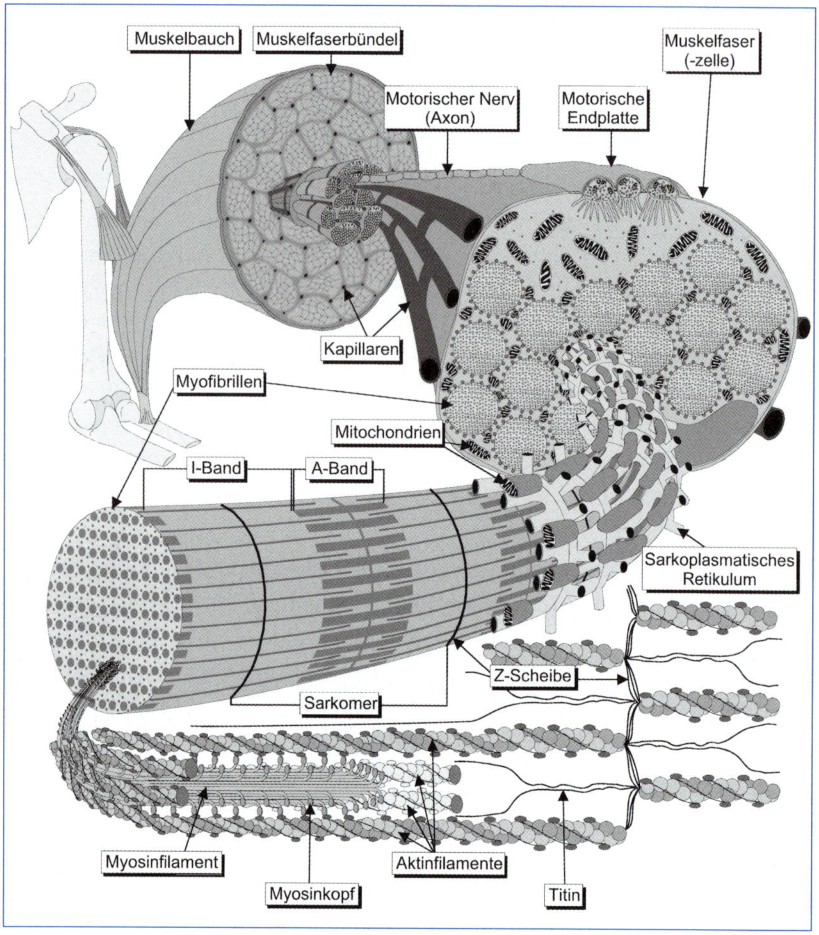

Abb. 19: Aufbau der quergestreiften Skelettmuskulatur (*Wick* 2005)

3.2 Energiebereitstellung im Muskel

Für den oben beschriebenen Greif-Loslass-Zyklus ist das Myosinfilament auf Energie in Form des **ATP** (Adenosintriphosphat) angewiesen. Es besteht aus einer Base Adenin, einem Zuckermolekül Ribose und drei energiereichen Phosphatgruppen. Organismen sind auf die kontinuierliche Nachlieferung der Energie angewiesen. Zur Energieproduktion stehen dem menschlichen Organismus drei Formen zur Verfügung: anaerob-alaktazide, anaerob-laktazide und aerobe Energiegewinnung.

Drei Formen der Energieproduktion

3.2.1 Anaerobe Energiegewinnung

Anaerob-alaktazide Energiegewinnung

Die in der Muskulatur enthaltene Konzentration von ca. 5 mmol ATP pro 1 g Muskelfeuchtgewicht reicht nur für etwa **2–3 Sekunden maximaler Muskelkontraktion** aus. Bei hochintensiven Belastungen und hoher Energieanforderung in der Muskulatur dominiert die Resynthetisierung von ATP aus dem energiereichen Phosphatpool, dem Kreatinphosphat (CrP). Man bezeichnet ATP und CrP auch als die so genannten »**energiereichen Phosphate**«:

Hochintensive Belastungen, hohe Energieanforderung

CrP + ADP = ATP + Cr

Die Speichermenge an Kreatinphosphat liegt bei etwa 15–19 mmol pro 1 g Muskelfeuchtgewicht. Mit dieser vorhandenen Energiemenge kann man bei maximaler Muskelkontraktion lediglich einen Zeitraum von etwa **5–8 Sekunden** abdecken. Das die Spaltung von CrP katalysierende Enzym ist die Kreatinkinase (CK). Eine weitere Möglichkeit der anaerob-alaktaziden Energiebereitstellung mit sehr geringer Kapazität stellt der weitere Abbau von AMP (Adenosinmonophosphat) zu IMP (Inosin-5-Monophosphat) unter Abspaltung von NH_3 dar (Purinnukleotidzyklus). Es entsteht vermehrt AMP.

Purinnukleotidzyklus

ADP + ADP = ATP + AMP

AMP kann durch das Enzym AMP-Desaminase irreversibel desaminiert und damit aus dieser Reaktion entfernt werden und es entsteht durch Hydrolysierung IMP und NH_3 (Ammoniak):

$AMP + H_2O = IMP + NH_3$

Dadurch kann die Reaktion weiter in Richtung AMP unter Bildung von ATP laufen. NH_3 und Hypoxanthin, das Abbauprodukt von IMP, können vom Muskel an das Blut abgegeben werden. Bei einer Dauerbelastung können Hypoxanthin und NH_3 im Laufe der Belastung ansteigen und ein Maß für metabolische Überforderung sein (vgl. *Dickhuth* 2000).

Metabolische Überforderung

Insgesamt gesehen sind über die energiereichen Phosphate ATP und CrP maximale Muskelkontraktionen von etwa 10–12 Sekunden durchführbar, wobei es noch eine geringe individuelle Streubreite von wenigen Sekunden gibt.

Praxisbeispiele für anaerob-alaktazide Energieproduktion

> Dieses Energielieferungssystem arbeitet z.B. bei Starts von Sprintern, bei Gewichthebern, bei Sprüngen von Volleyballern oder Basketballern, bei Tennis- und Tischtennisspielern, Fußball- und Handballtorwarten, bei Hochspringern, Diskus- und Speerwerfern, quasi bei allen explosiven, kurzen, schnellen und kraftvollen Bewegungen.

Resynthese

Der Wiederaufbau der energiereichen Phosphate läuft sehr schnell ab. Der Wiederauffüllungsprozess ist in der Regel innerhalb von 30 Sekunden zu ungefähr 70 % und nach 3–5 Minuten zu fast 100 % vollendet. Für die Trainingspraxis ist Folgendes entscheidend: Bei einer völligen Ruhepause nach der Belastung findet eine schnellere Resynthese des ATP-CrP-Vorrates statt als bei einer aktiven Pause (vgl. *Janssen* 2003).

Anaerob-laktazide Energiegewinnung

Energiebereitstellung ohne Sauerstoff

Wird eine **hochintensive Belastung länger als 10–15 Sekunden** mit maximaler Muskelkontraktion aufrechterhalten, »schaltet« der Organismus auf den Abbau von Kohlenhydraten (Glukose, Glykogen, Fructose) um. Hierbei werden die Kohlenhydrate über zahlreiche Zwischenschritte bis zum Pyruvat (Brenztraubensäure) und schließlich bis zu dem Charakteristikum dieser Energiebereitstellungsform, dem Laktat ohne Verwendung von Sauerstoff, abgebaut.

Glykolyse

Dieser als Glykolyse bezeichnete Vorgang der Energiebereitstellung läuft nur im Zytoplasma der Zelle ab, wegen der phosphorylierten Zwischenprodukte und weil nur dort die entsprechenden Enzyme vorhanden sind. Dabei katalysieren elf nacheinander wirksam werdende Enzyme den schrittweisen Abbau der Glukose zur Brenztraubensäure. **Bis zum Pyruvat ist der Abbauweg der Glukose identisch mit dem Abbauweg der aeroben Energiebereitstellung** (siehe Abb. 20).

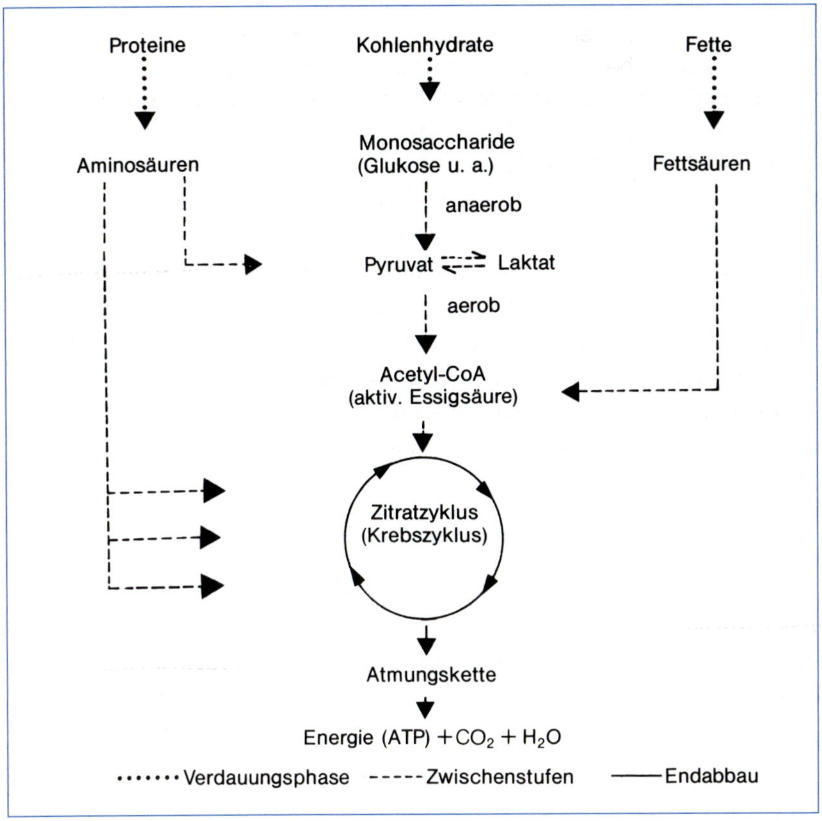

Abb. 20: Stoffwechselwege der energieliefernden Nahrungsstoffe (*Weineck* 2004b)

Bei der anaerob-laktaziden Energiebereitstellung wird kein Sauerstoff verwendet oder die Pyruvatbildung ist so hoch, dass Pyruvat nicht oder nicht ausreichend in das Mitochondrium aufgenommen werden kann und die Glykolyse nur durch Reduktion von Pyruvat zu Laktat weiterlaufen kann.

Das in der Muskelzelle gebildete energiereiche Laktat kann dort nicht weiterverarbeitet werden. Es wird mit einer gewissen Verzögerung in seiner undissoziierten Form ins Blut abgegeben und kann im Herzmuskel, im ruhenden Skelettmuskel sowie in der Leber als Energiedonator dienen (vgl. *Dickhuth* 2000). In den roten Skelettmuskeln sowie im Herzmuskel wird Laktat über Pyruvat in den Zitronensäurezyklus eingeschleust. In der Leber kann Laktat wieder zu Glykogen resynthetisiert werden. Die Leber ist neben der Skelettmuskulatur das größte Einzelorgan, in dem Zucker gespeichert werden kann. Da die Atmungskette nicht alles anfallende NADH + H^+ oxidieren kann, reagiert die Zelle, indem sie in einem weiteren Reaktionsschritt Wasserstoff des NADH + H^+ auf Pyruvat überträgt, wobei Laktat und NAD^+ entstehen.

Laktat

Zitronensäurezyklus

Atmungskette

Pyruvat + NADH + H^+ = Laktat + NAD^+

Die anaerobe Oxidation von Glukose zu Laktat liefert freie Energie.

$2\ ADP + 2\ P_i = 2\ ATP + 2\ H_2O$

Pro mol Glukose entstehen auf anaerobem Weg nur 2 mol ATP.

Praxisbeispiele für anaerob-laktazide Energieproduktion

Die Energiebereitstellung über das Milchsäuresystem wird bei **kurz dauernden Belastungen** wie dem 100-, 200-, 400- und 800-m-Lauf und anderen hochintensiven Aktivitäten, die **zwischen 2 und 3 Minuten** dauern, benötigt. Zu Beginn einer Belastung ist die Energielieferung unabhängig von der Intensität immer anaerob. Die Laktatbildung spielt in der Belastungssteuerung und Leistungsdiagnostik eine entscheidende Rolle.

3.2.2 Aerobe und anaerobe Schwelle

Bedeutung im Ausdauertraining

Vor allem im Ausdauertraining ist die Leistung des Sportlers an der anaeroben bzw. aeroben Schwelle von großer Bedeutung. Die **anaerobe Schwelle** liegt bei 4 mmol/l und gibt Auskunft über die Auswirkungen des Trainings auf den nutzbaren Anteil der maximalen Sauerstoffaufnahme für Ausdauerbelastungen. Neben der anaeroben Schwelle existiert noch die so genannte **aerobe Schwelle**. Sie wird bei ca. 2 mmol/l taxiert und stellt vor allem für die vielen Ball- bzw. Spielsportler die Schwelle der Wahl dar, da das Training an der anaeroben Schwelle für sie normalerweise zu intensiv ist. Das Training an der anaeroben Schwelle bleibt daher mehr oder weniger den Ausdauerathleten (Marathon, Triathlon, Radsport, 10.000-m-Lauf) vorbehalten. Der durch Laktatbestimmungen festgelegten Trainingsintensität kommt eine wichtige Bedeutung in der Trainingssteuerung zu. In Abbildung 23 ist dargestellt, wie unterschiedlichen Intensitätsbereichen gängige Begriffe aus dem Ausdauertraining für Läufer zugeordnet werden können. Abbildung 21 zeigt die Leistungsunterschiede unterschiedlich gut trainierter Sportler bei ansteigender Belastung auf dem Fahrradergometer an der anaeroben Schwelle.

3.2.3 Aerobe Energiegewinnung

Die aerobe Energiegewinnung aus Kohlenhydraten

Wenn Belastungen **länger als 2–3 Minuten** aufrechterhalten werden sollen, wird die Energie über die oxidative Energiegewinnung im Organismus bereitgestellt. Wenn nun eine ausreichende ADP-Bereitstellung vorliegt und wenn gleichzeitig eine ausreichende Sauerstoffversorgung der Mitochondrien gewährleistet ist, kann das Pyruvat in das Mitochondrium eingeschleust werden. Durch die Abspaltung von CO_2 und Bildung von NADH (+) H^+ aus NAD^+ entsteht in einem komplexen Reaktionsablauf die aktivierte Essigsäure (Acetyl-CoA), ein C_2-Körper.

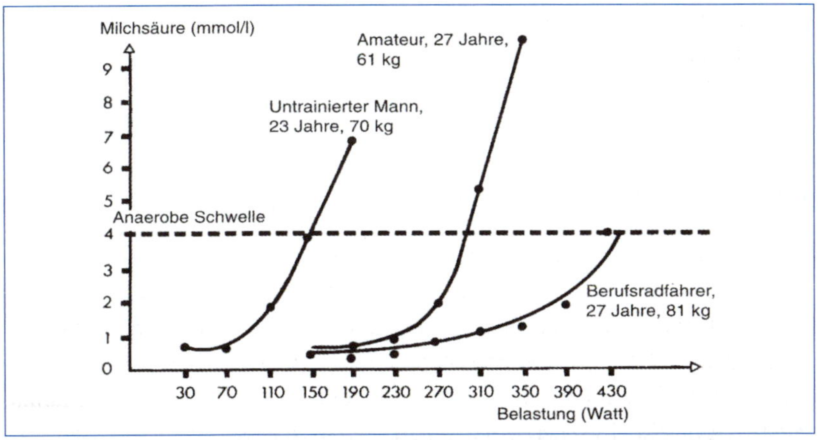

Abb. 21: Unterschiede in der Leistungsfähigkeit bei zunehmender Belastung auf dem Fahrradergometer, festgestellt über die Höhe der anaeroben Schwelle (*Janssen* 2003)

Der weitere Abbau des Acetyl-CoA erfolgt in zwei Serien von Reaktionen, die man als Zitronensäurezyklus und Atmungskette bezeichnet. Beide Schritte laufen in den Mitochondrien ab, welche man auch als »**Kraftwerke der Zelle**« bezeichnet. Mitochondrien

Der Zitronensäurezyklus beginnt mit der Bildung von Citrat, welches aus der Acetylgruppe des Acetyl-CoA und Oxalacetat entsteht. Beim Durchlaufen des Zyklus werden die Acetylgruppen des Acetyl-CoA enzymatisch abgebaut, wobei zwei Moleküle CO_2 und acht Wasserstoffatome entstehen, welche wiederum auf Coenzyme wie das NAD^+ übertragen werden. Am Ende der Reaktion liegt wieder ein Oxalacetat vor, welches erneut eine Reaktion mit einem Acetyl-CoA starten kann. Zitronensäurezyklus

Danach kommt es in der Atmungskette zu einer Übertragung der Elektronen der reduzierten Coenzyme aus dem Zitronensäurezyklus und der anaeroben Atmungskette

Glykolyse auf Sauerstoff, sodass H_2O entsteht. Dieser Reaktionsablauf, der einer Knallgasreaktion entspricht, setzt Energie frei, die in der Atmungskette zur Phosphorylierung von ADP zu ATP genutzt wird. In der Atmungskette werden bei den Reaktionsabläufen pro Molekül Glukose insgesamt 32 ATP-Moleküle resynthetisiert. Hinzu kommen zwei ATP aus der Glykolyse und zwei ATP aus dem Zitronensäurezyklus, sodass die Gesamtenergiebilanz für ein Molekül Glukose sich folgendermaßen darstellt:

Glukose ($C_6H_{12}O_6$) + 36 ADP + 36 P + 6 O_2 = 6 CO_2 + 6 H_2O + 36 ATP

Respiratorischer Quotient

Bei der Oxidation aus Glykolyseeinheiten werden 37 ATP produziert, da die Phosphorylierung zu Glukose-6-Phosphat entfällt. Das Verhältnis von aufgenommenem O_2 zu abgegebenem CO_2 wird als respiratorischer Quotient bezeichnet.

Merke

Wichtig für die Praxis: Wenn man dem Organismus im Übermaß Kohlenhydrate zuführt, so füllen diese zunächst den Glykogenspeicher in der Muskulatur und in der Leber auf. Auf lange Sicht führt aber ein zu hoher Kohlenhydratkonsum vor allem in der Leber dazu, dass diese in Fette umgewandelt werden. Grund dafür ist, dass der überschüssige Anfall von aktivierter Essigsäure (Acetyl-CoA) zu einer verstärkten Fettsäuresynthese führt. Diese Fette werden dann als Energiedepot im Fettgewebe abgespeichert, was mit einer Gewichtszunahme verbunden ist.

Die aerobe Energiegewinnung aus Fetten

Die Fette sind die zweitwichtigste Energiequelle des Organismus. **Die Fettvorräte im menschlichen Organismus stellen dabei eine nahezu unerschöpfliche Energiereserve dar.** In der Muskulatur ist die Speicherfähigkeit begrenzt, denn nur ca. 50 % der in der Muskulatur verbrannten Fette entstammen den muskulären Trialcylglyceriddepots. Die Gesamtenergieausbeute aus Palmitinsäure (Fettsäure mit 16 C-Atomen) liegt mit 129 Molekülen ATP wesentlich höher als bei den Kohlenhydraten. Die Verwendbarkeit der Fette wird einerseits durch den langsamen Abbauprozess der freien Fettsäuren eingeschränkt, zum anderen wird pro bereitgestelltes ATP ca. **16 % mehr Sauerstoff benötigt**. Das ist darauf zurückzuführen, dass die freien Fettsäuren im Vergleich zu den Kohlenhydraten weniger Sauerstoffmoleküle pro C-Atom enthalten. Als Summenformel ergibt sich für die Palmitinsäure:

Energiegewinnung aus Fetten benötigt mehr Sauerstoff

$C_{51}H_{98}O_6$ + 72,5 O_2 + 8 H_2O + 129 ADP + 129 (P)
= 51 CO_2 + 49 H_2O + 129 ATP

Die aerobe Energiegewinnung aus Proteinen

In der Energiebereitstellung spielen die Proteine eine eher untergeordnete Rolle. Nur in bestimmten Situationen, wie beispielsweise einem Marathon oder Triathlon mit sehr langem und hohem Energieumsatz, werden Proteine zur Energiebereitstellung herangezogen. Der Eiweißanteil an der Gesamtenergiebereitstellung kann dann zwischen 10 und 15 % betragen. Chemisch gesehen wird zunächst der Stickstoff abgespalten. Danach kann der Metabolit je nach Anzahl der C-Atome in verschiedene Bereiche des Kohlenhydratstoffwechsels eintreten und je nach Bedarf zum Abbau zu Acetyl-CoA oder zum Aufbau von Glukose verwandt werden. Das dabei entstandene Ammoniak wird in der Leber in den ungiftigen Harnstoff überführt und über die Niere ausgeschieden (vgl. *Dickhuth* 2000).

3.3 Bedeutung in der Praxis

Jede einzelne Sportart oder Disziplin weist ein spezifisches Energieanforderungsprofil auf. Durch sportmedizinische Untersuchungen und Tests kann man dieses Profil für jede Sportart/Disziplin relativ genau bestimmen bzw. analysieren. Es dient im Training u.a. als Anhaltspunkt und Orientierung für die Gestaltung des Konditionstrainings. Abbildung 23 zeigt, wie man eine Milchsäure-Herzfrequenzkurve in verschiedene Trainingsformen übertragen kann. In vielen Sportarten und Disziplinen sind die Anforderungen nicht nur auf eine Energiebereitstellungsform beschränkt, sondern es kommen Mischformen vor, was Abbildung 22 veranschaulicht.

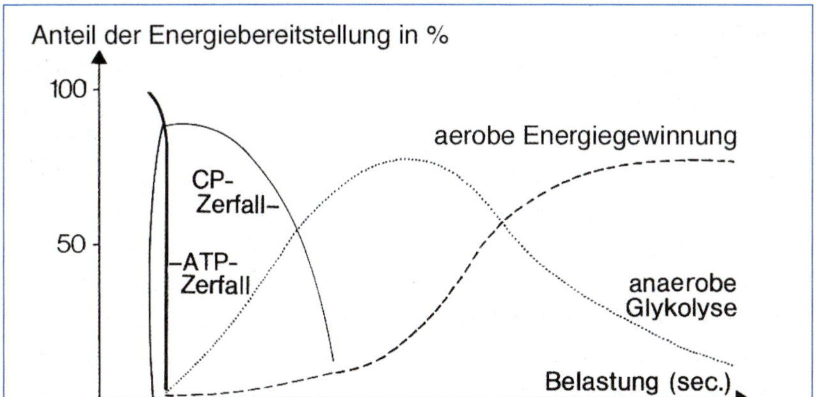

Abb. 20: Anteil der energieliefernden Prozesse an der Energiebereitstellung bei maximaler körperlicher Belastung von unterschiedlicher Dauer (*Weineck* 2004a)

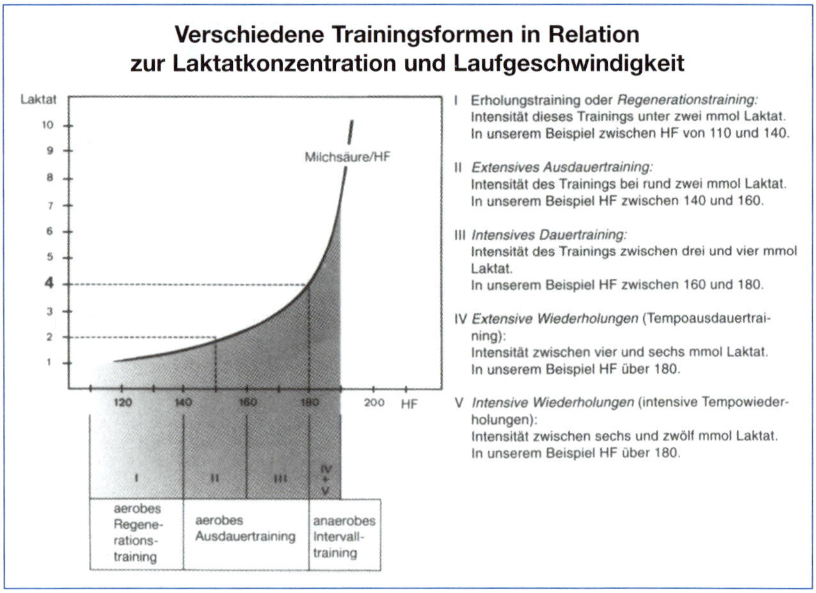

Abb. 23: Ableitung von Trainingsformen aus der Herzfrequenz-Laktatkurve (*Janssen* 2003)

Charakteristika der aeroben und anaeroben Energiebereitstellung

	Aerobe Oxidation	**Anaerobe Oxidation**
Prozessablauf	mit Sauerstoff	ohne Sauerstoff
Energiemenge	36 mol ATP/mol Glukose	2 mol ATP/mol Glukose
Laktatbildung	nein	ja (s.u.)
Ort der Energieerzeugung	Mitochondrien	Zytoplasma
Energiebereitstellung	relativ langsam	relativ schnell
Energieflussrate	relativ klein	relativ groß

Tab. 8: Gegenüberstellung der aeroben und anaeroben Energieproduktion (Fortsetzung auf der nächsten Seite)

	Aerobe Oxidation	Anaerobe Oxidation
im Organismus gespeicherte Gesamtenergiemenge	relativ groß	relativ klein
Speicherort	Glykogenspeicher des Muskels/der Leber, Fettspeicher des Muskels/der Leber	• *anaerob-alaktazid:* über die energiereichen Phosphate ATP und CrP. Resynthese von ATP erfolgt sehr schnell, jedoch ist der Speicher nach wenigen Sekunden leer • *anaerob-laktazid:* schnelle ATP-Resynthese, nach 40–60 sek wird der Prozess durch zu viel Laktat gehemmt • *anaerob-alaktazid*: ATP und CrP-Speicher in der Muskelzelle • *anaerob-laktazid:* Muskelglykogen

Tab. 8 (Fortsetzung)

Aufgaben

1. Überlegen Sie sich, welche Art der Energiebereitstellung für Ihre Sportart zutrifft. Machen Sie sich dies an verschiedenen Situationen klar.
2. Begründen Sie für hier nicht aufgeführte Sportarten, welche Form der Energiebereitstellung dort benötigt wird.

3.4 Muskelkater

Der in seiner Symptomatik jedem Sportler bekannte Muskelkater wird in den letzten Jahren als Mikrotrauma, also Miniaturverletzung der Muskulatur, definiert. **Er hat nichts mit der Übersäuerung in der Muskulatur zu tun.** Diese Mikrotraumen sind kleinste, nur unter dem Mikroskop zu erkennende Schädigungen der Muskelzelle und des Muskelbindegewebes durch ungewohnte oder abbremsende mechanische Beanspruchung der Muskulatur.

Mikrotrauma

Vorbeugung und Behandlung

Dabei kommt es zu Zerstörungen der Aktin- und Myosinfilamente. Vorbeugend ist nach gründlicher Aufwärmarbeit eine abgestufte Belastungssteigerung mit Anpassung an die individuelle Leistungsfähigkeit des Sportlers zweckmäßig. **Bei Muskelkater sind weitere intensive Belastungen und Massagen zu meiden!** Der »verkaterte« Sportler soll eine aktive Pause mit stark reduzierter körperlicher Aktivität (maximal 30 % seiner Leistungsfähigkeit) und vorsichtigen Dehnungsübungen der betroffenen Muskeln durchführen. Unterstützend kann bei Leistungs- oder Profisportlern die Einnahme von Vitamin E empfohlen werden.

3.5 Herz-Kreislauf-System und sportliches Training

Das Herz-Kreislauf-System verbindet alle Körpersysteme zu einer funktionellen Einheit. Seine Hauptaufgaben liegen in der Versorgung der vielen Zellen der verschiedenen Körpergewebe mit Nähr- und Wirkstoffen bzw. mit Sauerstoff sowie im Abtransport von Stoffwechselendprodukten. In diesem Kreislaufsystem bildet das Herz die treibende Kraft für die Blutzirkulation. Das Blut stellt das Transportmittel dar, das Blutgefäßsystem die Transportwege. Gefäße, in denen das Blut vom Herzen wegtransportiert wird, nennt man **Arterien**. Gefäße, in denen das Blut zum Herzen hintransportiert wird, heißen **Venen**. Das Kreislaufsystem lässt sich in den großen oder **Körperkreislauf** und den kleinen oder **Lungenkreislauf** unterteilen (Abb. 24). Der Körperkreislauf beginnt in der linken Herzkammer und endet im rechten Vorhof des Herzens. Der Lungenkreislauf beginnt in der rechten Herzkammer und endet im linken Vorhof. Er dient dem Gasaustausch. Kohlendioxidreiches Blut wird über die Lungenarterien zu den Lungen geführt und dort über Diffusionsvorgänge in sauerstoffreiches Blut umgewandelt.

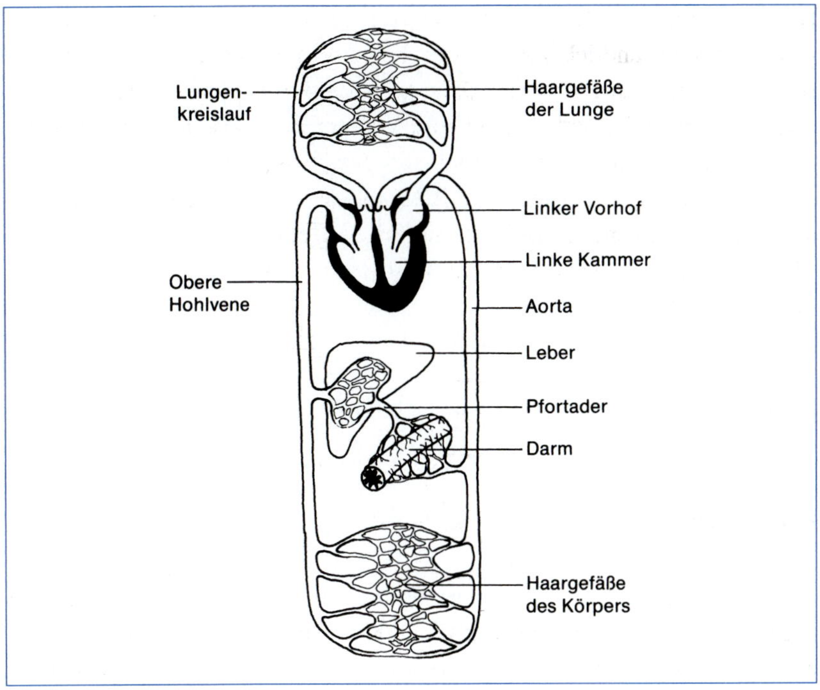

Abb. 24 Herz-Kreislauf-Schema (*Weineck* 2004b)

3.5.1 Anatomisch-physiologische Grundlagen zum Aufbau und zur Funktion des Herzens

Das Herz ist ein **kegelförmiger Hohlmuskel** und liegt eingebettet zwischen den beiden Lungenflügeln. Gut zwei Drittel des Herzens liegen in der linken Brustkorbhälfte, ein Drittel in der rechten. Die Herzgröße hängt von verschiedenen Faktoren wie Alter, Geschlecht, Körpergröße und Grad der Ausdauertrainiertheit ab. Beim Untrainierten beträgt das Herzgewicht 250–300 g (Frau) bzw. 300–350 g (Mann). **Durch Ausdauertraining werden diese Funktionsgrößen in erheblichem Maße beeinflusst.** Der ehemalige spanische Radprofi und mehrfache Tour-de-France-Sieger *Miguel Indurain* hatte ein Herzvolumen von ca. 1.800 cm^3. Es handelt sich hierbei um ein so genanntes Sportherz (Abb. 25). Sportherz

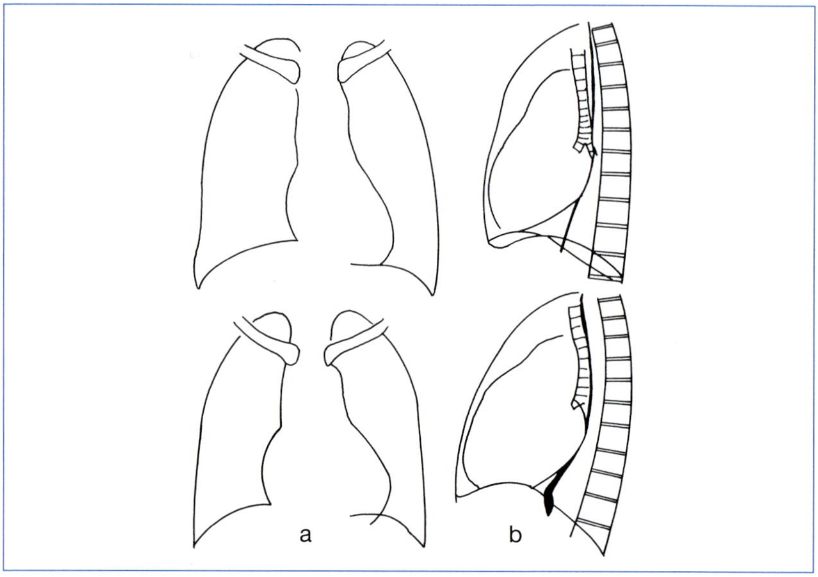

Abb. 25: Größenunterschiede zwischen trainiertem Normalherzen (oben) und Sportherz (unten): (a) frontale Ansicht, (b) seitliche Ansicht (*Weineck* 2004b)

Anatomie des Herzens

Das Herz untergliedert sich in **vier Hohlräume**: linke Herzkammer, rechte Herzkammer, linker Vorhof und rechter Vorhof. Zwischen den Vorhöfen und den Kammern sowie den Kammern und den aus ihnen entspringenden Gefäßen liegen Herzklappen, die eine Ventilfunktion haben und den Blutstrom in nur eine Richtung zulassen. Der eigentliche Herzmuskel wird als **Myokard** bezeichnet. Um vor Verletzungen durch Reibung geschützt zu sein, befindet sich das Herz im Herzbeutel (**Perikard**). Rechte und linke Herzhälfte sind durch die Herzscheidewand (**Septum**) voneinander getrennt.

Die Herzmuskelzellen weisen einen wesentlich höheren Anteil an Mitochondrien auf als die Skelettmuskelzellen. In den Mitochondrien findet der aerobe Stoffwechsel statt. Die Muskelschicht der linken Kammer ist fast dreimal so dick wie die der rechten, da sie mehr Kraft aufbringen muss, um das Blut in den großen Körperkreislauf zu pumpen. Die Blut- und damit auch die Sauerstoffversorgung des Herzmuskels selbst wird durch die **Herzkranzgefäße** gesichert. Die Herztätigkeit ist durch das Phänomen der **Automatie** gekennzeichnet. Die Herzkontraktion wird durch Erregungen ausgelöst, die im Herzen selbst entstehen. Das oberste Reizbildungszentrum ist der **Sinusknoten**, der eine Ruhepulsfrequenz von 60–80 Schlägen pro Minute vorgibt. Die Herzfrequenz kann bei Bedarf – wie z. B. im Sport – verändert werden. Die Anpassung der Herztätigkeit erfolgt über die Einflussnahme der vegetativen Herznerven (vgl. *Weineck* 2004b). In der Herztätigkeit unterscheidet man die Systole und die Diastole. Die **Systole** ist die Kontraktion des Her-

Sinusknoten als Reizbildungszentrum

zens, in der Blut aus dem Herzen ausgetrieben wird, während die **Diastole** die Erschlaffung bedeutet, in welcher das Blut ins Herz hineingesaugt wird.

3.5.2 Kenngrößen der Herzfunktion

Je nach Intensität der sportlichen Belastung muss das Herz mehr oder weniger große Auswurfleistungen vollbringen. Wenn der Mensch intensiv Sport treibt, benötigen die Muskeln z.B. mehr Sauerstoff zur Energieproduktion, und den muss der Herzmuskel entsprechend »herbeipumpen«. Die Herzfrequenz (HF) beziffert die Anzahl der Herzschläge pro Minute. Sie beträgt beim Untrainierten in Ruhe etwa 60–80 Schläge pro Minute. Bei Belastungen im Sport kann die Herzfrequenz beim Untrainierten etwa um das Dreifache ansteigen und Werte über 200 Schläge pro Minute erreichen. Bei Kindern und Jugendlichen sind Belastungsherzfrequenzen bis zu 220 Schlägen pro Minute möglich.

Herzfrequenz

Das Schlagvolumen (SV) entspricht derjenigen Menge Blut, die bei jeder Systole (Kontraktionsphase des Herzens) aus der linken Herzkammer in die Blutbahn ausgeworfen wird. Es beträgt in Ruhe beim Untrainierten etwa 70 Milliliter (ml) und erhöht sich bei Belastung. Das Herzminutenvolumen (HMV) gibt diejenige Menge an Blut an, die pro Minute vom Herzen in die Blutbahn befördert wird. Folgende Gleichung lässt sich aufstellen:

Schlagvolumen

Herzminutenvolumen

SV x HF = Herzminutenvolumen (HMV)

Praxisbeispiele

Für einen **Untrainierten** gilt in **Ruhe**: 70 ml (SV) x 80 (HF) = 5,6 l (HMV)
Bei **maximaler Belastungsintensität**: 70 ml (SV) x 200 (HF) = 14 l (HMV)
Unter maximaler Belastung pumpt das Herz dieses Untrainierten 14 l Blut pro Minute durch den Organismus.
Ein **hochausdauertrainierter Sportler** kann im Vergleich dazu folgende Werte haben (hier: *Miguel Indurain*, mehrmaliger Tour-de-France-Sieger):
In **Ruhe**: 250 ml (SV) x 32 (HF) = 8,0 l (HMV)
Bei **maximaler Belastungsintensität:** 250 ml (SV) x 200 (HF) = 50 l (HMV)
Unter maximaler Belastungsintensität pumpt das Herz eines Radprofis mehr als die dreifache Menge an Blut durch den Körper.

Das Herzminutenvolumen entspricht also der Menge an Blut, die dem Organismus insgesamt in einer Minute zur Verfügung steht. Diese Veränderungen gehören zu den wichtigsten körperlichen Anpassungserscheinungen des Herz-Kreislauf-Systems an regelmäßiges Ausdauertraining.

3.5.3 Anpassung des Herz-Kreislauf-Systems an Ausdauerbelastungen

Vergrößerung des Herzens

Dilatation

Abnahme der Herzfrequenz in Ruhe

Hyperplasie

Blutvolumen

Der Sauerstoff- und Nährstoffbedarf der Muskulatur steigt unter sportlicher Belastung stark an. Ausdauertraining führt sowohl zu einer Vergrößerung des Herzens, mit damit verbundener Gewichtszunahme, als auch zu einer **harmonischen Erweiterung aller vier Herzhohlräume**. Maximalwerte für die Herzgröße betragen für die Frau 16,8 ml pro kg Körpergewicht, beim Mann 20 ml pro kg Körpergewicht. Parallel dazu kommt es durch Ausdauertraining zu einer Erweiterung der Koronareingänge und zu einer Querschnittzunahme der Herzkranzgefäße. **Schlagvolumen** und **Herzminutenvolumen** nehmen zu. Die Abnahme der Herzfrequenz in Ruhe (**Trainingsbradykardie**) ist ebenfalls ein Kennzeichen der Anpassung an Ausdauerbelastungen. Die Ausbildung eines Sportherzens ist weder alters- noch geschlechtsspezifisch. Auch Kinder, Jugendliche und Senioren können ein solches Sportherz entwickeln. Auch die kleinsten Blut führenden Gefäße (Kapillaren) erweitern ihr Netz. Es kommt demnach zu Kapillarneubildungen. Im Blut kommt es ebenfalls zu Anpassungserscheinungen. Das Blutvolumen kann sich um 1–2 l erhöhen. Durch die damit verbundene **Zunahme des Hämoglobins** erhöht sich die Sauerstofftransportkapazität des Blutes. Das **Blut wird dünnflüssiger** (Viskosität sinkt) und erleichtert somit dem Herzen die Pumparbeit.

Merke

Ausdauertrainierte Sportler bewältigen die gleiche Leistung wie untrainierte Menschen mit einer wesentlich geringeren Herzfrequenz. Nach Belastungen erholen sich ausdauertrainierte Sportler schneller als nicht ausdauertrainierte. Außerdem sind ausdauertrainierte Sportler im Training besser belastbar.

3.5.4 Bedeutung der Pulsfrequenzkontrolle

Praktische Durchführung

Ein unverzichtbares Instrumentarium für den Übungsleiter/Trainer stellt die Pulsfrequenzkontrolle dar. Dadurch kann der Trainer die individuelle Belastung des Sportlers überprüfen. Man tastet den Puls an der Handschlagader oder an der Halsschlagader und zählt die Schläge 15 Sekunden lang. Diesen

Wert multipliziert man mit 4 und erhält als Produkt die Herzfrequenz pro Minute. **Wichtig dabei ist, dass man den Puls unmittelbar nach der Belastung misst.** Jede zeitliche Verzögerung verfälscht das Ergebnis. Das hängt damit zusammen, dass die Pulsfrequenz sofort nach Belastungsende sehr stark abfällt und sich danach eher langsam dem Ruhewert annähert. Das Messen der Pulsfrequenz im Training muss mit den Trainingsteilnehmern geübt werden, damit die Messung auch zuverlässig eingesetzt werden kann. Die Pulsfrequenzkontrolle dient dazu,

Ziele der Pulsfrequenzkontrolle

- die Höhe der individuellen Belastung festzustellen,
- den Erholungsgrad der Sportler zu überprüfen und
- die exakte Einhaltung von Belastungs- und Pausengestaltung bei der Wiederholungsmethode und der Intervallmethode (z.B. bei einem Circuittraining) zu gewährleisten.

Aufgaben

1. Welche Anpassungserscheinungen ergeben sich durch Ausdauertraining im Herz-Kreislauf-System? Durch welche Sportarten kann man dies erreichen?
2. Früher galt es bei Trainern als Regel, auch dann weiterzutrainieren, wenn man akut unter einem Muskelkater litt. Nehmen Sie dazu Stellung.
3. Messen Sie bei sich und Ihren Mitschülern bei unterschiedlichen Belastungsarten die Pulsfrequenz, um sich einen Überblick über die unterschiedliche Beanspruchung des Herz-Kreislauf-Systems zu machen.

3.6 Passiver Bewegungsapparat und sportliches Training

Im Spitzensport stellt der passive Bewegungsapparat (vor allem Gelenke, Knorpel, Bandapparat) oft die **leistungsbegrenzende Größe** sportlicher Höchstleistung dar. Dies wird klar, wenn man sich vor Augen führt, welch enorme Belastungen auf die einzelnen Teile des passiven Bewegungsapparates beim Sporttreiben wirken. Sinnvollerweise reagiert aber auch der passive Bewegungsapparat mit entsprechenden Anpassungserscheinungen an sportliche Belastung.

Anpassungserscheinungen des passiven Bewegungsapparates

Der **Knochen** zum Beispiel ändert seine Architektonik, was zu einer erhöhten Widerstandskraft in Richtung der Hauptbeanspruchung führt. Im Bereich der langen Röhrenknochen kommt es bei Trainierten zu einer erheblichen Dickenzunahme der Knochenrinde. Mechanische Belastung führt zu einer Verstärkung der Knochenbälkchenstruktur der Schwammsubstanz.

Bei kurzzeitigen Belastungen kommt es akut zu einer Dickenzunahme des Knorpels der Gelenkflächen durch eine zeitlich begrenzte Flüssigkeitsaufnahme. Der **Knorpel** saugt sich quasi mit Gelenkflüssigkeit voll. Dadurch wird der Knorpel resistenter gegen hohe Druck- und Scherkräfte. **Wichtig dafür ist das Warmlaufen vor dem eigentlichen Aufwärmen.** Bei längeren Belastungen (durch regelmäßiges Training) kommt es zu einem Dickenwachstum des Knorpels, wodurch dieser erhöhte mechanische Belastungen – wie sie im Sport vorkommen – ohne Gelenkbeschädigungen bewältigen kann. Durch Training werden der Sehnenquerschnitt sowie Zug- und Rissfestigkeit der **Sehnen** erhöht. Vergleichbare Anpassungserscheinungen ergeben sich für den **Bandapparat**. Auch hier führt Training zu einer entsprechenden qualitativen und quantitativen Strukturverbesserung.

Merke

Zusammenfassend kann man feststellen: Mehrbelastung im Sinne von Sporttreiben in vernünftigem Rahmen führt zu einer Kräftigung, Minderbelastung hingegen zu einer Schwächung von Knochen, Knorpel, Sehnen und Bändern (vgl. *Weineck* 2004b).

3.6.1 Gelenke und ihre Bedeutung für den Sport treibenden Menschen

Gelenkspezifische Eigenheiten

Um den Körper im Sport entsprechend bewegen zu können, ist der Sportler auf die optimale Funktion der Gelenke angewiesen. Gelenke sind prinzipiell gleich aufgebaut, zeigen aber bestimmte gelenkspezifische Eigenheiten. Abbildung 26 zeigt den allgemeinen Aufbau eines Gelenkes.

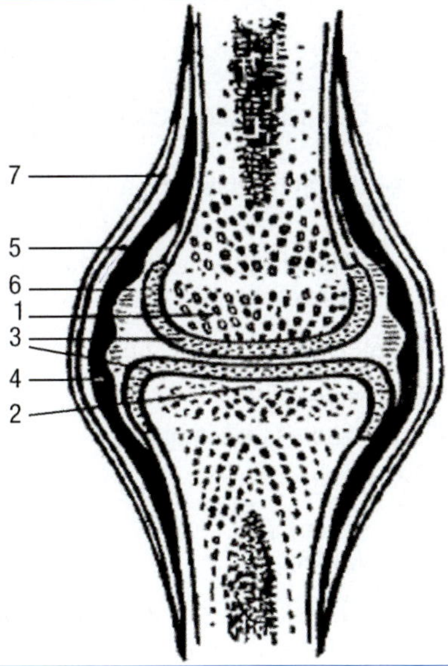

Abb. 26: Schematische Darstellung des Gelenkaufbaus (aus *Tittel* 1985)

3.6.2 Kniegelenk

Aufbau des Kniegelenkes

Das Kniegelenk ist das größte, komplizierteste und gleichzeitig empfindlichste Gelenk des menschlichen Körpers. Sein Aufbau verdeutlicht, dass Gelenke für ganz bestimmte Bewegungen konstruiert sind. Das Kniegelenk besteht aus folgenden Bestandteilen (Abb. 27):

- konvexe Gelenkflächen der beiden Oberschenkelknorren
- fast ebene Gelenkflächen der Schienbeinknochen
- Rückfläche der Kniescheibe
- innerer und äußerer Meniskus
- inneres Seitenband
- äußeres Seitenband (zieht zum Wadenbeinköpfchen)
- vorderes Kreuzband
- hinteres Kreuzband

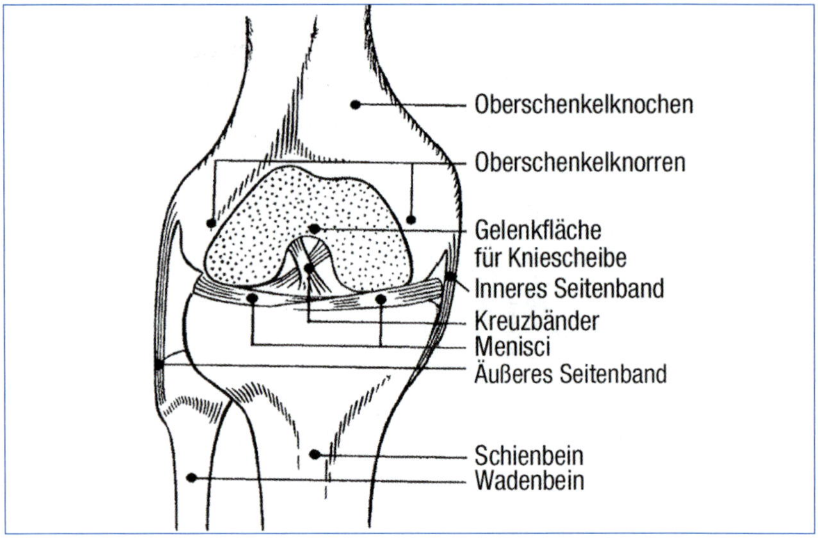

Abb. 27: Kniegelenk von vorne (*de Marées* 2003)

Das Kniegelenk zeichnet sich durch zwei funktionell voneinander unabhängige Bewegungsmöglichkeiten aus:

Bewegungsmöglichkeiten

- eine Beugung und Streckung um eine Achse, die quer durch die Oberschenkelknochen verläuft,
- eine Drehung, die in senkrechter Richtung durch das Schienbein läuft; sie kann vor allem im gebeugten Knie (30–40 Grad) ausgeführt werden.

Merke

Sämtliche Bewegungen, die der Funktionalität des Gelenkes zuwiderlaufen, können das Kniegelenk grundsätzlich schädigen.

3.6.3 Fußgelenke

Die beiden Gelenke des Fußes sind im Sport ebenfalls sehr hohen Belastungen ausgesetzt. Einem funktionellen Schuhwerk sollte daher besondere Beachtung geschenkt werden. Man unterteilt den Fuß in **Fußwurzel**, **Mittelfuß** und **Zehen**.

Oberes Sprunggelenk

Das obere Sprunggelenk wird vom Schienbein und Wadenbein und den Gelenkflächen des Sprungbeins gebildet. Man kann damit die Fußspitze heben und senken (Dorsalflexion und Plantarflexion).

Unteres Sprunggelenk

Das untere Sprunggelenk liegt zwischen dem Sprung-, Fersen- und Kahnbein (Abb. 28). Dieses Gelenk ermöglicht Auswärts- und Einwärtsdrehung

(= Pronation und Supination). Die Führung der Bewegungen in den Sprunggelenken erfordert einen kräftigen Bandapparat. Im Bereich des oberen Sprunggelenks findet man starke Seitenbänder, die sich fächerförmig ausbreiten und das Gelenk entsprechend stabilisieren (vgl. *Tittel* 1985).

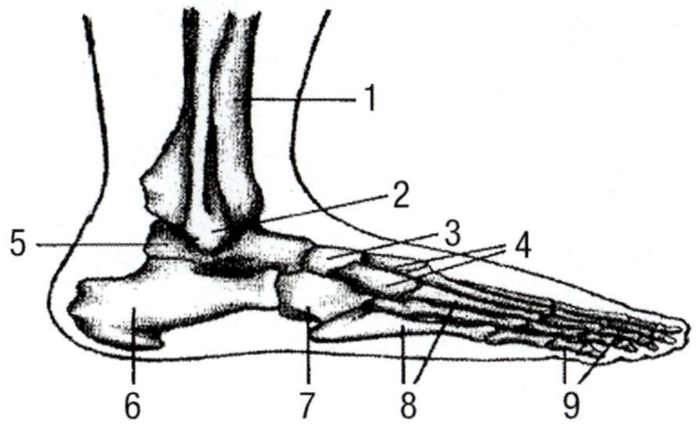

Abb. 28: Fußskelett: 1 = Schienbein, 2 = Wadenbein, 3 = Kahnbein, 4 = Keilbeine, 5 = Sprungbein, 6 = Fersenbein, 7 = Würfelbein, 8 = Mittelfußknochen, 9 = Zehen (*Spiecker* 1983)

3.6.4 Wirbelsäule

Eine zentrale Stellung im passiven Bewegungsapparat nimmt die Wirbelsäule ein (Abb. 27). Sie besteht aus 7 Hals-, 12 Brust-, 5 Lenden-, 5 Kreuz- (Kreuzbein) und 4–5 Steißwirbeln (Steißbein). Die Wirbelsäule wird demnach von 33–34 Wirbeln und 23 Zwischenwirbelscheiben (Bandscheiben) gebildet. Sie weist eine doppelte S-Form auf. Diese dient vor allem dem Abfedern von Stößen (Stoßdämpferfunktion).

Stoßdämpferfunktion der Bandscheiben

Die Beweglichkeit der Wirbelsäule nimmt von oben nach unten ab. Der beweglichste Teil der Wirbelsäule ist die Halswirbelsäule, gefolgt von der Brustwirbel- und Lendenwirbelsäule.

Beweglichkeit der Wirbelsäule

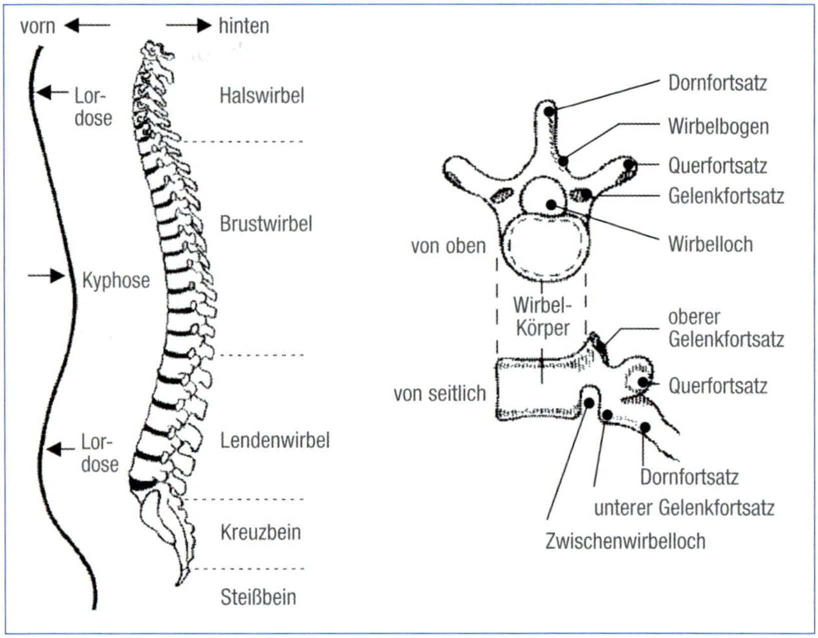

Abb. 29: Seitenansicht der Wirbelsäule und Aufbau eines Wirbels am Beispiel eines Brustwirbels (*de Marées* 2003)

Die 12 Brustwirbel bilden mit den Rippen Gelenke. **Im Bereich der Lendenwirbelsäule ist keine Drehung zur Seite hin möglich.**

Die Wirbelkörper sind durch ein hinteres und vorderes Längsband miteinander verbunden. Die Wirbel des Steißbeins und Kreuzbeins sind nicht beweglich. Nur die Wirbel von Hals-, Brust- und Lendenwirbelsäule sind beweglich. Die Bandscheiben verbinden jeweils zwei Wirbelkörper miteinander. Ihnen kommt eine so genannte **Wasserkissenfunktion** zu. Sie dämpfen und ermöglichen erst die Beweglichkeit der Wirbel gegeneinander. Durch häufige, asymmetrische und hohe Belastungen können Einrisse im Faserring der Bandscheibe entstehen.

Merke

Im Sport und im täglichen Leben sollte man stets darauf achten, die Wirbelsäule bei körperlichen Belastungen möglichst gerade zu halten.

Umgang mit der Wirbelsäule

Kräftigende Gymnastik für die Wirbelsäule, zum Aufbau einer schützenden und stützenden Muskulatur, ist die beste Prophylaxe (Fehlhaltungen wie z.B. Hohlkreuz berücksichtigen!). Bei der Gymnastik (Kräftigung oder Dehnung) müssen die anatomischen Gegebenheiten der Wirbelsäule stets berücksichtigt werden. Ruckartige Bewegungen sind zu vermeiden (Gefahr der Bandscheibenschädigung). Sprünge im Sport sollten durch entsprechende Beugung im Fußgelenk, Knie- und Hüftgelenk kompensiert werden. Vom Prinzip her ist die Wirbelsäule muskulär wie ein Schiffsmast verspannt (Abb. 30), um die aufrechte Haltung beim Menschen zu sichern. In der schematischen Darstellung entsprechen die Rahen des Mastes den Querfortsätzen der Wirbelkörper, die durch kurze Muskelzüge miteinander verbunden sind. Sie lassen aber auch vom Rahenende schräg zum Mast hinlaufende Verspannungen erkennen, wobei sie hin und wieder einige Segmente überspringen. Außer diesen kurzen Seilzügen, denen noch grazile, paarige Muskeln angehören, welche die Dornfortsätze untereinander verbinden, sind am Schiffsmastschema noch lange »Haltetaue« eingezeichnet, die vom Schiffsdeck – dem Beckengürtel – zu den Rahen laufen (vgl. *Tittel* 1985).

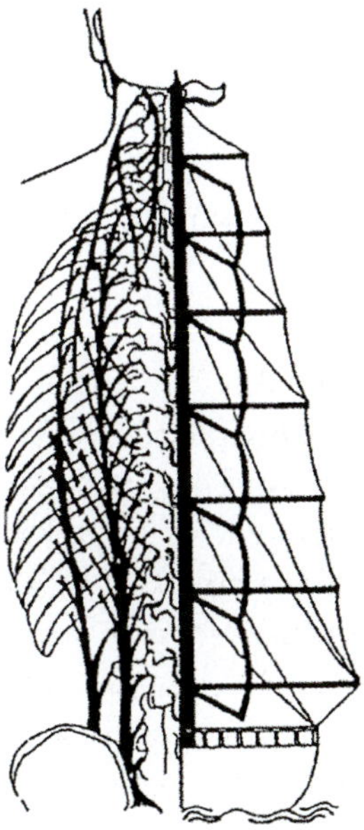

Abb. 30: Prinzip der muskulären Wirbelsäulenverspannung (*Haidn* und *Weineck* 2000)

Aufgaben

1. Beschreiben Sie, welche Folgen sportliche Aktivität für den passiven Bewegungsapparat hat.
2. Welchen Belastungen ist der passive Bewegungsapparat in Ihrer Sportart ausgesetzt? Vergleichen Sie diese mit der anderer Sportarten. Was können Sie als Trainer tun, um solche Belastungen zu vermeiden oder zu verringern?
3. Welche Bewegungen sollte man beim Kniegelenk bzw. bei der Wirbelsäule unbedingt meiden? Begründen Sie Ihre Argumente mithilfe der Anatomie.
4. Wie ist ein Gelenk generell aufgebaut? Zeichnen und beschriften Sie ein Gelenk.
5. Welche Gelenke sind in Ihrer Sportart besonders hohen Belastungen ausgesetzt? Weshalb ist das so? Begründen Sie dies anhand von Praxisbeispielen. Was können Sie vorbeugend gegen Verletzungen bzw. Schädigungen an diesen Gelenken tun?

4 Ausdauertraining

Praxisbeispiel

> Zwei 16-jährige Mädchen haben sich zum Joggen verabredet. Sie möchten an diesem Tag zwischen 40 und 45 Minuten zusammen laufen. Das Lauftempo wählen sie in den ersten 20 Minuten so, dass sie sich noch problemlos unterhalten können. Sie laufen dabei auf ebener asphaltierter Strecke neben einem Bach entlang. Als der Weg den Bach verlässt, geht es eine längere Steigung einen Berg hinauf. Die beiden halten ihr Tempo, müssen aber ihre Unterhaltung plötzlich einstellen, da sie nicht mehr genügend »Luft« bekommen. Erst ein paar hundert Meter nach der Steigung können sie sich wieder unterhalten. Um eine Abkürzung zu machen, verlassen beide den geteerten Weg und laufen auf einem weichen Waldboden bzw. einer Wiese weiter. Da sie ihr Tempo halten wollen, müssen sie abermals ihre Unterhaltung ein weinig einschränken, weil ihnen etwas die Luft dazu fehlt. Nach 40 Minuten sind beide wieder am Ausgangspunkt, wo sie sich heftig atmend von dem Lauf erholen. (Erläuterungen zum Praxisbeispiel am Ende dieses Kapitels)

Verschiedene Aspekte des Ausdauertrainings

Diese Situation ist typisch für das Ausdauertraining. Man verabredet sich mit einem Freund oder einer Freundin und läuft zusammen. Ausdauertraining kann man aus den unterschiedlichsten Motiven heraus betreiben. Ausdauer kann man nicht nur durch Laufen trainieren. Man kann z.B. »ausdauernd« Rad fahren, inlineskaten oder schwimmen. »Ich sollte mal wieder was für meine Ausdauer tun!«, sagen Fußballer, die mit ihrer eigenen Laufleistung in der zweiten Halbzeit nicht zufrieden waren. Hier dient die Ausdauer als Mittel zum Zweck, in der zweiten Halbzeit besser Fußball spielen zu können. In vielen Vereinen gibt es mittlerweile Lauftreffs, wo sich Laufbegeisterte zum Joggen oder Walken (mit oder ohne Stöcke) treffen, um etwas für ihre Gesundheit bzw. Fitness zu tun. Diese wiederum steht bei Tour-de-France-Radrennfahrern nicht im Vordergrund, wenn sie sich tagtäglich 4–6 Stunden in den Sattel setzen, um Distanzen zwischen 200 und 250 km mit mehreren Bergüberfahrten zu absolvieren. Die Laufbestzeiten im Marathon oder 10.000-m-Lauf werden primär von der Ausdauerleistungsfähigkeit bestimmt. Hier steht die maximale persönliche Leistung zusammen mit der Ausdauer im Vordergrund.

Ausdauertraining kann in vielfältiger Weise stattfinden, bei Freizeitsportlern oder bei Profis. Einen Überblick über Strukturierungskriterien der Ausdauer bietet Tabelle 9.

Strukturierungskriterien der Ausdauer

Kriterium	Ausdauerform
Beanspruchte Muskulatur	• allgemeine Ausdauer (mehr als 1/6–1/7 der Muskulatur) • lokale Muskelausdauer (weniger als 1/6–1/7 der Muskulatur)
Arbeitsweise der Muskulatur	• dynamische Ausdauer (Bewegung mit Anspannung und Entspannung der Muskulatur) • statische Ausdauer (Bewegung mit Daueranspannung)
Energiebereitstellung	• aerobe Ausdauer (Leistung unter ausreichender O_2-Aufnahme) – Kurzzeitausdauer – Mittelzeitausdauer – Langzeitausdauer • anaerobe Ausdauer (eingehen einer O_2-Schuld) – Kurzzeitausdauer – Mittelzeitausdauer – Langzeitausdauer
Zeitliche Wettkampfbeanspruchung in Verbindung mit der damit höchstmöglichen Belastungsintensität	• Kurzzeitausdauer (45 sec - 2 min) • Mittelzeitausdauer (2 - 8 min) • Langzeitausdauer 1 • Langzeitausdauer 2 • Langzeitausdauer 3 • Langzeitausdauer 4 (Langzeitausdauer 1–4: über 8 min)
Allgemeinheitsgrad und Spezifik, Bedeutung für eine Sportart	• Grundlagenausdauer (aerobe Basiskapzität) (eine beliebige Belast. für lange Zeit auszuführen) • spezielle Ausdauer (sportartspezifische aerob-anaerobe Kapazität) (Belastung wirkungsvoll auszuführen)

Tab. 9: Strukturierungskriterien der Ausdauer (mod. nach *Steinhöfer* 2003)

Sprintausdauer: max. Reizintensität, sehr hohe Bewegungsfrequenz

Im folgenden Text werden schrittweise die Hintergründe und Zusammenhänge dargestellt, die das obige Praxisbeispiel verständlich machen. Dazu zunächst eine Definition der Ausdauer:

Schnelligkeitsausdauer [Stehvermögen]: Submaximale oder hohe Reizintensität, hohe Bewegungsfrequenz, relativ geringe äußere Widerstände

Kraftausdauer: max - submax. Reizintensität, hohe - mittlere Bewegungsfrequenz, hohe äußere Widerstände

Definition

Ausdauer
Unter Ausdauer versteht man die psychische und physische Widerstandsfähigkeit des Sportlers gegen Ermüdung. Sie schließt die Erholungsfähigkeit mit ein.

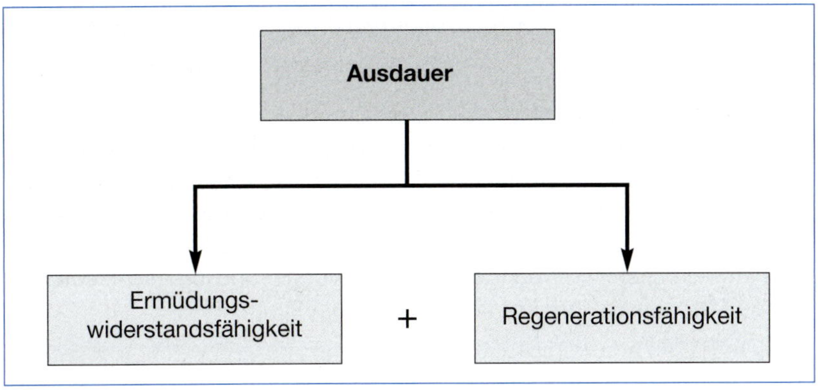

Abb. 31: Die beiden Hauptkomponenten der Ausdauer

Ausdauer bietet den Sportlern folgende Vorteile:

Vorteile von Ausdauer

1. Sie können die gewählte Belastungsintensität sehr lange aufrechterhalten.
2. Die Verluste der Belastungsintensität werden so gering wie möglich gehalten.
3. Die sportliche Technik und das taktische Verhalten können über längere Zeit stabilisiert werden.
4. Die Konzentrationsfähigkeit kann lange gewährleistet werden.

Ohne Ausdauer kann man kein umfangreiches oder intensives Training absolvieren, sie sichert damit diese Leistung erst ab. Ebenfalls zu beobachten ist, dass sich ausdauertrainierte Sportler nach Belastungen schneller wieder erholen als nicht ausdauertrainierte. Somit kommt im Zusammenhang mit dem Begriff der Ausdauer der Regenerationsfähigkeit eine zentrale Bedeutung zu. Bei Marathonläufern, Tour-de-France-Radrennfahrern oder Triathleten wird die psychische Komponente der Ausdauer deutlich. Um Ausdauerbelastungen dieser Art absolvieren zu können, muss man ebenfalls »ausdauernd« über entsprechende Willensfähigkeiten verfügen, nämlich dem Drang widerstehen können, die Belastung z.B. aufgrund von Schmerzen einzustellen. Um ein mehrstündiges Tennismatch absolvieren zu können, muss der Spieler sich auch entsprechend lange konzentrieren können. Wird er müde, lässt auch die Konzentrationsfähigkeit nach.

Regenerationsfähigkeit

Psychische Komponente

Konzentrationsfähigkeit

4.1 Ausdauerarten

Unterscheidung spezieller Ausdauerfähigkeiten

Wenn man joggt, so wird einem dies umso schwerer fallen, je länger die Zeitdauer und je größer die Distanz des Laufes ist. Aus Sicht der Energiebereitstellung ist es ein Unterschied, ob man 15 Minuten oder – wie manche Marathonläufer – mehrere Stunden joggt. In der Trainingslehre und Sportmedizin unterscheidet man daher spezielle Ausdauerfähigkeiten mit dem Ziel, übergreifende Ansatzpunkte zur Steuerung und Analyse des Ausdauertrainings zu gewinnen.

Praxisbeispiele

> Das Ausdauertraining eines Profi-Radrennsportlers sieht z.B. hinsichtlich Umfang und Intensität anders aus als das eines Teilnehmers an einem wöchentlichen Vereins-Radtreff. In den meisten Fällen erfordert die Belastung keine reinen oxidativen oder anoxidativen Formen der Energiebereitstellung, sondern eine belastungs- und intensitätsabhängige Mischung beider Formen (siehe Abb. 32).

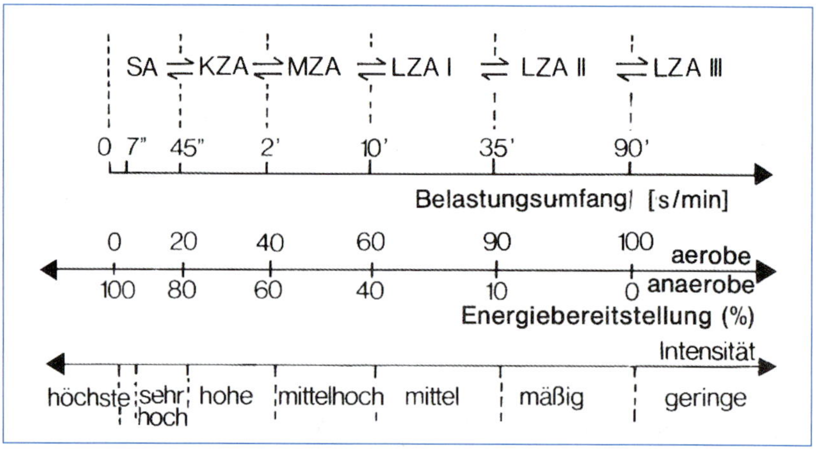

Abb. 32: Die verschiedenen Ausdauerfähigkeiten in Zusammenhang mit der Energiebereitstellung, dem Belastungsumfang und der Belastungsintensität (SA = Schnelligkeitsausdauer, KZA = Kurzzeitausdauer, MZA = Mittelzeitausdauer, LZA = Langzeitausdauer) (nach *Weineck* 2004a)

Im Bereich der **allgemeinen Ausdauer** gibt es eine Einteilung in Kurzzeit-, Mittelzeit- und Langzeitausdauer.

Kurzzeitausdauer

In der Kurzzeitausdauer kann man aerobe und anaerobe Formen unterscheiden. Die aerobe Energiebereitstellung erfolgt bei Ausdauerbelastungen zwischen 45 Sekunden und 2 Minuten. In der Leichtathletik entspricht dies dem

400-m- und 800-m-Lauf. Die anaerobe Kurzzeitausdauer liegt zwischen 10 und 45 Sekunden. Sie wird häufig auch als Sprint- oder Schnelligkeitsausdauer bezeichnet.

Mittelzeitausdauer

Die Mittelzeitausdauer stellt den Abschnitt dar, bei dem die aerobe Energiebereitstellung immer mehr dominiert. In der Leichtathletik sind dies Läufe ab 1.000 m bis hin zum 3.000-m-Hindernislauf. Beim 1.500-m-Lauf geht man davon aus, dass die Energiebereitstellung zu 50 % aerob und zu 50 % anaerob ist (Tab. 10).

Langzeitausdauer

Die Langzeitausdauer umfasst schließlich alle Belastungen, die länger als 10 Minuten dauern und deren Energiebereitstellung fast ausschließlich aerober Art ist.

Ausdauerart	**Wettkampfzeiten**
Sprint- und Schnelligkeitsausdauer	10 bis 20 sek
Kurzzeitausdauer (KZA)	20 sek bis 2 min
Mittelzeitausdauer (MZA)	2 min bis 10 min
Langzeitausdauer (LZA)	10 min bis mehrere Stunden
• LZA 1	10 min bis 35 min
• LZA 2	35 min bis 90 min
• LZA 3	90 min bis 360 min
• LZA 4	über 360 min

Tab. 10: Einteilung der Ausdauerarten unter Berücksichtigung der unterschiedlichen Wettkampfzeiten

Praxisbeispiele

Von den leichtathletischen Disziplinen fallen der 5.000-m-, 10.000-m- und der Marathonlauf unter die Langzeitausdauer, im Schwimmsport die Strecken über 800 m und 1.500 m. Im Radrennsport sind die Etappen der Tour de France sowie im Mountainbiking die Cross-Country-Rennen dem Bereich der Langzeitausdauer zuzuordnen. Extreme Anforderungen stellt der Ironman-Triathlon auf Hawaii, bei dem die Besten zwischen 8 und 9 Stunden benötigen. Die meisten der Skilanglauf-Solorennen gehören ebenso zur Langzeitausdauer wie bestimmte Solorennen im Biathlon.

Die Langzeitausdauer ist aufgrund unterschiedlicher Stoffwechselanforderungen noch unterteilt in die Bereiche LZA 1, 2, 3 und 4. Tabelle 11 stellt diese Anforderungen dar.

Stoffwechselanforderungen bei Langzeitausdauer

Langzeitausdauerart	Stoffwechselanforderungen
LZA 1 (10–35 min)	• überwiegend Kohlenhydratstoffwechsel
LZA 2 (35–90 min)	• es werden Kohlenhydrate wie auch Fette in einem zeitabhängigen dynamischen Mischungsverhältnis zur Energiegewinnung herangezogen • i.d.R. dominiert noch der Glukosestoffwechsel
LZA 3 (90–360 min)	• nach ca. 1,5 Std. dominiert der Fettstoffwechsel in der Energiebereitstellung • es werden dabei immer weniger Kohlenhydrate verbrannt
LZA 4 (> 360 min)	• der Fettstoffwechsel dominiert in der Energiebereitstellung

Tab. 11: Die unterschiedlichen Langzeitausdauerarten und ihre Anforderungen an den Stoffwechsel im Organismus

Zwischen den einzelnen Ausdauerfähigkeiten gibt es Wechselbeziehungen, die in Abbildung 33 dargestellt sind.

Wechselbeziehungen zwischen den Ausdauerarten

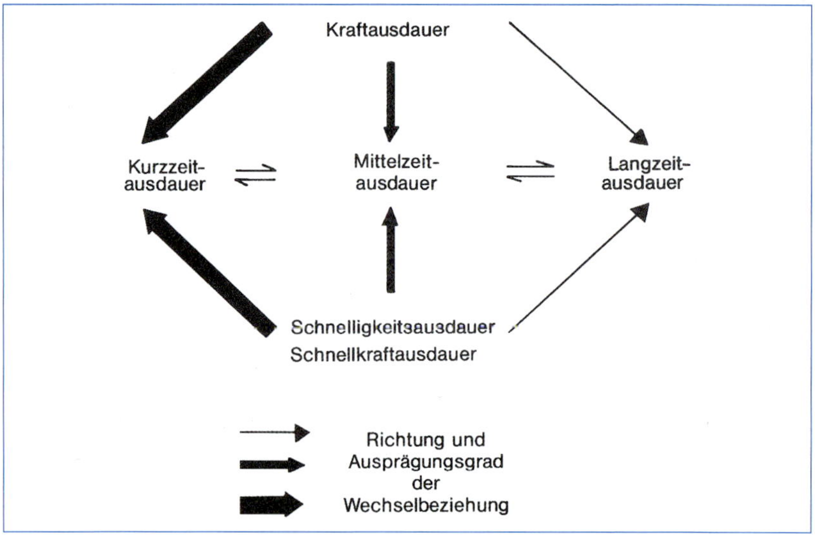

Abb. 33: Wechselbeziehungen zwischen den einzelnen Ausdauerfähigkeiten (*Weineck* 2004a)

Die bisher dargestellten Formen der Ausdauer zeigen, dass es *die* Ausdauer eigentlich nicht gibt. Es ist vielmehr so, dass aus Sicht des Stoffwechsels eine Vielzahl von fein abgestuften Mischformen aerob-anaerober Natur vorliegt.

Aus Gründen einer übersichtlichen und sinnvollen Darstellung sollte bei der Einteilung der Ausdauerfähigkeiten darauf geachtet werden, dass der Begriff der Ausdauer vor allem für die aerob betonten Formen verwendet wird. Das bedeutet, dass Subkategorien der Ausdauer, bei denen andere motorische Hauptbeanspruchungsformen wie Kraft oder Schnelligkeit dominant sind, diesen zugeordnet werden sollten. **Die Schnelligkeitsausdauer gehört somit zum Bereich der Schnelligkeit ebenso wie die Kraftausdauer zum Bereich der Kraft.**

Schnelligkeitsausdauer

Weiterhin unterteilt man die Ausdauer in lokale und allgemeine Ausdauer. Von lokaler Ausdauer spricht man, wenn weniger als 1/7 bis 1/6 der Muskelmasse in Bewegung ist.

Lokale Ausdauer

Bei der allgemeinen Ausdauer ist mehr als 1/7 bis 1/6 der gesamten Skelettmuskulatur in die Belastung mit einbezogen. Die Unterscheidung wird hauptsächlich deshalb vorgenommen, weil unterhalb der Größenordnung von 1/7 bis 1/6 der gesamten Skelettmuskulatur das Herz-Kreislauf-System bei der Leistungsfähigkeit keine maßgebliche Rolle mehr spielt. Bei der Bewegung nur eines Armes oder eines Beines handelt es sich um lokale Muskelausdauer, bei beiden Beinen um allgemeine Ausdauer.

Allgemeine Ausdauer

4.2 Die Grundlagenausdauer

Die Grundlagenausdauer wird aus systematischer Sicht auch als allgemeine aerobe, dynamische Ausdauer bezeichnet. Ihre Bedeutung ist in der Ausdauerpraxis von überragender Bedeutung. Sie ermöglicht es, möglichst hohe Belastungsintensitäten in aerober Stoffwechsellage (Laktat < 4 mmol/l) längere Zeit durchzustehen. Sie ist abhängig von

Bestimmende Faktoren

1. der aeroben Leistungsfähigkeit,
2. der Bewegungsökonomie,
3. der effektiven Substratnutzung,
4. den Steuerungseigenschaften, die den Willen betreffen.

Bei höheren Belastungsintensitäten im anaerob-aeroben Bereich (Laktat > 4 mmol/l) trägt die Grundlagenausdauer dazu bei, den Anteil des aeroben Stoffwechsels zu erhöhen.

4.2.1 Zur Bedeutung der Grundlagenausdauer

Eine gut bzw. ausreichend entwickelte Grundlagenausdauer als Basisvoraussetzung zur Leistungssteigerung vieler Sportarten kann Folgendes bewirken (vgl. *Weineck* 2004a):

Auswirkungen von Ausdauertraining

1. Erhöhung der körperlichen Leistungsfähigkeit
2. Optimierung der Erholungsfähigkeit
3. Minimierung von Verletzungen
4. Steigerung der psychischen Belastbarkeit
5. konstant hohe Reaktions- und Handlungsschnelligkeit
6. Verringerung technischer Fehlleistungen
7. Vermeidung ermüdungsbedingter taktischer Fehlverhaltensweisen
8. stabilere Gesundheit, d.h. weniger banale Infekte
9. präventive Wirkung auf das Herz-Kreislauf-System bzw. Bewegungsmangelkrankheiten im Gesundheitssport!

Grundlagenausdauer in Sportspielen

Wichtig ist zu beachten, dass vor allem in vielen Spielsportarten die Ausdauer nicht maximal, sondern entsprechend den Anforderungen in der Sportart optimal entwickelt werden muss. Für Ballspieler (Fußball, Handball, Basketball) könnte eine leichtathletische Gestaltung des Ausdauertrainings dazu führen, dass die Schnelligkeits- und Schnellkraftfähigkeiten darunter leiden.

4.2.2 Azyklische Spielausdauer

Praxisbeispiel: Fußball

Von den Sportarten mit azyklischen Bewegungen beeinflusst die Ausdauer vor allem in den Sportspielen die sportliche Leistung. Das Problem ist, dass man nicht die Wettkampfdauer von z.B. 90 Minuten eines Fußballspiels in den Grenzbereich zwischen Langzeitausdauer 1 und LZA 2 übertragen darf. Man hat es im Fußball mit sehr unterschiedlichen Bewegungsanforderungen zu tun. Die Belastungsintensität variiert in einem Fußballspiel sehr stark. Gute Mittelfeldspieler laufen zwischen 7 und 10 km in einem Spiel. Die Wegstrecke der Kurzsprints zwischen 10 und 50 m addiert sich im Schnitt auf eine Länge von 3,5 km. Es werden dabei alle Energiebereitstellungsarten beansprucht. Die mittlere Laktatkonzentration liegt bei ca. 6–7mmol/l. Fußballspieler können dabei eine VO_2max von ca. 70 ml/min/kg erreichen, was einen sehr guten Wert darstellt. Außerdem laufen Fußballer auf weichem Untergrund, was die Kraftkomponente beim Laufen noch verstärkt und gegenüber Handballern oder Basketballern eine Erschwernis darstellt.

Kraft beim Laufen

Die azyklische oder auch spezifische Ausdauer trainiert man durch das Betreiben der Sportart selbst. Die Spielausdauer (= spezifische Ausdauer) sichert die Belastung in der Sportart selbst ab, sodass der Spieler entsprechend häufig schnelle kraftvolle Aktionen durchführen kann. Sie wird ergänzt durch das Grundlagenausdauertraining (= allgemeine Ausdauer), das bei Ballspielern in erster Linie in Form von Ausdauerläufen stattfindet. Diese Form der Ausdauer trägt ganz wesentlich zur Regenerationsfähigkeit der Spieler bei, und zwar bereits während des Spiels und nicht nur hinterher. Bei den Sportspielen besteht die Ausdauer demnach aus zwei Komponenten:

Spezifische Ausdauer

Allgemeine Ausdauer

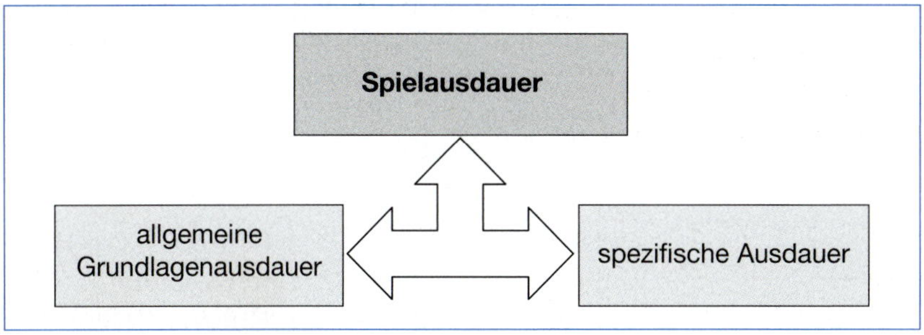

Abb. 34: Komponenten der Spielausdauer

Ausdauer stellt vor allem für den großen Bereich der Ballspiele eine fundamentale Voraussetzung dar. Sie darf jedoch nicht ohne Bezug zu den Anforderungen der jeweiligen Sportart gesehen werden.

4.3 Sportmedizinische Grundlagen des Ausdauertrainings

Die Auswirkungen von Ausdauertraining auf den Gesamtorganismus sind vielfältiger Art. Sehr deutlich sind die Veränderungen in der **Muskelzelle** selbst. Der Mensch besitzt zwei Muskelfasertypen, nämlich die langsam zuckenden (ST- oder Typ I-Fasern) und die schnell zuckenden (FT- oder Typ-II-Fasern). Tabelle 12 gibt einen Überblick über die Eigenschaften.

Muskelfasertypen

Muskelfasern	Zeit der maximalen Leistung	Energiesystem	Sportarten
FT-Fasern Typ II	weniger als 30 sek	die energiereichen Phosphate: ATP und CrP	Wurf- und Sprungdisziplinen, 100-m-Sprint, Tennis, Tischtennis, Boxen, Karate
ST-Fasern Typ I	mehr als 3 min	aerobe Energiebereitstellung	Marathon-, Cross-, 10.000-m-Lauf, Radrennen, Triathlon

Tab. 12: Die Muskelfasertypen und ihre Eigenschaften bzw. Sportarten, in denen man sie benötigt (ST = Slow Twitch, langsam zuckend; FT = Fast Twitch, schnell zuckend)

In Tabelle 13 sind die Charakteristika der FT- und ST-Fasern dargestellt.

Eigenschaften von ST-Fasern und FT-Fasern

	ST-Fasern – Typ I (»rote« oder »langsame« Fasern)	FT-Fasern – Typ II (»weiße« oder »schnelle« Fasern)
Besondere Eignung	große Ausdauerleistungsfähigkeit	Explosivität/ Sprintvermögen
Durchblutung	gut	weniger gut
Vorteile	großes aerobes Leistungsvermögen	große anaerobe Leistungsfähigkeit
Nachteile	geringes anaerobes Leistungsvermögen	geringe aerobe Leistungsfähigkeit
Energiebereitstellung	aerob	anaerob-alaktazid, anaerob-laktazid
Effekt von Training	Zunahme der roten ST- Fasern möglich	keine Zunahme der weißen FT-Fasern
Laktatproduktion	keine	hoch
Ermüdbarkeit	gering	schneller
Schnelligkeit	gering	groß
Kontraktionskraft	gering	groß

Tab. 13: Die Charakteristika der beiden Hauptmuskelfaserarten (mod. nach *Janssen* 2003)

Durch Ausdauertraining lassen sich gezielt die **zellulären Energiespeicher**, welche für die Energiebereitstellung zentral verantwortlich sind, steigern. Aerobes Training erhöht zudem die **aerobe Enzymaktivität** und steigert deren Umsatzgeschwindigkeit. In der Muskelzelle selbst kommt es zu einer **Zunahme der Mitochondrienzahl** sowie zu einer **Vergrößerung der Mitochondrien**, in denen der aerobe Stoffwechsel stattfindet.

Sportmedizinische Anpassungserscheinungen

Wichtig ist in diesem Zusammenhang für alle Sportspieler, dass ausdauertrainierte Sportler eine höhere **Laktatabbaurate** haben, sie können also anfallendes Laktat besser abbauen als nicht ausdauertrainierte. Der Laktatwert steigt bei den Untrainierten im Verlaufe der Belastung steiler an, was in Abbildung 35 zu erkennen ist.

Zellulär-biochemische Anpassungserscheinungen

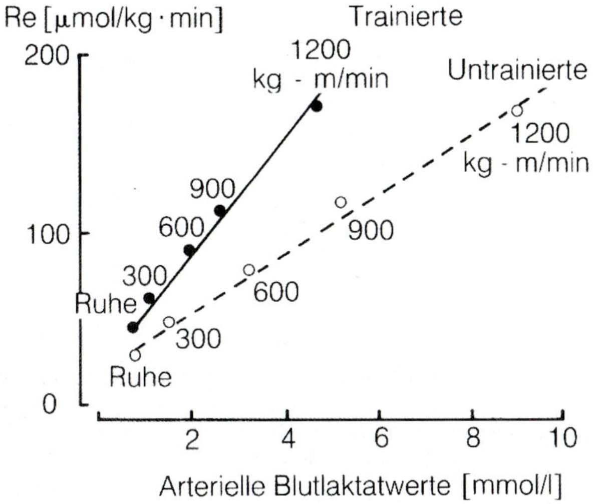

Abb. 35: Laktatabbaurate (Re) als Funktion der arteriellen Blutspiegel bei Trainierten und Untrainierten bei ansteigender Belastung (*Weineck* 2004a)

Darüber hinaus kommt es durch Ausdauertraining noch zu einer erhöhten **Leistungshormonkapazität** und dadurch zu einer höheren Leistungsmobilisationsfähigkeit. Dadurch können Ausdauertrainierte ihre Leistungsreserven besser ausschöpfen.

Neben den Anpassungserscheinungen in der Muskelzelle kommt es noch zu Anpassungserscheinungen im Herz-Kreislauf-System (HKS). Das HKS hat die Aufgabe, das Gleichgewicht zwischen Sauerstoffbedarf der Muskelzelle und Sauerstoffangebot aufrechtzuerhalten. Durch entsprechend umfangreiches Ausdauertraining kommt es mittelfristig (ca. 2–3 Jahre) zur Bildung

Anpassungserscheinungen im Herz-Kreislauf-System

eines **Sportherzens**. Dabei kann man beim Herzen eine regulative Dilatation feststellen, das heißt eine harmonische Erweiterung aller vier Herzhohlräume.

Merke

Die Anpassungserscheinungen im Herz-Kreislauf-System durch Ausdauersport sind insbesondere für die Vorbeugung gegen HKS-Erkrankungen im Gesundheitssport von höchster Bedeutung.

Versorgungslage des arbeitenden Muskels

Während der Belastung ist die Muskelzelle davon abhängig, dass die Stoffwechselendprodukte über das **Kapillarsystem** abtransportiert werden. Verschiedene Untersuchungen haben gezeigt, dass die Kapillardichte bei ausdauertrainierten Sportlern erhöht ist. Damit verbessert sich die Versorgungslage des arbeitenden Muskels. Durch Ausdauertraining steigt die **Blutmenge** an und dadurch bedingt der **Totalhämoglobingehalt**. Durch das angestiegene Blutvolumen nimmt auch die **Pufferkapazität des Blutes** zu, wodurch Ausdauertrainierte nicht so schnell ermüden wie nicht Ausdauertrainierte. Das Blut des Ausdauertrainierten kann dadurch mehr Sauerstoff zu den Muskelzellen transportieren. Dies ist der Grund für das ansteigende **maximale Sauerstoffaufnahmevermögen**, kurz VO_2max genannt.

4.3.1 Das maximale Sauerstoffaufnahmevermögen

Wichtiges Kriterium zur Beurteilung der Ausdauerleistungsfähigkeit

Das maximale Sauerstoffaufnahmevermögen gilt als ein wichtiges Kriterium zur Beurteilung der Ausdauerleistungsfähigkeit eines Sportlers und wird in Litern pro Minute angegeben. Es spiegelt die Leistungsfähigkeit des Herz-Kreislauf- sowie des Stoffwechselsystems wider und spielt vor allem bei der aeroben Ausdauerleistung eine wichtige Rolle. Die VO_2max hängt von verschiedenen Faktoren wie beteiligte Muskulatur, Körpergewicht, Lebensalter und Geschlecht ab. Durch gezieltes Ausdauertraining kann die VO_2max gesteigert werden. Während einer Belastung im Bereich der VO_2max ist die Energiebereitstellung sowohl anaerob als auch aerob. Da die anaerobe Kapazität grundsätzlich beschränkt ist, wird der Sportler gezwungen, langsamer zu laufen, zu fahren oder zu schwimmen.

Eine Dauerbelastung muss also auf einem Intensitätniveau stattfinden, das unter der VO_2max liegt. Tabelle 14 zeigt auf, dass mit zunehmender Belastungsdauer bei Ausdauertrainierten der prozentuale Anteil der VO_2 abnimmt. Dies ist bei einem Untrainierten noch deutlicher ausgeprägt.

Maximale Sauerstoffaufnahme	Belastungszeit
100 %	10 min
95 %	30 min
90 %	40 min
85 %	60 min
80 %	120 min
70 %	180–240 min

Zusammenhang zwischen maximaler Sauerstoffaufnahme und Belastungszeit

Tab. 14: Beziehung zwischen Belastungszeit und möglicher prozentualer Nutzung der VO_2max (mod. nach *Weineck* 2004a)

Für den Ausdauersport ist weiterhin zu bemerken, dass ein enger Zusammenhang besteht zwischen VO_2max und der Höhe der anaeroben Schwelle. Aus der Grafik in Abbildung 36 geht hervor, dass die am besten ausdauertrainierten Sportler die höchste VO_2max haben und bei gleicher Belastungsintensität die geringsten Laktatspiegel erreichen. Die Abbildung lässt auch erkennen, dass **Untrainierte Werte von ca. 2–3 l/min und Hochausdauertrainierte von über 5 l/min (bis max. 8 l/min) erreichen können**.

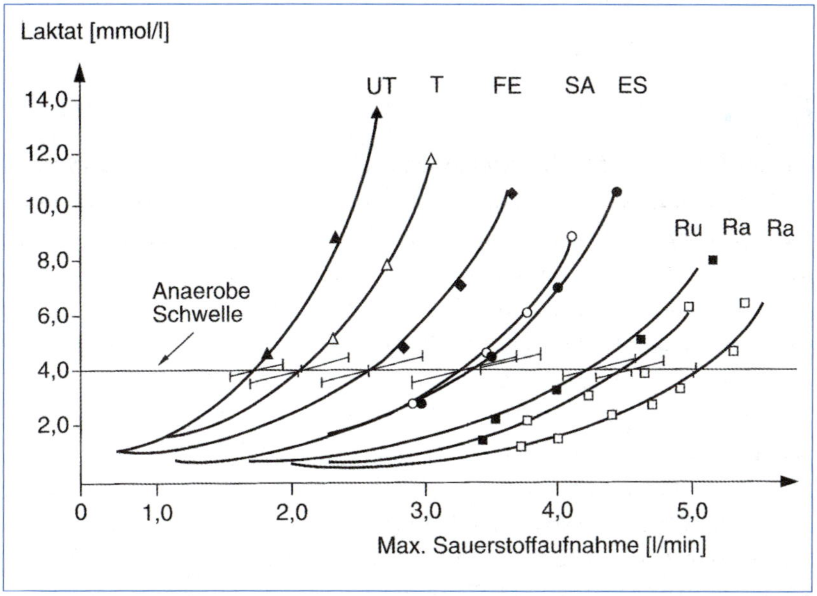

Abb. 36: Das Verhalten der Laktatkonzentration in Abhängigkeit von der VO_2max bei Untrainierten (UT) und Leistungssportlern ausgewählter Sportarten (T = Touristik [Freizeitsportler], Fe = Fechten, ES = Eisschnellauf, SA = Spielsportarten, Ru = Rudern, Ra = Radsport) (nach *Weineck* 2004a)

Für die Beurteilung der aeroben Ausdauerleistungsfähigkeit ist nicht allein die maximale Sauerstoffaufnahme entscheidend, sondern ebenso die Fähigkeit des Organismus, die vorhandenen Kapazitäten auch ausnützen zu können. Die VO_2max ist von einer Reihe externer und interner Faktoren abhängig (Tab. 15).

Beeinflussende Faktoren für die maximale Sauerstoffaufnahmekapazität

Interne Faktoren	Externe Faktoren
• Lungenventilation • Diffusionskapazität der Lunge • Herzminutenvolumen • Sauerstofftransportkapazität des Blutes • periphere Sauerstoffverwertung • Muskelfaserzusammensetzung	• Belastungsmodus • eingesetzte Muskelmasse • Körperposition • Klima

Tab. 15: Externe und interne Faktoren, welche das maximale Sauerstoffaufnahmevermögen beeinflussen

Atmungssystem und Ausdauer

Die aerobe Ausdauerleistungsfähigkeit ist von einer harmonischen Entwicklung aller leistungslimitierenden Faktoren abhängig. Dabei ist das **Atmungssystem** beim gesunden Sportler im Allgemeinen kein leistungslimitierender Faktor. Hingegen stellt das **Herzminutenvolumen** einen wesentlichen leistungslimitierenden Faktor für die Ausdauerleistung dar. Die **Herzgröße** spielt dabei ebenfalls eine Rolle. Je größer ein gesundes Herz ist, desto größer ist die maximale Sauerstoffaufnahme. Mit der Herzvergrößerung kommt es zu einem Anstieg des Blutvolumens, der roten Blutkörperchen und des Totalhämoglobingehaltes. Dadurch erhöht sich die **Sauerstofftransportkapazität** des HKS und somit die Ausdauerleistungsfähigkeit. Die **periphere muskuläre Sauerstoffverwertung** spielt für die VO_2max eine bedeutende Rolle. Der zentrale Indikator für die periphere Sauerstoffaufnahme bzw. -verwertung ist die arteriovenöse Sauerstoffdifferenz ($AVDO_2$).

Definition

Arteriovenöse Sauerstoffdifferenz
Unter der $AVDO_2$ versteht man die Differenz im Sauerstoffgehalt des arteriellen und venösen Blutes. Sie gibt einen Hinweis auf die periphere Sauerstoffausschöpfung.

Die aerobe Ausdauerleistungsfähigkeit wird außerdem von der Art der Muskelfasertypen mit beeinflusst. Durch intensives Ausdauertraining kann man die FT-Fasern in ST-Fasern umwandeln, wodurch die maximale Sauerstoffaufnahmefähigkeit ebenfalls beeinflusst wird.

Art der Muskelfasertypen

Das maximale Sauerstoffaufnahmevermögen ist das Produkt aus dem maximalen Herzminutenvolumen und der maximalen $AVDO_2$ und lässt sich nach folgender Formel berechnen:

$$VO_2max = AVDO_2max \times HMVmax$$

Merke

Weil jedoch Belastungen auf dem Niveau des VO_2max kaum mehr als 5 Minuten durchgehalten werden können, ist die VO_2max allein kein hinreichendes Maß für das aerobe Leistungsvermögen eines Sportlers. Wesentlich aussagefähigere Werte erhält man durch die Bestimmung der Laktatschwelle bzw. der so genannten individuellen anaeroben Schwelle (vgl. *Janssen* 2003).

Individuelle anaerobe Schwelle

Erhöhung der Leistungshormonkapazität

Als Anpassungserscheinung durch Ausdauertraining erhöht sich bei Sportlern die Leistungshormonkapazität, wodurch diese eine höhere Leistungsmobilisierungsfähigkeit besitzen und dadurch ihre **Leistungsreserven besser ausnützen** können. Durch regelmäßig ausgeführtes Ausdauertraining kommt es zu funktionellen und z.T. auch morphologischen Veränderungen im Atmungssystem. Der Trainierte kräftigt seine Atemmuskulatur und erhöht seine ventilatorische Kapazität. Er verfügt über eine ökonomischere Atmung und größere Atmungsreserven und hat dadurch ein leistungsfähigeres Atmungssystem. Die Zunahme des Atemminutenvolumens ist eine Voraussetzung für die erhöhte VO_2max. Der Trainierte kann Engpässen in der Sauerstoffversorgung wesentlich wirksamer begegnen als der Untrainierte.

Anpassungen im Atmungssystem

Durch ein moderates Ausdauertraining kann der Sportler sein Immunsystem stärken und erkrankt nicht mehr so häufig an banalen Infekten. Ausdauersportler haben eine **höhere Resistenz gegenüber Infektionen** und eine hohe Widerstandsfähigkeit gegenüber Wärme- und Kältereizen.

Immunsystem und Ausdauer

Merke

Wichtig ist in diesem Zusammenhang die Forderung, dass kein Training bei beginnenden Infekten durchgeführt werden sollte! Da durch Training das Immunsystem noch weiter geschwächt wird, kann es zu einem wesentlich schwereren Krankheitsverlauf kommen (vgl. *Weineck* 2004b).

	Ausdauertraining	
3 x wöchentliches Training		**Tägliches Training**
	Vegetatives Nervensystem	
Breitensport		Leistungssport
↓	Sympathikusaktivität	↓↓↓
↓	Stresshormone	↓↓
↓	Herzfrequenz	↓↓
↓	Blutdruck	↓
	Herzkreislauf	
↓	Kontraktilität	↓
↓	O_2-Verbrauch des Herzens	↓↓
0	Herzgröße	↑↑↑
↑	Schlagvolumen	↑↑↑
(↑)	Kapillarisierung	↑↑
↑	Gefäße	↑↑↑
	Stoffwechsel	
↑	O_2-Aufnahmefähigkeit	↑↑
↑	Leistung/anaerobe Schwelle	↑↑
0	Zuckerabbau (Glykolyse)	(↑)
↓	Laktatproduktion	↓↓
↑	Fettspaltung (Lipolyse)	↑↑
↑	Fettverwertung (Lipidutilisation)	↑↑
↑	HDL-/LDL-Cholesterin	↑↑
↑	Energieumsatz	↑↑↑

Tab. 16: Ausdaueranpassungserscheinungen des vegetativen Nervensystems, von Herz und Kreislauf sowie des Stoffwechsels durch tägliches Training und dreimaliges Training pro Woche (mod. nach *Keul* und *Hamm* 1998)

4.3.2 Ermüdung

Das Ausdauertraining ist darauf ausgerichtet, die ermüdungsbedingte Leistungsminderung zu begrenzen. Ermüdungsvorgänge kann man nicht nur in der Peripherie (= Muskulatur), sondern auch im Zentralnervensystem (ZNS) feststellen.

Ermüdungsbedingte Leistungsminderung begrenzen

Ursachen von Ermüdung können sein:

Ursachen von Ermüdung

1. die **starke Anhäufung von Stoffwechselzwischen- und Endprodukten**
   Wichtige Anzeichen dafür sind das Laktat und der Serumharnstoffwert. Der ansteigende Laktatwert im Blut führt bereits während der Belastung zur Leistungseinschränkung, während ein morgendlich erhöhter Serumharnstoffwert auf vorhandene Ermüdungsreste hinweist.
2. die **Verausgabung leistungsbestimmender Substanzen und physiochemische Veränderungen**
   Durch Langzeitausdauerbelastungen kann es zu einer starken Entleerung der Energiedepots (Kohlenhydrate, Eiweiße, Mineralstoffe) sowie von Hormonen und Enzymen kommen. Als Beispiel kann ein Joggen in hoher Umgebungstemperatur dienen, wobei entsprechend viel Salze mit dem Schweiß aus dem Körper gespült werden.
3. **Hemmungserscheinungen im Zentralnervensystem**
   Da bei einer länger andauernden Belastung auch das ZNS in einem hohen Aktivitätszustand ist, geht es zum eigenen Schutz in einen Hemmungszustand über, der zunehmend die Leistungsfähigkeit einschränkt. Als Beispiel sei hier eine permanent hohe Konzentrationsfähigkeit bei einem mehrstündigen Tennismatch erwähnt.

4.3.3 Übertraining

Wenn beim Training die Relation von Belastung und Erholung zuungunsten der Erholung verändert wird, kann es zum so genannten Übertraining kommen. Meist wird im Vorfeld eindimensional mit Belastungssteigerung trainiert und die notwendige Belastungsverarbeitung bzw. Erholung vernachlässigt. Häufig werden keine Trainingspausen eingehalten. Dass auf ein anstrengendes Training eine Ermüdung erfolgt, ist normal, wird aber im trainingswissenschaftlichen Bereich als **Overreaching** bezeichnet. Wenn man z.B. drei Tage lang sehr hart trainiert hat und am vierten Tag überlastet ist, handelt es sich nicht um Übertraining, sondern um das Overreaching. **Die Symptome des Übertrainings können psychischer und physischer Natur sein.** Die Diagnose des Übertrainings ist nicht einfach, da das Übertrainingssyndrom nicht durch eine Meßgröße zu belegen ist. Es trifft jedoch sehr häufig Sportler, die sehr ehrgeizig sind, sich ständig überbelasten und ihre eige-

Ursachen von Übertraining

nen Körpersignale nicht beachten (vgl. *Neumann* und *Hottenrott* 2002). In der Praxis unterscheidet man das **basedowoide (sympathikotone)** und das **addisonoide (parasypathikotone) Übertraining**. Tabelle 17 zeigt ausgewählte Symptome dieser beiden Formen auf.

Arten von Übertraining

Basedowoides Übertraining	Addisonoides Übertraining
• geringere Trainingsmotivation	• keine Lust mehr zu trainieren
• schnellere Ermüdbarkeit	• Depressionen
• verminderter Appetit, Gewichtsverlust	• Ermüdung
• Schlafstörungen	• Schläfrigkeit
• Nervosität, gesteigerte Erregbarkeit	• niedriger Blutdruck
• Konzentrationsstörungen	• Lethargie
• schlechte Leistungen	• schlechte Leistungen

Tab. 17: Symptome und Kennzeichen des Übertrainings (mod. nach *Janssen* 2003)

Da das Übertraining sich negativ auf die sportliche Leistung auswirkt, muss man aktiv etwas dagegen unternehmen. Folgende Maßnahmen können empfohlen werden:

Maßnahmen gegen Übertraining

- für ausreichend Entspannung sorgen
- für geistige Ruhe sorgen
- sich vitaminreich ernähren und genügend trinken
- sich aktiv an der frischen Luft erholen
- kein völliges Trainingsverbot
- eine oder mehrere Wochen im Training »vom Gas gehen«

Wenn alle Symptome wieder verschwunden sind, zuerst ganz allmählich den Umfang wieder ansteigen lassen und danach die Intensität wieder auf Normalhöhe anheben.

4.3.4 Regeneration

Regeneration nach der Belastung unerlässlich

Eine über längere Zeit anhaltende Missachtung der Regeneration kann wie gezeigt zu Übertraining führen. Damit die sportliche Form gehalten oder kontinuierlich gesteigert werden kann, ist nach der Belastung die Regeneration unerlässlich. Trainingsbelastung und Regeneration sind eng miteinander verbunden und bedingen sich gegenseitig. Physiologisch kann man das Ermüdungsphänomen hauptsächlich auf drei Ursachen zurückführen:

Ursachen der Ermüdung

1. Erschöpfung der Energiereserven
2. Abnahme der Enzymaktivität
3. Störungen im Wasser- und Elektrolythaushalt

Für die Gestaltung der Regeneration stehen mehrere Maßnahmen zur Verfügung. Dies sind:

Regenerative Maßnahmen

1. **pädagogische Maßnahmen**
   Hierunter versteht man den rationellen Aufbau des Trainings insgesamt sowie der einzelnen Trainingseinheit.
2. **medizinisch-biologische Maßnahmen**
   Dies sind z.B. Sauna, Massage, Entmüdungsbecken und die bedarfsgerechte Ernährung.
3. **psychologische Maßnahmen**
   Hierbei geht es insbesondere um die Beseitigung unangenehmer psychogener Faktoren (Angst, Nervosität, anhaltende Anspannung) mit dem Ziel der Entspannung.

4.4 Das Training der Ausdauer – Kurzcharakteristik von Ausdauersportarten

Eine entscheidende Frage ist die nach den Trainingsmitteln, durch die die Ausdauerleistungsfähigkeit konkret verbessert werden kann.

Ziele des Ausdauertrainings

Im **Wettkampfsport** besteht das Ziel darin, die Trainings- und Wettkampfbelastung energetisch vorzubereiten und abzusichern, die einzelnen Funktionssysteme dafür optimal auszuprägen. Ein weiteres Ziel liegt in der Anstrengungsbereitschaft und psychischen Mobilisationsfähigkeit des Sportlers.

Im **Freizeit- und Gesundheitssport** soll mithilfe des Ausdauertrainings primär die Funktion des Herz-Kreislauf-Systems verbessert und damit die Gesundheit und das Wohlbefinden verbessert werden. Um die allgemeine aerobe Ausdauer zu trainieren, bieten sich grundsätzlich folgende Sportarten bzw. Disziplinen an:

- Laufen
- Radfahren
- Schwimmen
- Inlineskating
- Walking
- Nordic Walking
- Skilanglauf
- Rudern
- Aquajogging
- Aerobic

Mountainbiking, Rennradfahren

Der Vorteil des Mountainbike- oder Rennradfahrens besteht darin, dass die Gelenkbelastung im Vergleich zum Laufen deutlich reduziert ist. Für die Entwicklung der Grundlagenausdauer genügen geringe bis mittlere Belastungsintensitäten im Bereich der aeroben Schwelle von bis zu 2 mmol/l. Die Trittfrequenz sollte bei ca. 80–110 Umdrehungen/min liegen. Der zeitliche Umfang sollte ca. 1–3 Std. Radfahren betragen.

Inlineskating

Das Inlineskating hat in den letzten Jahren eine enorme Popularität entwickelt. Es empfiehlt sich, weil

1. die Stoßbelastungen auf den passiven Bewegungsapparat (v.a. Gelenke) gering sind,
2. die Beinmuskulatur (v.a. im Knie- und Sprunggelenk) gekräftigt wird,
3. Becken- und Rumpfmuskulatur gekräftigt werden,
4. die Gesamtkörperkoordination (Gleichgewicht/Kopplung) geschult wird.

Das Training sollte nach der **Fahrtspielmethode** durchgeführt werden bei einem Belastungsumfang von ca. 45–90 Minuten. Die Belastungsintensität variiert der Fahrtspielmethode entsprechend.

Schwimmen

Ausdauernd schwimmen zu können ist stark technikabhängig. Als Schwimmtechnik ist das Freistilschwimmen zu empfehlen. Der gesamte Bewegungsapparat wird äußerst schonend belastet. Die Beanspruchung von HKS, Muskulatur und Atmungssystem kann relativ hoch sein. Die Belastungsintensität sollte im geringen bis mittleren Bereich bei einem Umfang von 30–60 Minuten liegen.

Aerobic, Step-Aerobic

Eine weitere Möglichkeit besteht darin, eine Ausdauergymnastik mit Musik, also Aerobic, zu machen. Aerobic kann zur Entwicklung und Erhaltung einer insgesamt guten aeroben Leistungsfähigkeit beitragen. Step-Aerobic schult vor allem die Kraftausdauer der Athleten. Die individuelle Steuerung ist sehr schwierig, da es meistens in Gruppen stattfindet (vgl. *Neumann* und *Hottenrott* 2002).

Motivation im Ausdauertraining

Für die Motivation kann es wünschenswert sein, mit Freunden oder in der Gruppe zu trainieren. Die individuelle Steuerung ist dann zwar etwas beeinträchtigt, aber die Freude und der Spaß, etwas zusammen zu machen, können dies mehr als kompensieren.

Laufen

Im Bereich des Laufens kann man die Trainingsmittel oder -inhalte mit bestimmten Trainingsmethoden kombinieren, wie es in Abbildung 37 dargestellt ist.

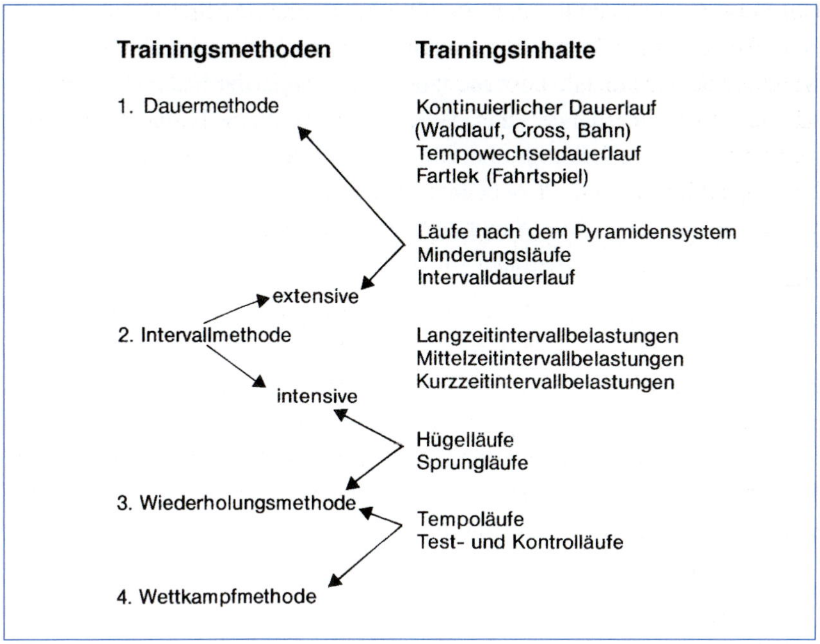

Abb. 37: Einteilung der Ausdauertrainingsmethoden in Verbindung mit den Trainingsinhalten (Trainingsmitteln) am Beispiel des Laufens (*Weineck* 2004a)

4.5 Zur Methodik des Ausdauertrainings

Wenn man die Ausdauerleistungsfähigkeit verbessern möchte, müssen bestimmte Faktoren geklärt werden, um die gewünschten Anpassungserscheinungen zu erzielen:

Methodische Fragen zum Ausdauertraining

1. Was mache ich? (Frage des **Trainingsmittels**)
2. Mit welcher Intensität muss ich trainieren? (Frage der **Belastungsintensität**)
3. Wie lange muss ich mich belasten? (Frage des **Belastungsumfangs**)
4. Wie häufig in der Woche muss ich das machen? (Frage der **Trainingshäufigkeit**)

4.5.1 Intensitätsbestimmung beim Ausdauertraining

Ziel: Entwicklung und Stabilisierung der aeroben dynamischen Ausdauer

Es gilt als eindeutig erwiesen, dass nur im Beherrschen der Belastungsproportionen in den Trainingsbereichen der Schlüssel für eine erfolgreiche Leistungsentwicklung liegt. Das Ziel des Grundlagenausdauertrainings ist die Entwicklung und Stabilisierung der aeroben dynamischen Ausdauer. Für den **Laufbereich** gilt, dass bei der Anwendung der Dauermethode in einer

Steady state

Geschwindigkeit gelaufen werden sollte, bei der sich der Sportler im »Steady state«, d.h. sowohl bezüglich der Atmung als auch hinsichtlich der aeroben Stoffwechsellage im Gleichgewicht befindet. Das ist der Fall, wenn der Läufer sich noch unterhalten kann. Im Stoffwechselbereich spricht man von Steady state, wenn Laktatproduktion und Laktatelimination sich die Waage halten. Bei der Atmung spricht man von Steady state, wenn ein Gleichgewicht besteht zwischen Sauerstoffaufnahme und Sauerstoffverbrauch.

Trainingsmethoden

Bevorzugte Trainingsmethoden im Laufbereich sind: Dauerlauf, Tempowechsellauf, Fahrtspiel oder extensive Intervallmethode.

Fahrtspiel

Das Fahrtspiel (schwedisch: fartlek) ist eine spezielle Ausprägung der Tempowechselmethode. Es wird mit wechselnder Laufgeschwindigkeit auf unterschiedlich langen Strecken ohne Pause gelaufen. Die Geschwindigkeit richtet sich dabei nach dem subjektiven Beanspruchungsempfinden und dem Streckenprofil. Es gibt keine festen Intensitätsvorgaben, das Lauftraining wird als ein Spiel mit Geschwindigkeit und Gelände ausgeübt.

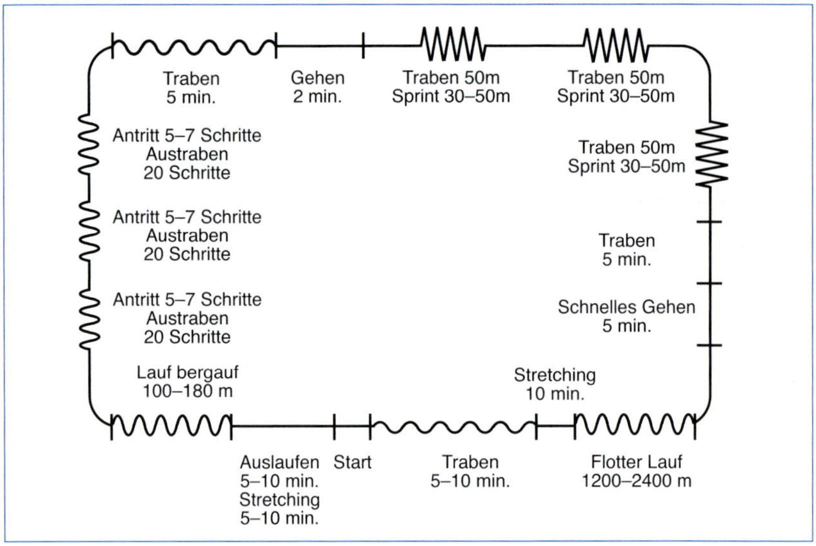

Abb. 38: Beispiel für ein Fahrtspiel (*Haidn* und *Weineck* 2000)

Der **Tempowechsellauf** ist durch wechselnde Laufgeschwindigkeiten ohne Belastungspausen gekennzeichnet. Ziel des Laufes ist der Erwerb einer schnellen Umstellungsfähigkeit während der Belastung. Die Laufintensität liegt zwischen der aeroben (2 mmol) und der anaeroben (4 mmol) Schwelle.

Koordination

Jeder Ausdauersportler kennt folgende Situation: Nach der Beendigung einer längeren Ausdauerbelastung hat man noch minutenlang eine erhöhte Atemfrequenz. **Zu Beginn** einer intensiven Ausdauerbelastung steht dem Organismus **zu wenig Sauerstoff** zur Verfügung. Er geht zu Belastungsbeginn ein Sauerstoffdefizit ein, das nach Beendigung wieder »abgeatmet« werden muss. **Nach Belastungsende** stellt die Rephosphorylierung von Kreatin zu Kreatinphosphat die Hauptkomponente bei der **Beseitigung der Sauerstoffschuld** dar. Die verstärkte Atmung, welche nicht mehr mit der Sauerstoffschuld zusammenhängt, dient darüber hinaus u.a.

Sauerstoffdefizit

Sauerstoffschuld

1. der Wiederauffüllung der Sauerstoffdepots,
2. der Wiederauffüllung der Myoglobinspeicher,
3. der Regeneration von arteriellem, kapillarem und venösem Blut zur normalen Sauerstoffsättigung,
4. dem Ausgleich des vermehrten Sauerstoffbedarfs der Herz-, Arbeits- sowie Atmungsmuskulatur (vgl. Weineck 2004a).

Im Zentrum des Lauftrainings ist das Einhalten der notwendigen Laufgeschwindigkeit ein wesentliches Prinzip in den einzelnen Belastungsbereichen. **Ohne eine allmähliche Zunahme der Laufgeschwindigkeit ist eine Verbesserung von Wettkampfleistungen nicht möglich.**

4.5.2 Laktatschwellenkonzepte

In der Sportmedizin gibt es mehrere Möglichkeiten, die Trainingsbereiche mehr oder weniger genau zu bestimmen. Die am häufigsten angewandte Methode der Intensitätsfestlegung ist die Laktatbestimmung beim Labor- oder Feldstufentest. Für die Intensität existieren zwei Schwellenkonzepte, die aufgrund empirischer Untersuchungen festgelegt wurden.

Intensitätsfestlegung

Fixe Laktatschwellen

Bei den fixen Schwellen wird bei ansteigender Belastung auf einem Laufband oder Fahrradergometer mit **4 mmol/l** die **anaerobe Schwelle** erreicht. Sie gibt Auskunft über die Auswirkungen des Trainings auf den nutzbaren Anteil der maximalen Sauerstoffaufnahme für Ausdauerbelastungen. Ab diesem Wert steigt die Milchsäurekonzentration nicht linear, sondern exponentiell, kurvenförmig steil an. Beim Erreichen dieser Schwelle, an der sich Laktatbildung und Laktatabbau die Waage halten, kann man die Laufgeschwindigkeit oder auch die dazugehörige Herzfrequenz festlegen. Ganz allgemein liegt die **durchschnittliche Herzfrequenz** im Bereich der anaeroben Schwelle bei **174 Schlägen/min**. Die Belastung an dieser Schwelle ist für das Training der Ausdauer sehr effektiv, bleibt aber eher Leistungssportlern vorbehalten.

Anaerobe Schwelle

Im Bereich um **2 mmol/l** liegt die **aerobe Schwelle**, welche ein längeres Dauerlauftraining zulässt. Belastungen bis zu dieser Schwelle laufen voll-

Aerobe Schwelle

ständig aerob ab. Die aerobe Schwelle wird mit einer mittleren Herzfrequenz von 160 Schlägen/min trainiert. Bereits ab einer Herzfrequenz von 140 Schlägen/min wird das Dauerlauftraining im Bereich der aeroben Schwelle immer effektiver. Bei Frequenzen von 120–130 Schlägen/min spricht man vom so genannten **Fettstoffwechseltraining** oder auch vom **regenerativen Lauftraining** (vgl. *Weineck* 2004a).

Fettstoff-wechseltraining

Regeneratives Training

Durch gezieltes Ausdauertraining ergibt sich eine **Rechtsverschiebung der Laktatkurve**. Der Sportler überschreitet erst bei einer höheren Laufgeschwindigkeit bzw. bei einer höheren Herzfrequenz die 4-mmol/l-Schwelle (vgl. Abb. 39 und 40).

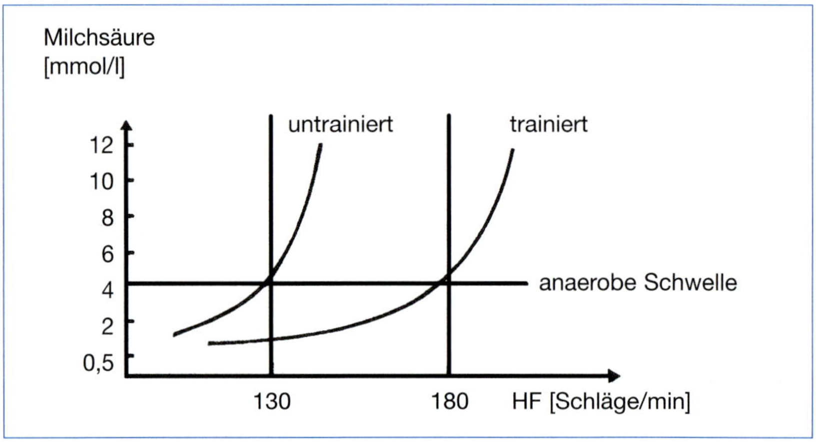

Abb. 39: Rechtsverschiebung der Laktatkurve durch Ausdauertraining im Bezug zur Herzfrequenz

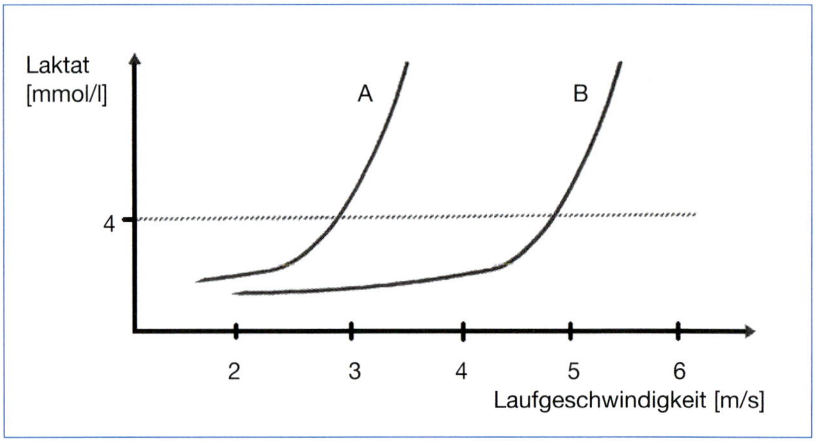

Abb. 40: Rechtsverschiebung der Laktatkurve durch Ausdauertraining im Bezug zur Laufgeschwindigkeit

Die individuelle anaerobe Schwelle

Mittlerweile bevorzugen die sportmedizinischen Institute die Ermittlung der so genannten individuellen anaeroben Schwelle (IAS). Sie hat die Bestimmung der Leistungsfähigkeit über die fixen Schwellen abgelöst. Bei der Bestimmung der IAS stellt das Krümmungsverhalten der ansteigenden Laktatkonzentrationskurve das entscheidende Beurteilungskriterium dar und nicht ein festgelegter Laktatwert. Die Kurvenkrümmung kann zwischen 2 und 4 mmol/l Laktat liegen (vgl. *Neumann* und *Hottenrott* 2002). Nach *Dickhuth* (2000) wird die individuelle anaerobe Schwelle bei einer Laktatkonzentration ermittelt, die um 1,5 mmol/l (= empirisch ermittelter Standardwert) höher liegt als das so genannte **minimale Laktatäquivalent** (= Quotient aus Laktat und Sauerstoffaufnahme). Die Abbildung 41 zeigt das praktische Bestimmungsverfahren.

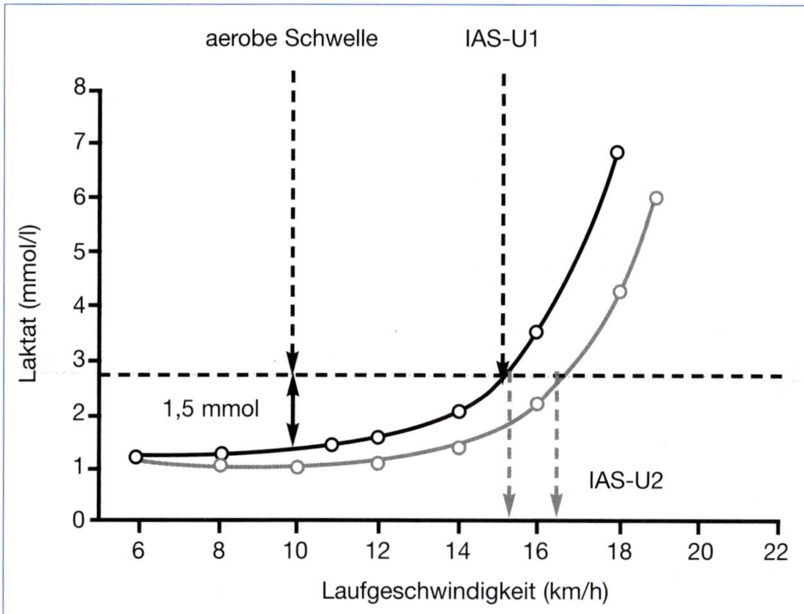

Abb. 41: Laktatschwellenbestimmung nach der +1,5-mmol/l-Methode nach *Dickhuth* (IAS-U1 = individuelle anaerobe Schwelle bei Untersuchungszeitpunkt 1; IAS-U2 = individuelle anaerobe Schwelle bei Untersuchungszeitpunkt 2) (*Nieß*, pers. Mitt. 2005)

Aus der Abbildung 41 geht hervor, dass der Sportler seine Ausdauer von Untersuchungszeitpunkt 1 zu Untersuchungszeitpunkt 2 verbessert hat. Dies wird an der Rechtsverschiebung der IAS sowie der höheren Laufgeschwindigkeit an der IAS deutlich.

Zur besseren Beurteilung der aeroben Leistungsfähigkeit schlägt *de Marées* zusätzlich Feldtests vor. Man kann zwar immer noch nach den fixen Schwellen die aerobe Leistungsfähigkeit von Sportlern testen, als »Goldstandard« geht man heute jedoch nach der Bestimmung der individuellen anaeroben Schwelle vor.

4.5.3 Ableitung der Ausdauertrainingsbereiche aus der maximalen Herzfrequenz

Bedeutung der Herzfrequenz im Ausdauertraining

Man kann Ausdauer auch trainieren, indem man die Belastungsintensität an der Herzfrequenz misst. Die Herzfrequenz stellt sportmedizinisch gesehen im Fitnessbereich eine repräsentative Messgröße zur Beurteilung der Beanspruchung des Herz-Kreislauf-Systems dar. **Sie stellt in der Trainingspraxis die bevorzugte Messgröße zur Steuerung der Laufbelastung dar.** In den vergangenen Jahren hat sich eine Vielzahl von Sportmedizinern damit beschäftigt, eine einfache und treffende Handhabung zu empfehlen. Die Herzfrequenzen liegen im Allgemeinen beim Laufen höher als beim Radfahren oder beim Schwimmen, da mehr Muskelmasse im Einsatz ist. Weiterhin bleiben bei diesen Empfehlungen Sportart, Alter, Geschlecht und Dauer unberücksichtigt. Um die maximale Herzfrequenz festzustellen, muss man einen **Ausbelastungstest** absolvieren. Dazu sollte man sich eine Strecke aussuchen, welche insgesamt leicht ansteigt. Die gesamte Laufzeit beträgt ca. 10 Minuten. Die ersten 8 Minuten sollen zügig gelaufen werden, die letzen beiden Minuten – wenn noch möglich – im vollen Sprint. Dadurch erhält man die maximale Herzfrequenz (*Nieß*, pers. Mitt. 2005).

4.5.4 Ausdauertraining nach der Karvonen-Formel

Methode der maximalen Herzfrequenz-Reserve

Der Finne *Karvonen* hat die Methode der maximalen Herzfrequenz-Reserve (HF-res) entwickelt. Die HF-Reserve stellt die Differenz zwischen HF-max und HF-Ruhe dar. Den Ruhepuls (HF-Ruhe) misst man morgens im Bett vor dem Aufstehen über eine Woche hinweg. Aus den gewonnenen Werten kann dann der Mittelwert errechnet werden. Als Formel gilt:

HF-res = HF-max minus HF-Ruhe

Praxisbeispiel

> Ein Sportler hat eine Ruhefrequenz (HF-Ruhe) von 65 Schlägen/min und eine HF-max von 200 Schlägen/min. Seine HF-res beträgt dann 200 – 65 = 135 Schläge/min.
> Die prozentuale Trainingsherzfrequenz (HF-proz.Tr.) – hier 70 % – wird dann folgendermaßen bestimmt:
> HF-proz.Tr. = HF-Ruhe + (70 % x HF-res)
> HF-proz.Tr. = 65 + (0,7 x 135) = 65 + 95 = 160 Schläge/min

Individuelle Belastungsintensität

Wenn die Ruhefrequenz und die HF-max bekannt sind, kann man nach einer weiteren Formel von *Karvonen* auch die individuelle Belastungsintensität bestimmen:

$$\frac{\text{HF-Belastung} - \text{HF-Ruhe}}{\text{HF-max} - \text{HF-Ruhe}} \times 100\,\% = \text{............}\,\%$$

Die Karvonen-Formel geht von folgenden Prozentzahlen der Herzfrequenz aus:

Prozentzahlen der Herzfrequenz

- 60 % für Regenerationstraining und sehr langes extensives Ausdauertraining
- 70 % für normales Ausdauertraining
- 80 % für intensives Ausdauertraining

Praxisbeispiel

> Zwei Sportler, die mit der gleichen Geschwindigkeit laufen, können dies bekanntlich mit einer unterschiedlichen Herzfrequenz tun. Daraus zu schlussfolgern, dass derjenige, der die höhere Herzfrequenz hat, stärker belastet wird, ist nicht immer korrekt. Gehen wir davon aus, dass der eine Läufer eine HF-max von 210 Schlägen/min hat, seine Herzfrequenz während des Laufes beträgt 160. Sein Trainingspartner hat eine maximale Herzfrequenz von 170 Schlägen und während des Laufens von 140 Schlägen/min. Der erste Läufer befindet sich damit 50 Schläge unter seiner HF-max, der zweite 30. In diesem Beispiel wird der zweite Läufer stärker belastet.
> Wenn man davon ausgeht, dass beide Läufer die gleiche Ruhefrequenz von 50 Schlägen/min haben, dann beträgt die prozentuale Belastungsintensität 69 % für den ersten Läufer und 75 % für den zweiten (vgl. *Janssen* 2003).

4.5.5 Minimaltrainingsprogramme

Die Mehrzahl der Einwohner von Industrieländern belastet sich weder im Beruf noch in der Freizeit ausreichend körperlich. Die verminderte Leistungsfähigkeit des Herz-Kreislauf-Systems wirkt sich nach Meinung der Sportmediziner negativ auf den Verlauf von Herz-Kreislauf-Erkrankungen aus. *Hollmann* hat den Begriff der Minimalprogramme entwickelt, worunter verstanden wird, mit möglichst geringem apparativen und zeitlichem Aufwand einen möglichst großen Effekt gesundheitlich wertvoller Adaptation zu erreichen (vgl. *de Marées* 2003). Ein tägliches Training von 10 Minuten Dauer ist dabei wirksamer als ein einmaliges Training über 60–70 min pro Woche.

Möglichst großer Effekt mit möglichst geringem Aufwand

	Tägliches Training	**Dreimaliges Training/Woche**
Belastungs-dauer	ca. 10 Minuten	ca. 30–40 Minuten
Belastungs-intensität	50–70 % der individuellen Kreislaufleistungsfähigkeit; entspricht 130–150 S/min bei 20–30-jährigen Untrainierten *Formel für ältere untrainierte Personen:* Belastungsherzfrequenz = 180 minus Lebensalter in Jahren	wie bei täglichem Training

Tab. 18: Tabellarische Darstellung des Minimalprogramms im Ausdauertrainingsbereich (mod. nach *de Marées* 2003)

4.6 Praxisbeispiele zum Ausdauertraining

Das Ausdauertraining soll auf den Fitnessbereich ausgerichtet sein mit dem Ziel, einen **12-Minuten-Lauf** bzw. einen **30-Minuten-Lauf** optimal absolvieren zu können. Um die jeweiligen Ziele zu erreichen, ist es notwendig, sich mit den Intensitäts- und Belastungsbereichen zu beschäftigen.

Das Ausdauertraining soll für folgende zwei Sportler konzipiert werden:

1. ein absoluter **Laufanfänger**, Alter 14 Jahre, durchschnittlich sportlich begabt. Ziel: Distanzmaximierung beim 12-Minuten-Lauf.
2. ein **Vereinssportler** aus einem Ballspiel (z.B. Handball, Volleyball, Basketball, Tischtennis, Fußball, Tennis etc.) mit ca. 2-maligem spezifischem Training und Wettkampfteilnahme an Wochenenden. Etwas Lauf-

trainingserfahrung ist vorhanden. Alter 16 Jahre, durchschnittlich sportlich begabt. Die HF-max beträgt 200 Schläge/min, die Ruhefrequenz 60 Schläge/min. Ziel: Distanzmaximierung beim 30-Minuten-Lauf.

4.6.1 Training für einen 12-Minuten-Lauf

Trainingsplan zum 12-Minuten-Lauf

Ziel des 14-jährigen Schülers ist es, nach etwa 4-monatigem Training bei einem 12 Minuten dauernden Lauf eine möglichst weite Distanz im Stadion zurücklegen zu können.

Vorüberlegungen zur Trainingsplanung

Der 12-Minuten-Lauf zählt zur **Langzeitausdauer 1**, allerdings an der zeitlichen Untergrenze zur Mittelzeitausdauer. Die **Energiebereitstellung** ist **aerob** und wird hauptsächlich durch die Verbrennung von Kohlenhydraten (Muskelglykogen) gewährleistet. Der **Lauf sollte gleichmäßig erfolgen**, damit die Laktatbildung möglichst gering bleibt, also im Bereich unter 2 mmol/l (**aerobe Schwelle**).

Da nur ca. 4 Monate (= 16 Wochen) zur Verfügung stehen, empfiehlt es sich, einen Trainingsplan aufzustellen. Da der Schüler noch über keinerlei Lauferfahrung verfügt, ist das erste Ziel, ihn vorsichtig an die Belastung heranzuführen. Der gesamte Bewegungsapparat muss sich erst an diese **körperliche Belastung** gewöhnen. Genauso wichtig, vielleicht sogar noch wichtiger ist bei vielen Laufanfängern die **psychische Belastung** sowie die Motivation. Eine Überforderung ist in jedem Falle zu vermeiden. Mehr Spaß und Freude am Laufen hat man, wenn man mit Freunden zusammen laufen kann.

2:1- bzw. 3:1-Regel

Merke

Die **Regeneration** ist ein **Schlüssel zum Erfolg** beim Ausdauertraining. Beim Aufbau des Trainingsplanes wurde auf die 2:1- bzw. 3:1-Regel geachtet, wonach nach 2 belastenden Einheiten eine regenerative Einheit zu folgen hat bzw. nach 3 belastenden Einheiten eine regenerative Einheit folgt.

Die 16 Wochen wurden in insgesamt sieben Trainingsabschnitte unterschiedlicher Dauer unterteilt (Tab. 19).

16-wöchiger Trainingsplan

Dauer	1. Woche des TA	2. Woche des TA	3. Woche des TA	4. Woche des TA
Trainingsabschnitt (TA) 1	• Walking • bewusster Armeinsatz • auch im hügeligen Gelände • Dauer: 20–30 min • Häufigkeit: 3-mal pro Woche • Walk and Talk: Freund/in mitnehmen, sich dabei unterhalten können	• Häufigkeit steigern auf 4-mal pro Woche • sonst wie Woche 1		
Trainingsabschnitt 2	• Mischung aus Walking (W) und Leichtlaufjogging (LLJ = Laufen ohne Schnaufen, sich dabei unterhalten können) • Verhältnis: 1 min W/1 min LLJ • Verhältnis: 2 min W/2 min LLJ • Dauer: 20–30 min • Häufigkeit: 3-mal pro Woche	• Mischung W/LLJ • Verhältnis: 3 min W/3 min LLJ • Dauer: 20–25 min • Häufigkeit: 2–3-mal pro Woche **= regenerative Woche**	• Mischung W/LLJ • Verhältnis: 4 min W/4 min LLJ • Dauer: 20–30 min • Häufigkeit: 4-mal pro Woche	
Trainingsabschnitt 3	• Mischung W/LLJ • Verhältnis: 5 min W/5 min LLJ • Dauer: 20 min • Häufigkeit: 3–4-mal pro Woche	• Mischung W/LLJ • Verhältnis: 7 min W/7 min LLJ • Dauer: 20 Minuten • Häufigkeit: 2–3-mal pro Woche **= regenerative Woche**		
Trainingsabschnitt 4	• LLJ • Dauer: 10 min • Häufigkeit: 3–4-mal pro Woche • wenn notwendig, kurze Gehpausen einlegen	• Joggen • Dauer: 10–12 min • Häufigkeit: 3–4-mal pro Woche • Gehpausen verkürzen	• LLJ • Dauer: 10–12 min • Häufigkeit: 2–3-mal pro Woche • möglichst keine Gehpausen mehr **= regenerative Woche**	• Joggen • Dauer: 12 min • Häufigkeit: 3–4-mal pro Woche
Trainingsabschnitt 5	• Joggen • Pulsuhr notwendig • Festlegung der Laufgeschwindigkeit: Formel: 220 minus Lebensalter, davon 70–80 % = Belastungspuls in Schlägen/min • Dauer: 12 min • Häufigkeit: 3-mal pro Woche	• Joggen • Dauer: 12 min • Häufigkeit: 2–3-mal pro Woche • Intensität: 1-mal bei 70 %, 1-mal bei 80 % **= regenerative Woche**	• Joggen • Häufigkeit: 2-mal pro Woche • 3 Tage nach dem letzten Lauf erfolgt der 12-Minuten-Test unter realen Bedingungen	

Tab. 19: Trainingsplan der sieben Trainingsabschnitte für einen 12-Minuten-Lauf. Es sind alle 16 Trainingswochen dargestellt. (Fortsetzung auf der nächsten Seite)

Dauer	1. Woche des TA	2. Woche des TA	3. Woche des TA	4. Woche des TA
Trainings-abschnitt 6	• Dauer: 12 min • Häufigkeit: 3–4-mal pro Woche • Intensität: 2-mal bei 70 %, 2-mal bei 80 %			
Trainings-abschnitt 7	**Montag:** • 15 min im 140er-Pulsbereich **Dienstag:** • 15–20 min im 160er-Pulsbereich **Mittwoch:** trainingsfrei **Donnerstag:** • Kohlenhydratspeicher auffüllen • regenerativer Lauf bei 120er–130er-Puls • Dauer: 15 min **Freitag:** trainingsfrei **Samstag:** Prüfungslauf			

Tab. 19 (Fortsetzung)

4.6.2 Trainingsplan für einen 30-Minuten-Lauf

Die Situation dieses Schülers unterscheidet sich in einigen Punkten von der des ersten Beispiels. Der Schüler ist älter und hat bereits Lauferfahrung gesammelt. Durch sein 2-maliges wöchentliches Training mit Wettkämpfen am Wochenende ist der aktive und passive Bewegungsapparat bereits an körperliche Belastung gewöhnt. Insgesamt stehen ebenfalls 4 Monate (= 16 Wochen) zur Verfügung.

Vorüberlegungen zur Trainingsplanung

Der 30-Minuten-Lauf zählt zur **Langzeitausdauer 1**, allerdings an der zeitlichen Obergrenze zur LZA 2 gelegen. Die **Energiebereitstellung** erfolgt **aerob** primär über die Kohlenhydrate, es werden aber auch ca. 15–20 % Fette verstoffwechselt.

Zuerst wird die **Herzfrequenzreserve** berechnet:
200 – 60 = 140

Danach wird die **prozentuale Trainings-Herzfrequenz** für 70 % bestimmt:
60 + (0,7 x 140) = 60 + 98 = 158 Schläge pro Minute

Die **prozentuale Trainings-HF für Regenerationsläufe** liegt bei 60 %:
60 + (0,6 x 140) = 60 + 84 = 144 Schläge pro Minute

16-wöchiger Trainingsplan

Dauer	1. Woche des TA	2. Woche des TA	3. Woche des TA	4. Woche des TA	5. Woche des TA	6. Woche des TA
Trainings-abschnitt (TA) 1	• Voraussetzung: Pulsuhr • Dauer: 35–40 min • Häufigkeit: 3-mal pro Woche • Laufen an Tagen ohne Training/Wettkampf	• wie erste Woche	• Häufigkeit: 2-mal pro Woche **= regenerative Woche**	• wie erste Woche	• wie erste Woche	• Häufigkeit: 2-mal pro Woche **= regenerative Woche**
Trainings-abschnitt 2	• Dauer: 35–40 min • Häufigkeit: 3-mal pro Woche • erster und letzter Lauf bei 158 S/min, mittlerer Lauf bei 144 S/min	• wie erste Woche	• Häufigkeit: 2-mal pro Woche bei 144 S/min **= regenerative Woche**	• Häufigkeit: 3-mal pro Woche bei 158 S/min	• Häufigkeit: 2-mal pro Woche bei 144 S/min	• Häufigkeit: 1-mal pro Woche bei 158 S/min *Wochenende:* • Test unter realen Bedingungen
Trainings-abschnitt 3	• Häufigkeit: 2-mal pro Woche bei 144 S/min **= regenerative Woche**	• Häufigkeit: 3-mal pro Woche bei 158 S/min	• Häufigkeit: 3-mal pro Woche • erster und letzter Lauf bei 144 S/min, mittlerer Lauf bei 158 S/min	• separat in Grafik dargestellt (Abb. 42)		

Tab. 20: Trainingsplan der drei Trainingsabschnitte für einen 30-Minuten-Lauf

Woche	Mo	Di	Mi	Do	Fr	Sa	So
1	B		B			B	
2	B		B			B	
3			B		B		
4	B		B			B	
5	B		B			B	
6			B		B		
7	B		B			B	
8	B		B		B		
9	R				R		
10	B		B			B	
11	B				B		
12			B			TEST	
13	R				R		
14	B		B		B		
15	R		B		R		
16	R		B		R		WK

Tab. 21: Trainingsplan für einen 30-Minuten-Lauf. Dienstags und donnerstags hat der Schüler Vereinstraining.

Die letzte Woche vor dem 30-Minuten-Test lässt sich wie in Abbildung 42 darstellen:

Grafische Darstellung der letzten Woche

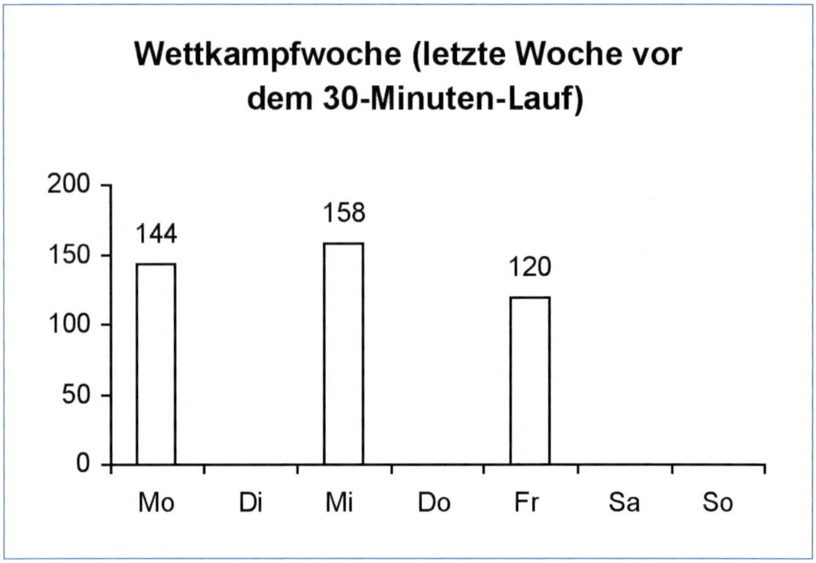

Abb. 42: Trainingsstruktur der Wettkampfwoche. Es wird nur dreimal gelaufen, wobei am Freitag ein 20- bis 30-minütiger Fettstoffwechsellauf erfolgen sollte. Am Sonntag findet der 30-Minuten-Lauf statt.

Wichtig ist bei der Trainingsplanung, dass nach zwei bis drei formbringenden Wochen eine **regenerative Woche** eingebaut wird.

Erläuterungen zu den Trainingsplänen

Beide Schüler können natürlich auch einmal **andere Trainingsmittel** anwenden. Dies sollte aber eher bei den regenerativen Läufen erfolgen und bei beiden Schülern nicht in der Vorwettkampfwoche. Beide sollten auch über entsprechende **regenerative Maßnahmen** informiert werden, wobei besonders auf die vitaminreiche Ernährung (Immunsystem) sowie den Flüssigkeits- und Elektrolythaushalt zu achten ist.

Auflösung des Eingangs-Praxisbeispiels

Der Lauf, den beide Mädchen durchführen, zählt zur **Langzeitausdauer** (genauer LZA 2). Beim Loslaufen der Mädchen entsteht ein **Sauerstoffdefizit**. Die **Energiebereitstellung** erfolgt vornehmlich **aerob** über die Verbrennung von Kohlenhydraten (= primäre Energiequelle), aber auch Fetten (= sekundäre Energiequelle). Die **Kohlenhydratverbrennung** dominiert deutlich. Zu Beginn des Laufes befinden sich beide im **Steady state**, sie laufen beide an der aeroben Schwelle. Der Berganstieg erfordert mehr Energie im Muskel, sodass das HKS gezwungen ist, mehr Substrate und Sauerstoff heranzutransportieren. Die Pulsfrequenz steigt an. Nach der überwundenen Steigung brauchen beide eine kurze Zeit, um wieder im Steady state laufen zu können, da sie zu Beginn der Steigung ein Sauerstoffdefizit eingegangen sind. Auf der Wiese und dem weichen Boden haben sie eine erhöhte Muskelaktivität und der Sauerstoffbedarf steigt leicht an. Nach Beendigung des Laufes atmen beide noch ihre **Sauerstoffschuld** ab und füllen ihre Sauerstoffdepots wieder auf.

4.7 Zusammenfassung

Durch gezieltes Ausdauertraining lassen sich vielfältige positive Anpassungserscheinungen im menschlichen Organismus hervorrufen. Dies setzt eine genaue Planung des Ausdauertrainings voraus. Von zentraler Bedeutung für die Gesundheit sind vor allem die Anpassungserscheinungen im Herz-Kreislauf-System. Ausdauertraining kann aus unterschiedlichen Motiven heraus betrieben werden. Dem Sportler stehen dazu mehrere Trainingsmittel und Trainingsmethoden zur Verfügung. Vor allem die Auswahl der Trainingsmittel ist für eine regelmäßige Ausübung im Zusammenhang mit der Motivation sehr wichtig.

Fragen zum Kapitel

Beispiel A: Sportmedizinisch wird Squash wie folgt charakterisiert: Dauer der Spiele bei durchschnittlich 5 Sätzen ca. 60 Minuten, durchschnittlicher Laktatspiegel bei ca. 6,3 mmol/l, Herzfrequenz-Steady-state bei ca. 180–185 Schlägen/min.

1. Wozu benötigt der Squashspieler Grundlagenausdauer?
2. Wozu benötigt der Squashspieler spezielle Ausdauer?
3. Wie sollte der Squashspieler seine Grundlagenausdauer trainieren (Trainingsmethode, Belastungsgefüge)?

Beispiel B: In Abbildung 43 ist die Herzfrequenzkurve eines 15-jährigen Tischtennisspielers (D-Kader Landesverband) dargestellt. Dauer der Spiele bei durchschnittlich 5 Sätzen ca. 35 Minuten, durchschnittlicher Laktatspiegel ca. 1,7 mmol/l.

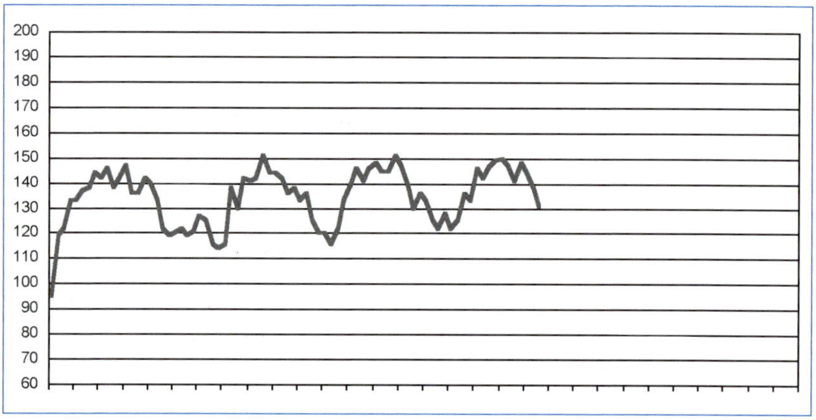

Abb. 43: Herzfrequenzkurve eines 15-jährigen D-Kader-Mitgliedes des TTVWH. Auf der Ordinate ist die Herzfrequenz in Schlägen/Minute angegeben. Es sind 4 Sätze dargestellt (vgl. *Friedrich* 2005).

1. Was kann man zur durchschnittlichen Herzfrequenz während der Sätze erkennen?
2. In der Satzpause fallen die Pulswerte ab. Auf welche Werte fallen sie durchschnittlich ab?
3. Welcher Belastungsform entspricht ein Tischtennisspiel?
4. Welche Schlussfolgerungen kann man im Hinblick auf das Grundlagenausdauertraining daraus ziehen?
5. Ein Trainer ordnet für die Tischtennisspieler ein Schnelligkeitsausdauertraining an. Kommentieren Sie dies im Hinblick auf die tatsächliche Belastung im Spiel.

Allgemeine Fragen zur Ausdauer:

1. Durch welche Trainingsmethoden kann man die allgemeine aerobe Grundlagenausdauer trainieren?
2. Welche Veränderungen ergeben sich durch Ausdauertraining im Herz-Kreislauf-System?
3. Welche Anpassungserscheinungen ergeben sich durch Ausdauertraining im Stoffwechsel?
4. Welche Anpassungserscheinungen ergeben sich durch Ausdauertraining im vegetativen Nervensystem?

5. Durch welchen Faktor kann man die Ausschöpfung des Sauerstoffs messen, der im Kapillarblut des arbeitenden Muskels enthalten ist?
6. Wie verändern sich bei einem Dauerlauf von ca. 30 Minuten Dauer bei einem 16-jährigen Schüler die Herzfrequenz, das Herzminutenvolumen und die arteriovenöse Sauerstoffdifferenz?
7. Wie können durch Ausdauertraining die maximale Herzfrequenz und die Herzfrequenz in Ruhe verändert werden?
8. Ein 17-Jähriger besitzt überdurchschnittlich viele ST-Fasern in seiner Skelettmuskulatur. Für welche Sportarten ist er besonders gut geeignet?
9. Welche allgemeinen Hinweise geben Sie einem 17-jährigen bzw. einem 50-jährigen Untrainierten, der seine allgemeine Grundlagenausdauer verbessern will?
10. Welche Ursachen für Ermüdung kennen Sie?
11. Welche Formen von Übertraining kennen Sie? Was kann man gezielt gegen Übertraining unternehmen?
12. Was kann ein Sportler für seine Regeneration tun?
13. Von welchen externen und internen Faktoren hängt das maximale Sauerstoffaufnahmevermögen ab?
14. Was sind fixe Laktatschwellen? Wozu dienen sie?
15. Was versteht man unter der individuellen anaeroben Schwelle?
16. Welche Stoffwechselanforderung dominiert bei der LZA 1 (10–35 min Dauer)?
17. Welche Stoffwechselanforderungen stellt ein Marathonlauf?
18. Ein Fußballer antwortet auf die Frage, wie er seine Ausdauer trainiere: »Ich laufe im Training lange genug mit und ohne Ball über den Rasen.« Worin liegt das Problem im Hinblick auf das Ausdauertraining?
19. Charakterisieren Sie die FT- und ST-Fasern. In welchen Sportarten/Disziplinen dominieren sie jeweils?
20. Was versteht man unter Sauerstoffschuld bzw. -defizit? Erklären Sie, wie beide zusammenhängen.
21. Wie kann man nach der Karvonen-Formel seinen Trainingspuls berechnen?
22. Was versteht man unter der 2:1- bzw. 3:1-Regel?

5 Krafttraining

Praxisbeispiele

Wir machen einen Rundgang durch das Fitnesscenter eines Sportvereins: Im Gymnastikraum führt eine Gruppe von **Freizeit- und Fitnesssportlern** kräftigende Funktionsgymnastikübungen mit Therabändern durch. Sie wollen durch das Training etwas »für ihre Figur« tun. Im Kraftraum trainieren zwei 17-jährige Radrennsportler, ein Junge und ein Mädchen, abwechselnd an der Beinpresse mit sehr hohen Wiederholungszahlen. Das Mädchen trainiert im Vergleich zu ihrem männlichen Vereinskollegen mit geringeren Gewichten. Das Training soll bei den beiden **Jugendlichen** dazu dienen, ihre Leistungen auf dem Rennrad zu verbessern. An den Freihanteln für die Bizepsmuskulatur trainieren einige muskulöse Männer, die sich nach den Übungen häufig im Spiegel mustern. Sie legen sehr hohe Gewichte auf. Es sind **Bodybuilder**. An der Butterflymaschine übt ein 60-jähriges Ehepaar im **Seniorensport,** um im Alter länger fit zu bleiben. Die Frau muss für die Übungsdurchführung das Gewicht, mit dem ihr Mann trainiert hat, jedes Mal wieder reduzieren. Direkt neben ihm belastet ein 40-Jähriger nach einer Meniskusoperation mit geringen Gewichten die Muskeln seiner Oberschenkelvorder- und -rückseite. Er absolviert ein **Aufbautraining in der Rehabilitation**. Ebenfalls anwesend sind an diesem Abend die **Bundesliga-Basketballer** des örtlichen Sportvereins. Bei ihnen fällt auf, dass sich jeder an den einzelnen Kraftgeräten mit seinem individuellen Gewicht belastet. Zwischendurch springen die Spieler immer wieder von kleinen Kästen herunter und sofort wieder nach oben weg. Sie haben außerdem Trainingstagebücher dabei, in die sie ihre Übungen zur Kontrolle eintragen.

Motive zum Krafttraining

Krafttraining kann sehr vielfältig und abwechslungsreich sein. Man kann es an fest installierten Krafttrainingsgeräten, mit freien Hanteln oder durch gymnastische Übungen durchführen. Man kann man es aus unterschiedlichen Motiven heraus betreiben, wie im obigen Beispiel die Freizeit-, Seniorensportler (Motiv: **allgemeine Fitness**), die jugendlichen Radrennsportler (Motiv: **Verbesserung der Leistung** im Radrennsport), die Bodybuilder (Motiv: **Muskelmasse aufbauen/Aussehen verbessern**), der Rehabilitationssportler (Motiv: **Belastbarkeit wiedererlangen**) oder die Bundesliga-Basketballer (Motiv: **Leistungssteigerung im Hochleistungssport**). Von der Altersspanne her betrachtet findet man vom Jugendlichen bis zum Senior alle Altersklassen im Krafttraining. Auffallend ist auch, dass alle Sportler mit individuellen Gewichten oder Wiederholungszahlen trainieren. Am Beispiel der beiden Radrennsportler sowie des Seniorenehepaars wird das Trainingsprinzip der Trainierbarkeit deutlich. Außerdem kann man erkennen, dass alle Sportler die Kraft auf eine andere Art und Weise trainieren. Das hängt damit zusammen, dass es **unterschiedliche Kraftarten** (vgl. Abb. 44) gibt, die **mit unterschiedlichen Methoden trainiert** werden müssen. Dabei hat jede Sportart bzw. Disziplin ein spezifisches Anforderungsprofil im Hinblick auf die Kraft, welches die Methodik wesentlich bestimmt, nach der trainiert werden sollte. Im Fitness- und Gesundheitssport kommt dem Krafttraining in Form von funktionellen Kräftigungs- und Stabilisationsübungen eine wichtige Funktion zur Prophylaxe von Haltungsschäden zu.

Wechselbeziehungen der Kraft

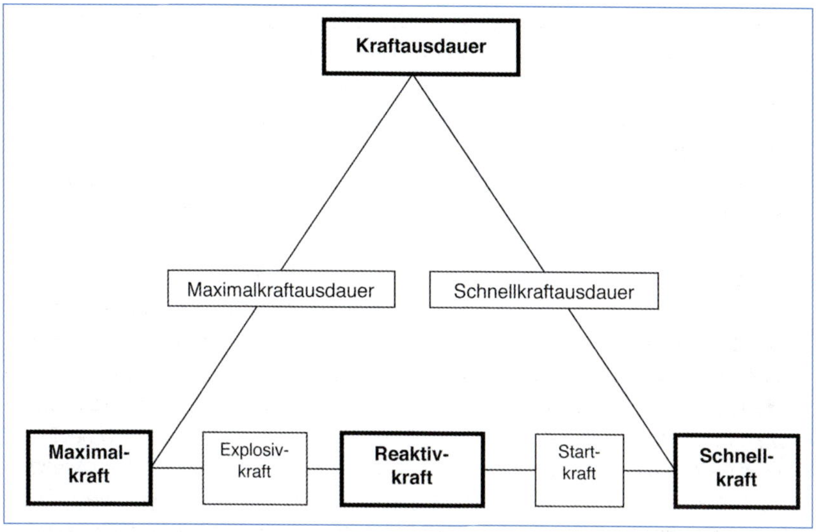

Abb. 44: Wechselbeziehungen zwischen den Haupterscheinungsformen der Kraft und ihren komplexen Ausprägungen (mod. nach *Steinhöfer* 2003)

Bedeutung der Kraft im Ausdauerbereich

Im Sport hat die Kraft eine zentrale Bedeutung, da der Mensch eigentlich für alle körperlichen Belastungen Kraftleistungen der Muskulatur benötigt. Genau genommen kann ein Ausdauersportler wie beispielsweise ein Marathonläufer ohne die Kraftfähigkeit seiner Muskulatur seine Beine nicht bewegen. Vor diesem Hintergrund wird auch verständlich, dass in den letzten Jahren das Krafttraining immer mehr Einzug in die Trainingspläne von Ausdauerathleten gefunden hat. Auch zu einem Marathonlauf benötigt man Kraft. Die Höhe der einzelnen Kraftstöße liegt jedoch beim ausdauernden Laufen bei jedem Schritt unter 30 % der maximalen Leistungsfähigkeit, weshalb letztlich die Ausdauer und nicht die Kraft leistungsbestimmend ist. Wenn die Intensität der Kraftstöße wie im Sprint oder Weitsprung zunimmt, beeinflusst die Kraft immer stärker die Leistung.

Merke

Die Kraft hat für viele Sportarten und Disziplinen einen absoluten Voraussetzungscharakter.

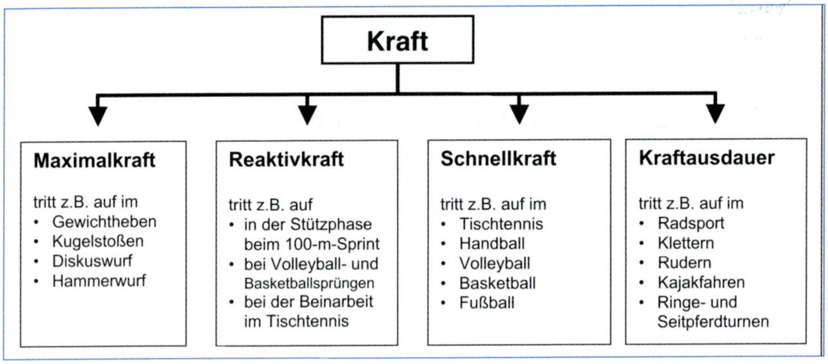

Abb. 45: Erscheinungsformen der Kraft und einige Beispielsportarten/-disziplinen, in denen diese Kraftform auftritt

Definition

Kraft

Kraft ist die Fähigkeit des Nerv-Muskel-Systems, durch Innervations- und Stoffwechselprozesse Muskelkontraktionen mit mehr als 30 Prozent des individuellen Kraftmaximums durchzuführen und dabei Widerstände zu überwinden, ihnen nachzugeben oder sie zu halten (vgl. *Steinhöfer* 2003).

Diese Definition der Kraft beinhaltet drei grundsätzliche Arbeitsweisen der Muskulatur:

Arbeitsweisen der Muskulatur

1. **überwindend (konzentrisch oder positiv dynamisch)**
   Diese Arbeitsweise dominiert bei der Mehrzahl der sportlichen Bewegungen. Sie ermöglicht es dem Sportler, durch Muskelverkürzung das eigene Körpergewicht oder Fremdgewichte zu bewegen oder Widerstände zu überwinden.
2. **nachgebend (exzentrisch oder negativ dynamisch)**
   Diese Arbeitsform dient dem Abfangen von Sprüngen bzw. der Ausführung von Ausholbewegungen und ist gekennzeichnet durch eine Längenzunahme des Muskels trotz aktiver Kontraktion.
3. **haltend (isometrisch oder statisch)**
   Sie dient der Fixierung bestimmter Körper- und Extremitätenhaltungen. Obwohl eine Kontraktion stattfindet, findet keine Längenveränderung der Muskulatur statt.

Wie Abbildung 46 erkennen lässt, gibt es unterschiedliche Arten der Muskelanspannung, nämlich isotonische, isometrische oder auxotonische. Der Skelettmuskel setzt sich aus **elastischen** und **kontraktilen Elementen** zusammen.

Arten der Muskelanspannung

1. **isotonische Muskelanspannung**
   Die kontraktilen Elemente des Muskels werden kontrahiert, die elastischen verändern ihre Länge nicht. Es kommt zu einer Muskelverkürzung.
2. **isometrische Muskelanspannung**
   Es kommt zu einer Kontraktion der kontraktilen Elemente, wobei die elastischen Elemente so gedehnt werden, dass von außen keine sichtbare Muskelverkürzung zu erkennen ist.
3. **auxotonische Kontraktion**
   Sie stellt eine Kombination von isotonischer und isometrischer Beanspruchung dar.

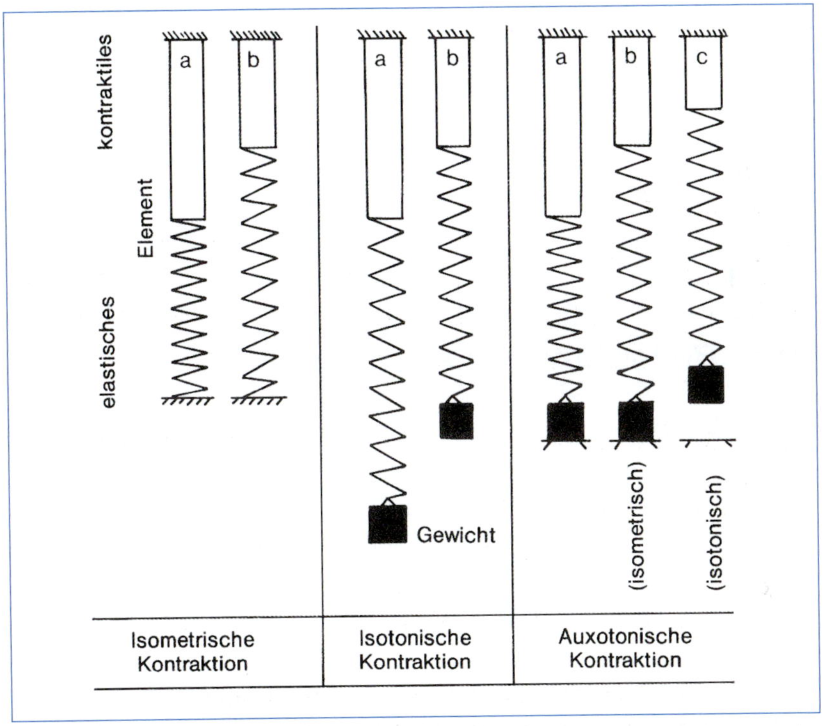

Abb. 46: Das Verhalten der kontraktilen und elastischen Elemente in Abhängigkeit von der Art der Muskelanspannung: a = Ruhezustand, b + c = Zustand nach bzw. während der Kontraktion (*Weineck* 2004a)

Merke

Die auxotonische Muskelanspannung kommt im Sport am häufigsten vor. Dabei gleicht sich das Nerv-Muskel-System durch ein sehr differenziertes Zu- und Abschalten neuromuskulärer Einheiten an die wechselnden Last-Kraftmomente und die sich verändernde Bewegungsgeschwindigkeiten an (vgl. *Weineck* 2004a).

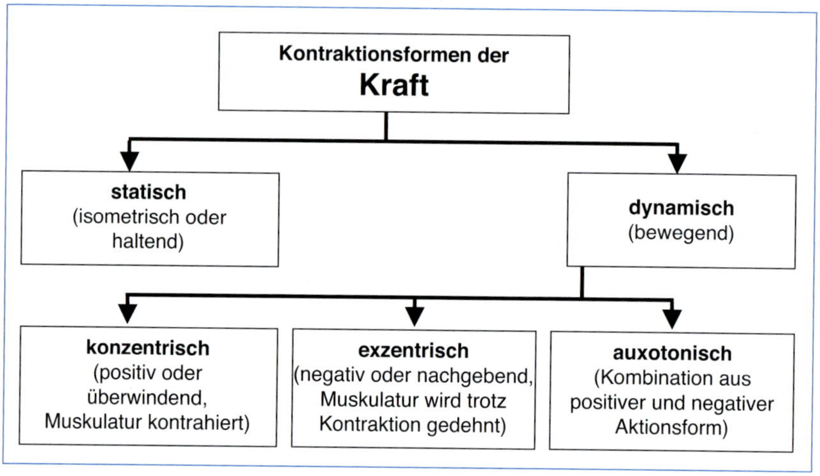

Abb. 47: Kontraktionsformen der Kraft (mod. nach *Steinhöfer* 2003)

5.1 Bedeutung der Kraft

Bedeutung des Krafttrainings

Wie im Eingangsbeispiel gezeigt, gibt es viele Gründe, ein Krafttraining durchzuführen. Ohne ein Mindestmaß an Kraft, in Abhängigkeit vom Alter des Sportlers, seinem Leistungsvermögen und seinem Anspruchsniveau, ist eine optimale Leistung nicht zu realisieren. Das Kraftniveau des Sportlers/Athleten wirkt unmittelbar auf die Effektivität des Trainings und unterstützt oder hemmt dadurch die Entwicklung der sportlichen Leistungsfähigkeit. In folgenden Punkten wird dies deutlich (vgl. *Weineck* 2004a):

1. **Steigerung der sportartspezifischen Leistungsfähigkeit**
   Beispiel: Sprunghöhe oder kraftbetonter Körpereinsatz im Basketball.
2. **Verletzungsprophylaxe**
   Beispiel: Eine gut entwickelte Oberschenkelmuskulatur der Vorderseite und Rückseite bietet z.B. im Fußball einen effizienten Schutz vor Verletzungen des Kniegelenks.

3. **Krafttraining im Sinne einer Haltungsprophylaxe**
   Beispiel: In den letzten Jahren nehmen die Haltungsschäden z.B. bei Schülern wieder zu. Durch Krafttraining kann man diesen Haltungsschwächen entgegenwirken.

5.1.1 Trainierbarkeit der Kraft

Faktoren der Trainierbarkeit

Damit sich die Muskulatur beim Heranwachsenden entwickelt, muss sie beansprucht werden. Bis zum Alter von etwa 12 Jahren gibt es hinsichtlich der Trainierbarkeit von Mädchen und Jungen keine großen Unterschiede. Mit ansteigendem Alter nimmt sie jedoch bei Jungen bzw. Männern deutlich zu und erreicht bei ihnen zwischen 20 und 30 Jahren ihr Maximum.

> **Merke**
> Bei Mädchen und Frauen ist die Trainierbarkeit der Kraftfähigkeiten z.T. deutlich geringer als bei Jungen und Männern.

Ursache für die Kraftunterschiede bei Frauen und Männern bzw. Mädchen und Jungen (> 12 Jahre) ist das **Testosteron** (= männliches Sexualhormon), welches eine erhöhte eiweißaufbauende Wirkung hat. Im Muskelquerschnittbereich können Frauen und Mädchen nicht so hohe Werte erzielen wie Männer und Jungen.

> **Merke**
> Die Fähigkeit der Adaptation an Krafttraining bleibt beim Menschen bis ins hohe Alter erhalten.

5.1.2 Kraftbestimmende Faktoren

Die Kraft der quergestreiften Skelettmuskulatur wird von folgenden Faktoren bestimmt:

1. **Muskelquerschnitt**
   Der Muskelquerschnitt ist entscheidend für die Größe der Kraftleistung. Dabei vergrößert sich der Querschnitt der einzelnen Muskelfasern.
2. **Muskelfaserspektrum**
   Die Zusammensetzung, also das Verhältnis der ST- zu den FT-Fasern, bestimmt in starkem Maße die muskuläre Leistungsfähigkeit. Die FT-Fasern können z.B. mehr Spannung erzeugen als die ST-Fasern.

3. **inter- und intramuskuläre Koordination**
   Intramuskulär: Bei einer Kraftleistung ist es entscheidend, wie viele Muskelfasern eines einzelnen Muskels rekrutiert werden können (= **Rekrutierung**) und dass eine große Anzahl motorischer Einheiten gleichzeitig aktiviert wird (= **Frequenzierung**).
   Intermuskulär: Gleichzeitig kommt dem Zusammenspiel verschiedener Muskeln innerhalb einer Bewegung eine wichtige Bedeutung zu. Als Beispiel sei hier ein Tennisschlag erwähnt, dessen Härte (Dynamik) davon bestimmt wird, dass die Muskeln der einzelnen Körpersegmente (grob: Beine – Rumpf – Arme) zeitlich in optimaler Reihenfolge hintereinander geschaltet werden.
4. **Energiebereitstellung**
   Bei den kurz andauernden maximalen Kraftleistungen hat der Energieumsatz pro Zeiteinheit eine hohe Bedeutung. Er wird gewährleistet über die **energiereichen Phosphate ATP und CrP**, die den anaerob-alaktaziden Stoffwechsel abdecken. Bei länger anhaltenden zyklischen Belastungen wird zusätzlich die **glykolytische Energiebereitstellung** beansprucht, wobei Laktat anfällt. Durch Training vergrößern sich die energiereichen Phosphatspeicher und die Enzymaktivität wird gesteigert.
5. **Motivation und Willen**
   Die sehr hohen Muskelanspannungen erfordern vom Sportler/Athleten hohe Willensfähigkeiten. Wettkampfatmosphäre (Zuschauer/Gegner) kann verstärkt auf die Motivation wirken.
6. **Beherrschungsgrad der sportlichen Technik**
   Je perfekter eine sportliche Technik beherrscht wird, umso mehr kann das vorhandene Kraftpotenzial leistungsförderlich eingesetzt werden.

5.2 Trainingsziel: Maximalkraft

Bei Gewichthebern ist die Maximalkraft das dominierende Trainingsziel im Kraftbereich. Wie im Eingangsbeispiel und aus Abbildung 45 zu ersehen ist, trainieren aber auch Sportler aus anderen Disziplinen und Sportarten ihre Maximalkraft. Das hängt damit zusammen, dass die Maximalkraft eine wichtige Basis für andere Kraftarten darstellt. So trainieren z.B. Fußballer, Handballer, Basketballer oder Volleyballer die Maximalkraft, obwohl sie in dieser Sportart nicht dominierend ist. Bei allen vier Sportarten spielt jedoch die Schnellkraft eine dominierende Rolle, deren Ausprägungsgrad von der Maximalkraft mitbestimmt wird.

Maximalkraft bestimmt Schnellkraft mit

In den Sportarten, in denen die Maximalkraft nicht dominant ist, muss sie in einem **günstigen Verhältnis zum Körpergewicht** ausgebildet werden. Es muss ein optimales Last-Kraft-Verhältnis erreicht werden, welches als Quotient aus der Maximalkraftleistung und dem Körpergewicht berechnet wird. Man bezeichnet dies als relative Kraftfähigkeit:

Optimales Last-Kraft-Verhältnis

$$\text{Relative Kraft} = \frac{\text{Maximalkraft}}{\text{Körpergewicht}}$$

Relative Kraftfähigkeit

Die relative Kraft spielt u.a. in folgenden Sportarten/Disziplinen eine Rolle: Kunstturnen, Skispringen, Freiklettern, Judo, Ringen, Rudern, Radrennsport, Gewichtheben.
Im Skispringen ist die relative Kraft besonders wichtig. Je leichter die Springer sind, umso weiter können sie fliegen. Ein schnellkräftiger Absprung am Schanzentisch ist z.B. eine wichtige Voraussetzung, um weit fliegen zu können.

Praxisbeispiele zur relativen Kraft

Grundsätzlich nimmt die **Bedeutung der Maximalkraft** in allen Sportarten/Disziplinen in dem Maße zu, wie die zu bewältigenden Widerstände (größere Fremdlasten/hohe Reibungswiderstände) zunehmen. Daher spielt die Maximalkraft eine wichtige Rolle bei Radrennsportlern (v.a. Bahnradsport), Judokas, Ringern oder auch Ruderern. Wenn man sich Diskuswerfer, Kugelstoßer oder auch Ruderer anschaut, so fällt auf, dass bei Trainierten mit zunehmendem Körpergewicht die Fähigkeit zur Entwicklung hoher Maximalkraft ansteigt. Das ist einer der Gründe, weshalb in bestimmten Sportarten und Disziplinen Gewichtsklassen eingeführt wurden.

Praxisbeispiele zur Maximalkraft

Definition

Maximalkraft
Die Maximalkraft stellt die höchstmögliche Kraft dar, die das neuromuskuläre System bei maximaler willkürlicher Kontraktion auszuüben vermag.

Im Sport gibt es Situationen, in denen die Maximalkraft entweder dynamisch oder statisch benötigt wird. Die **dynamische Maximalkraft** ist dabei die höchste Kraft, die das neuromuskuläre System bei willkürlicher Kontraktion bei einer Bewegung realisieren kann. Die **statische Maximalkraft** ist die höchste Kraft, die das neuromuskuläre System bei willkürlicher Kontraktion gegen einen unüberwindlichen Widerstand auszuüben vermag.

Dynamische und statische Maximalkraft

Faktoren der Maximalkraft

Die Maximalkraft ist von folgenden Faktoren abhängig:
1. dem Muskelquerschnitt,
2. der intramuskulären Koordination,
3. der intermuskulären Koordination.

Durch das Training jeder einzelnen Komponente kann die Maximalkraft verbessert werden.

5.2.1 Trainingsmittel zur Verbesserung der Maximalkraft

Methodische Grundüberlegungen zum Maximalkrafttraining

Das Maximalkrafttraining muss spezifisch durchgeführt werden, also der Zielgruppe entsprechend. Im Gesundheits- und Fitnesssport trainiert man anders als im Leistungssport. Dabei geschieht die Festlegung der Gewichtslasten im **Leistungssport** in der Regel durch einen Maximalkraftversuch. Von diesem maximal zur Hochstrecke gebrachten Gewicht wird dann jeweils prozentual umgerechnet. Im **Fitnesssport** hat sich zudem die Lastbestimmung über das relative Wiederholungsmaximum bewährt. Dabei wird ausgetestet, wie hoch die Anzahl der Wiederholungen mit verschiedenen Gewichten maximal ist. Tabelle 22 gibt einen Überblick über Methoden des Maximalkrafttrainings.

Belastungsgefüge	**Standardmethode** **Q-Training**	**Intensive Bodybuilding-Methode** **Q-Training**	**Pyramiden-Methode Fitness-/Gesundheitssport** **Q-Training**	**Maximalkraftmethode Leistungssport** **IK-Training**
Belastung	konzentrische submaximale Krafteinsätze	konzentrische submaximale Krafteinsätze	konzentrische submaximale Krafteinsätze	konzentrische maximale Krafteinsätze
Intensität	70–80 %	80–95 %	60–95 %	100 %
Tempo	zügig	langsam	zügig	maximal
Wiederholungen	8–12	5–8	20–5	1–2
Serien	3	3–5	jeweils 1 pro Pyramidenstufe	5
Pause	> 3 min	> 3 min	> 3 min	> 3 min

Tab. 22: Trainingsmethoden zur Verbesserung der Maximalkraft. Q-Training bedeutet Querschnittsverbesserung des Muskels, IK-Training bedeutet intramuskuläre Koordinationsverbesserung (mod. nach *Hohmann* et al. 2003).

Durch intramuskuläre Koordinationsverbesserung (IK-Training) kann ein Sportler kräftiger werden, ohne an Muskelmasse zuzulegen. Dies ist in einigen Sportarten nicht unwichtig, wie z.B. Volleyball, Skispringen, Hochsprung, Stabhochsprung, Eiskunstlauf, Basketball. In diesen Sportarten bzw. Disziplinen würde eine Muskelmassenzunahme ab einem bestimmten Niveau kontraproduktiv zur Sprunghöhe wirken. **Außerdem bleibt das IK-Training wegen der erhöhten Verletzungsgefahr den Leistungs- und Hochleistungssportlern vorbehalten.**

IK-Training

Den Zusammenhang zwischen Wiederholungszahl und Muskelmassenzunahme veranschaulicht Abbildung 48.

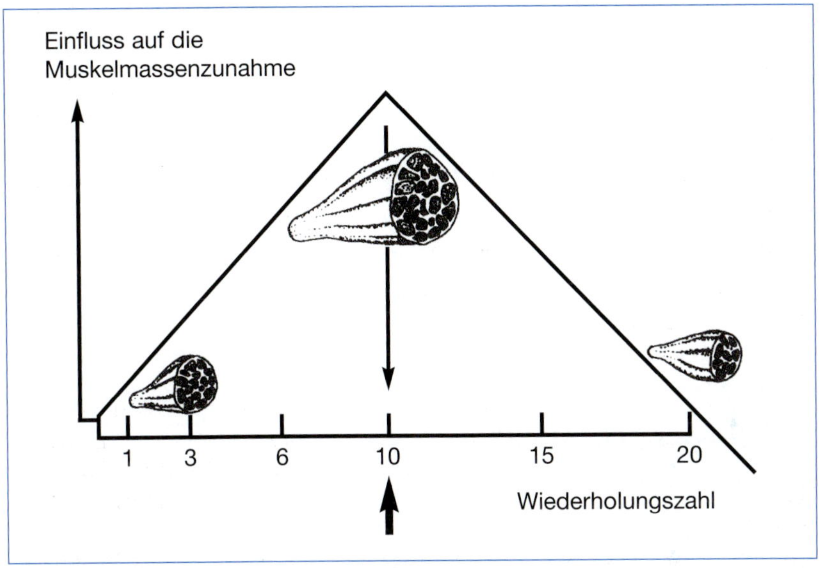

Abb. 48: Einfluss der Wiederholungszahl auf die Entwicklung der Muskelmasse (*Weineck* 2004a)

Wie zu erkennen ist, liegen die Methoden von Tabelle 22 alle mehr oder weniger in dem Bereich der optimalen Muskelmassenzunahme. Die Wirkung von IK-Training und Q-Training wird in Abbildung 49 dargestellt. Zu Beginn eines Krafttrainings (A) gibt es Fasern, die rekrutiert werden können und in der Grafik schwarz dargestellt sind. Zum Beginn eines Krafttrainings (B) oder beim **IK-Training** werden zunächst weitere Muskelfasern rekrutiert. Es findet ein **Kraftanstieg ohne Hypertrophie** statt. Im weiteren Verlauf eines richtig dosierten Maximalkrafttrainings kommt es dann zu einem Dickenwachstum (**Hypertrophie**) der einzelnen Muskelfasern (C). Das dauert allerdings bei wöchentlich 3- bis 4-maligem Krafttraining Wochen bis Monate.

Wirkung des IK- und des Q-Trainings

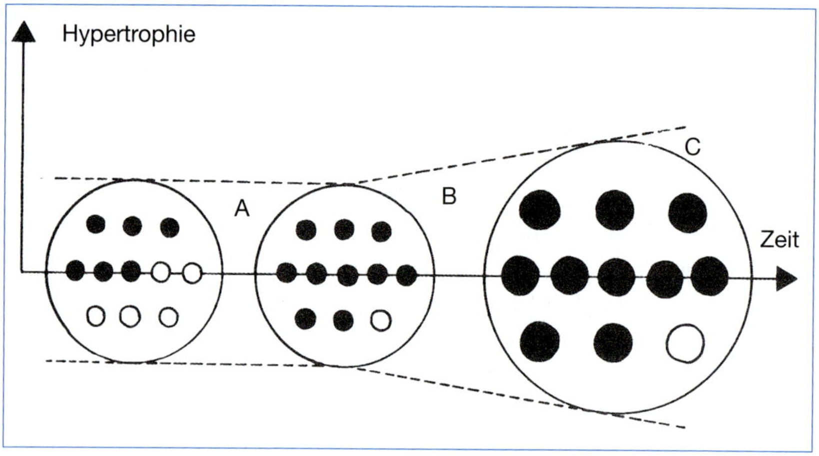

Abb. 49: Mechanismus des Krafttrainings (nach *Weineck* 2004a)

Eine weitere Möglichkeit des **Q-Trainings speziell für Anfänger** ist in Tabelle 23 dargestellt.

Q-Training für Anfänger

Muskelhypertrophietraining für Anfänger	
Arbeitsweise der Muskulatur	konzentrisch-exzentrisch
Intensität	Last: 40–50 % der Maximalkraft
Durchführungsgeschwindigkeit	langsam bis zügig
Dauer der Übung	8–12 Wiederholungen und mehr, je nach Last
Pause	Serienpause 2–4 Minuten
Umfang	3–5 Serien

Tab. 23: Muskelhypertrophietraining für Anfänger

5.2.2 Pyramidentraining

Mischung aus Q- und IK-Methode

Eine zusätzliche Möglichkeit des Maximalkrafttrainings ist das Pyramidentraining. Das Pyramidentraining stellt eine Mischung aus Q- und IK-Methode dar (vgl. Abb. 50). Es dient primär der Variation und verdankt seinen Namen der pyramidenförmigen Zu- und Abnahme der Belastungsintensität.

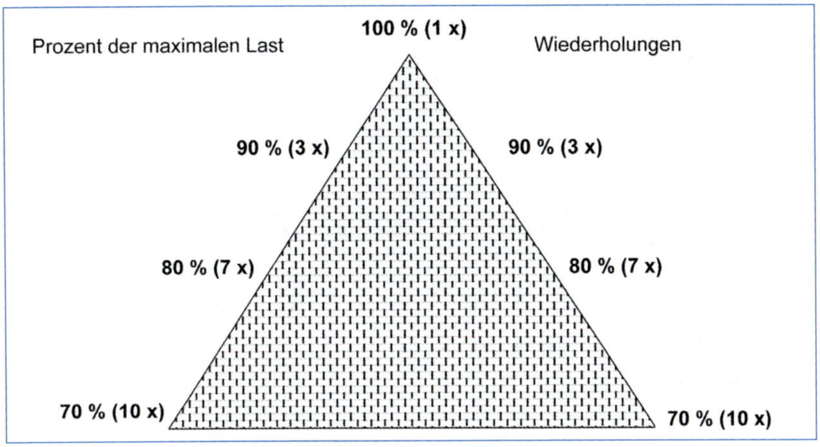

Abb. 50: Veränderung der Belastungshöhe und der Wiederholungszahl beim Pyramidentraining (*Weineck* 2004a)

Bei Betonung der Pyramidenbasis mit sehr hohen Wiederholungszahlen (15 und wesentlich mehr) und geringer Intensität (unter 40–20 % der Maximalkraft) dominiert die Entwicklung der **Kraftausdauer**.
Ferner kann man die stumpfe und die spitze Pyramide unterscheiden (Tab. 24).

Stumpfe und spitze Pyramide

	Stumpfe Pyramide		**Spitze Pyramide**	
Intensitätsbereich	60–80 % der Maximalkraft		75–95 % der Maximalkraft	
Wiederholungszahl	bei 60 %	8 x	bei 75 %	5 x
	bei 65 %	7 x	bei 80 %	4 x
	bei 70 %	6 x	bei 85 %	3 x
	bei 75 %	5 x	bei 90 %	2 x
	bei 80 %	4 x	bei 95 %	1 x
Anzahl der Serien	5–6		5–6	
Pause zwischen den Serien	2 Minuten		2 Minuten	

Tab. 24: Belastungsgefüge der stumpfen und spitzen Pyramide (mod. nach *Weineck* 2004a)

Die stumpfe Pyramide kann während der Vorbereitungsperiode eingesetzt werden, die spitze Pyramide gegen Ende der Vorbereitungsperiode und während der Wettkampfperiode. Für die Betonung der Maximalkraft kann auch die besondere Form der Doppelpyramide (Abb. 51) gewählt werden. Es gelten die Belastungsgefüge der stumpfen oder spitzen Pyramide.

Doppelpyramide

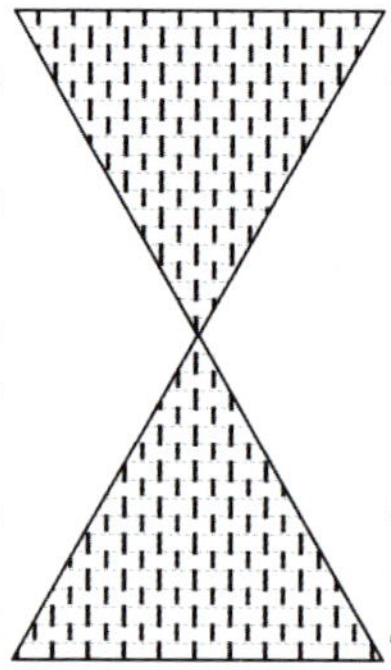

Abb. 51: Die Doppelpyramide (mod. nach *Weineck* 2004a)

Optimierte Ausnutzung des vorhandenen Muskelpotenzials

Werden alle Bereiche der Pyramide in das Training mit einbezogen, dann kommt es zu einer **kombinierten Verbesserung der Kraft über Hypertrophie und intramuskuläre Koordination** und damit zu einer optimierten Gesamtausnutzung des vorhandenen Muskelpotenzials. Wenn wenig Zeit zur Verfügung steht, so bringt z.B. ein vierwöchiges Pyramidentraining bessere Effekte als jeweils ein separates 2-wöchiges Querschnitts- und IK-Training (vgl. *Weineck* 2004a).

5.2.3 Circuittraining

Wichtigste Muskelgruppen in wechselnder Reihenfolge trainiert

Das Circuit- bzw. »**Zirkeltraining**« stellt eine weitere Möglichkeit des Krafttrainings dar. Je nach Zielsetzung, Alter und Leistungsvermögen werden 6–12 Stationen im Kreis (= engl. circuit) durchlaufen, in denen die für die Sportart wichtigsten Muskelgruppen in wechselnder Reihenfolge trainiert werden. Die Arbeitszeit beträgt im Mittel je nach Zielsetzung zwischen 20 und 40 Sekunden. Das Pausen-Belastungs-Verhältnis stellt sich wie folgt dar (Tab. 25):

	Belastungsanteil/Zeit	**Pausenanteil/Zeit**
Leistungsstarke Gruppen	1 z.B. 40 sek	1 40 sek
Leistungsschwache Gruppen	1 z.B. 30 sek	2 60 sek

Tab. 25: Belastungs-Pausen-Verhältnis im Circuittraining bei leistungsstarken bzw. leistungsschwachen Sportlern/Athleten

Das Circuittraining bringt folgende Vorteile mit sich:

Vorteile des Circuittrainings

- Viele Sportler können auf engem Raum beschäftigt werden.
- Man kann mehrere Kraftformen trainieren.
- Die Übungsintensität kann variabel gestaltet werden.
- Die Serienanzahl kann flexibel angepasst werden.
- Es ist nicht an bestimmte Trainingsphasen gebunden.
- Es kann den Gegebenheiten der Hallen (Geräte) angepasst werden.
- Es bietet von Station zu Station abwechslungsreiche Übungen.
- Die Pausen können aufgrund der wechselseitigen Belastung verkürzt werden.

Für die **optimale Durchführung** sind folgende Hinweise zu beachten:

Durchführungshinweise

- genaue Demonstration und Erläuterung der Stationen
- Einteilung leistungsstarker Gruppen → Motivation!
- Stationskarten können ausgelegt werden
- persönliche Leistungskarten können angelegt werden zur Leistungsdokumentation → Motivation
- Pulsfrequenzmessung durchführbar (vorher üben!)
- Belastungs- und Pausenzeiten unbedingt einhalten
- Muskelgruppen alternierend belasten
- der Coach überwacht die Ausführungsqualität der Teilnehmer
- der Coach motiviert die Teilnehmer
- bei jüngeren Teilnehmern kann man auch Musik laufen lassen
- der Zirkel muss so sicher aufgebaut sein, dass keine Verletzungen provoziert werden können

Das Zirkeltraining ist zwar vielseitig einsetzbar, eignet sich aber **in erster Linie für das Kraftausdauertraining und die allgemeine Kräftigung**. Die Wiederholungszahlen liegen bei einer Belastung um 45–50 Sekunden bei etwa 15–30 bei mittlerer Bewegungsgeschwindigkeit. Es kommt dabei also zu einer mehr oder weniger stark ausgeprägten anaerob-laktaziden Energiebereitstellung. Oft werden Schnellkraft und Kraftausdauer kombiniert trainiert, sodass unterschiedliche Ausführungsgeschwindigkeiten vorliegen.

5.3 Kraftausdauer

Praxisbeispiele zur Kraftausdauer

> Bei der alljährlich stattfindenden Tour de France entscheidet sich in der Regel die gesamte Tour während der Alpen- oder Pyrenäenetappen. Hier kommt neben der auf ebener Strecke dominierenden aeroben Grundlagenausdauer eine weitere entscheidende konditionelle Fähigkeit zum Tragen, die so genannte Kraftausdauer, hier in ihrer **dynamischen Form.**

In immer mehr Schulen findet man Kletterwände. Wenn man sich an einer Kletterwand »halten« möchte, braucht man ebenfalls die Kraftausdauer, nun in ihrer **statischen Form**.

Definition

Kraftausdauer
Die Kraftausdauer stellt die Widerstandsfähigkeit der Muskulatur gegen Ermüdung bei lang andauernden oder sich wiederholenden Kraftleistungen dar. Sie kann mehr zur Ausdauer oder zur Kraft hin tendieren.

Komponenten der Kraftausdauer

Die **Kraftkomponente** ist die **Basis der Kraftausdauerleistung**. Im einzelnen Bewegungszyklus stellt die Maximalkraftfähigkeit die Basis für die Kraftausdauerleistung dar. Mit zunehmender Belastungsdauer im Wettkampf nimmt der Einfluss der Maximalkraft deutlich ab. Die **Ausdauerkomponente** wird von der Belastungsdauer, der Bewegungsfrequenz und den sportartspezifischen Besonderheiten bestimmt.

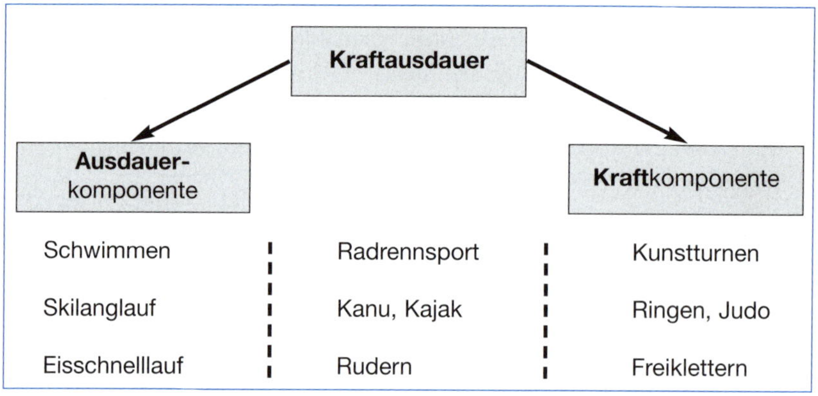

Abb. 52: Tendenzielle Zuordnung bestimmter Sportarten/Disziplinen zu den Polen Ausdauer bzw. Kraft im Spektrum der Kraftausdauer. Die gestrichelte Linie bedeutet, dass die Übergänge als fließend zu betrachten sind.

Biologische Grundlagen der Kraftausdauer sind:

Biologische Grundlagen der Kraftausdauer

1. die intra- und intermuskuläre Koordination
2. die lokale Durchblutung
3. die aerobe und anaerobe Stoffwechselkapazität
4. die Muskelfaserart (FT-Fasern)

5.3.1 Training der Kraftausdauer

Das übergeordnete Trainingsziel im Bereich der Kraftausdauer besteht darin, die Höhe der einzelnen Kraftstöße während der Wettkampfdauer möglichst gering zu halten bzw. die Höhe der einzelnen Kraftstöße zu optimieren.

Dynamische Kraftausdauer

Kriterien für das Training der Kraftausdauer sind die **Reizstärke** in Prozent der maximalen Kontraktionskraft und der **Reizumfang** als Summe der Wiederholungen. Durch das Training der dynamischen Kraftausdauer kommt es zu einer Verbesserung der muskulären Pufferkapazität (Laktat), zu einer Vergrößerung der beanspruchten Energiespeicher, vor allem der energiereichen Phosphate und der Glykogenspeicher, und zu einer besseren Erholungsfähigkeit der Muskulatur.

Statische Kraftausdauer

Die statische Kraftausdauer steht in engem Zusammenhang mit der **Maximalkraft**. Man benötigt sie z.B. beim Kreuzhang an den Ringen, beim Fixieren einer Hantel, im Ringen oder beim Freiklettern. Die Problematik beim statischen Krafttraining ist, dass bei einer Kraftbelastung zwischen 15 und 50 % der statischen Maximalkraft die Durchblutung der Muskulatur zunehmend beeinträchtigt wird. Es wird zu wenig Sauerstoff in die Muskelzelle geliefert, sodass die Energiebereitstellung zunehmend anaerob-laktazid erfolgt, wodurch die Haltezeit ab 50 % des isometrischen Anspannungsmaximums sich drastisch verringert. Tabelle 26 zeigt eine mögliche Trainingsmethode zur Verbesserung der Kraftausdauer auf (vgl. *Weineck* 2004a).

Trainingsmethoden

Kraftausdauer-Methode	
Arbeitsweise der Muskulatur	konzentrisch-exzentrisch
Intensität	Last: 35–65 %
Durchführungsgeschwindigkeit	langsam bis zügig
Dauer der Übung	25–50 Wiederholungen bis zur Ermüdung
Pause	1–3 min bei höherer Last; 0,5–2 min bei niedriger Last
Umfang	5–10 Serien

Tab. 26: Kraftausdauer-Trainingsmethode (mod. nach *Steinhöfer* 2003)

Hohmann et al. (2003) schlagen folgende Trainingsmethoden vor (Tab. 27).

Trainingsmethoden	Mittelintensive dynamische Kraft-ausdauer-Methode	Callanetics (im Fitness-/ Gesundheitssport)
Belastung	dynamische Krafteinsätze	statische/dynamische Krafteinsätze
Intensität	50–60 %	15–30 %
Tempo	zügig	statisch/langsam
Wiederholungen	25–40	1 bei 30–120 sek Dauer bzw. 80–100
Serien	6–10	3–5
Pause	> 2 min	> 2 min

Tab. 27: Kraftausdauer-Trainingsmethoden im Freizeit- und Fitnesssport

Neuere sportmedizinische Untersuchungen zum Kraftausdauertraining weisen darauf hin, dass es bei gleich bleibendem Gewicht u.U. ratsam ist, im Verlaufe des Kraftausdauertrainings die Wiederholungszahlen von Serie zu Serie zu reduzieren oder – wenn die Wiederholungszahlen gehalten werden sollen – die Last entsprechend zu reduzieren (vgl. *Fröhlich* et al. 2003).

5.4 Schnellkraft

Kraft-Schnelligkeits-Zusammenhang

Im Zentrum des Schnellkrafttrainings steht der Kraft-Schnelligkeits-Zusammenhang, vor allem die **Verbesserung der schnellen Kontraktionsfähigkeit** der FT-Fasern der Muskulatur. Insbesondere in den Spielsportarten wie Basketball, Volleyball, Handball und Fußball, aber auch in den Rückschlagspielen Tischtennis, Tennis, Badminton oder Squash benötigt der Sportler die Schnellkraft. Tischtennisspieler sind z.B. in der Lage, bei einem Schmetterschlag den Zelluloidball auf 180 km/h zu beschleunigen, Tennisspieler erreichen bis zu 200 km/h beim Aufschlag und Handballer werfen mit bis zu 130 km/h einen Ball aufs Tor. Basketballer und Volleyballer benötigen die Schnellkraft beispielsweise, um höher springen zu können. In der Leichtathletik ist sie im Hochsprung oder im Hürdenlauf wichtig. Ohne Schnellkraft können Fußballer nicht optimal zum Kopfstoß hochsteigen.

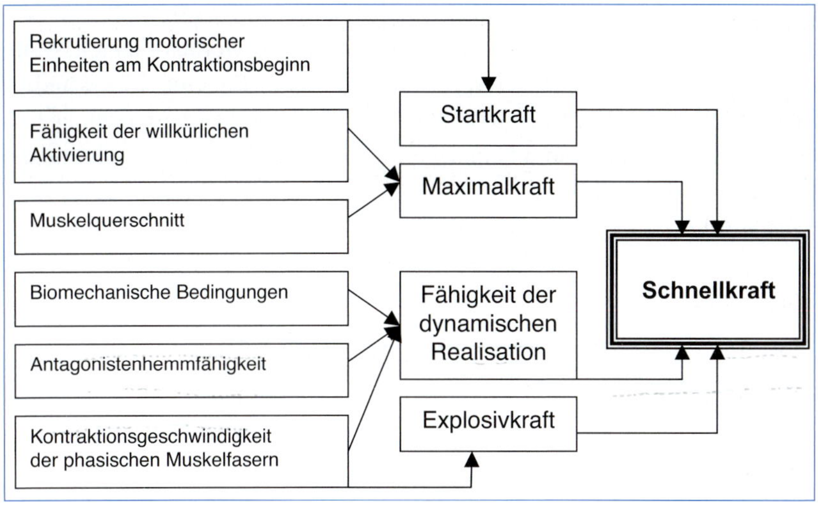

Abb. 53: Einflussgrößen und Komponenten der Schnellkraft (vgl. *Weineck* 2004a)

Einflussgrößen auf die Schnellkraft

Die Schnellkraft hängt, wie in Abbildung 53 zu sehen ist, von vielen Einflussgrößen ab. Eine davon ist die **Maximalkraft**, deren Bedeutung jedoch umso geringer ist, je kleiner die äußeren Widerstände sind. Bei mittleren Belastungen, wie z.B. dem Kugelstoßen, wird die Leistung durch die Geschwindigkeit der Kraftentfaltung bestimmt. Diese Komponente der Schnellkraft, die über 20 % der isometrischen Maximalkraft liegt, bezeichnet man als **Explosivkraft**. Bewegungen gegen geringere Widerstände, wie dies die Schlagbewegungen mit den Schlägern in den Partnerrückschlagspielen sind, werden als **Startkraft** bezeichnet.

Definition

Schnellkraft
Die Schnellkraft ist die Fähigkeit des neuromuskulären Systems, dem eigenen Körper oder Gegenständen (Schläger, Bälle, Speere, Disken) einen möglichst hohen Kraftimpuls in möglichst kurzer Zeit zu geben.

5.4.1 Schnellkrafttraining

Durchführungshinweise zum Schnellkrafttraining

Mit dem Schnellkrafttraining möchte man **möglichst hohe Kraftstöße** erreichen. Das Training kann dabei an Krafttrainingsmaschinen, Kurz- oder Scheibenhanteln erfolgen oder kann, was die Sprungkraft der Beine anbelangt, z.B. an Sprungbahnen mit kleinen Kästen stattfinden. Wichtig ist, dass bei Geschwindigkeitsabfall die Übung abgebrochen wird. **Sprungkrafttraining bzw. Schnellkrafttraining ist stets in ermüdungsfreiem Zustand**

durchzuführen. Die Pausen zwischen den Serien sind so zu gestalten, dass die energiereichen Phosphate wieder resynthetisiert werden können. Manche Trainingswissenschaftler sprechen sich sogar für eine 15-sekündige Pause nach jedem einzelnen Kraftstoß aus, um die Resynthese noch gezielter zu unterstützen und somit einen geringeren Kraftstoßverlust während der Übungen zu produzieren.

Abb. 54: Niedersprung mit Dunking im Basketball (*Weineck* und *Haas* 1999)

In der Sportpraxis haben sich dazu verschiedene Methoden entwickelt, die in Tabelle 28 dargestellt sind.

Schnellkraftmethoden		
	Schnellkraftmethode 1	**Schnellkraftmethode 2**
Arbeitsweise der Muskulatur	konzentrisch	konzentrisch
Intensität	Last: 30–50 %	Last: 50–60 %
Durchführungs-geschwindigkeit	maximal	maximal
Dauer der Übung	6–12 Wiederholungen; Abbruch bei Geschwindigkeitsabfall	6–8 Wiederholungen; Abbruch bei Geschwindigkeitsabfall
Pause	Serienpause: > 2 min	Serienpause: > 3 min
Umfang	3–5 Serien	3–5 Serien

Tab. 28: Schnellkrafttrainingsmethoden (mod. nach *Steinhöfer* 2003)

5.5 Reaktivkraft

Bei vielen sportlichen Bewegungen wird die eigentliche Bewegung (Abwurf, Absprung, Schlag) durch eine Aushol- oder Gegenbewegung eingeleitet. In diesen Situationen kommt es zu einem extrem schnellen Wechsel zwischen einer abbremsenden/nachgebenden (exzentrischen) und einer verkürzenden/überwindenden (konzentrischen) Arbeit der Muskulatur. Man spricht von einem **Dehnungs-Verkürzungs-Zyklus**. Durch die vorauslaufende exzentrische Muskelaktion sowie die elastischen Speicherungskräfte in der Muskulatur, die Sehnen und Bänder wird die »Anfangskraft« der Bewegung mit bestimmt. Diese Fähigkeit, die exzentrische Muskelaktion zur Verstärkung der konzentrischen Aktion zusätzlich zu nutzen, nennt man Reaktivkraft.

Praxisbeispiele zur Reaktivkraft

> Beispiele sind Sprünge zum Block im Volleyball, Sprungwurf im Basketball oder die Sidestep-Bewegungen im Tischtennis (vgl. *Hohmann* et al. 2003). Noch kürzere Kontakte weisen die Bewegungen im Sprint, Weitsprung oder Bodenturnen auf.

Training der Reaktivkraft

Beim Training der Reaktivkraft ist auf **allmähliche Belastungssteigerung** zu achten. Bezüglich der Beinmuskulatur stehen deshalb anfangs ein- oder beidbeinige Hüpfübungen auf dem Trainingsprogramm. Später folgen Sprungübungen wie z.B. Vertikalsprünge über niedrige Hindernisse oder Horizontalsprünge als Sprungschritte. Als Letztes stehen Tief-Hochsprünge (= **plyometrisches Training**) auf dem Programm (vgl. *Grosser* et al. 2003). Zu berücksichtigen ist, dass für die Tief-Hochsprünge eine gute Maximalkraftbasis vorhanden sein muss, weshalb es im Nachwuchsbereich nicht zum Einsatz kommen sollte. Als Trainingsmethode dient die **Wiederholungsmethode**.

5.6 Zusammenhang der Kraft mit anderen motorischen Hauptbeanspruchungsformen

Schnelligkeit

Ein offensichtlicher und positiver Zusammenhang zwischen der Kraft und der Schnelligkeit ist zu erkennen, wenn man sich einmal 100-m-Sprinter anschaut. Das erhöhte Kraftniveau führt zu einer Erhöhung der Kontraktionsgeschwindigkeit der Muskulatur. Wichtig ist jedoch stets, **das optimale sportartspezifische Maß zu finden**. Ein Bodybuilder macht zum Beispiel keinen schnelleren Tennisaufschlag als die Nr. 1 der Weltrangliste im Damentennis. Mit zunehmender Muskelmasse wird es für Sportler/Athleten immer wichtiger, Dehnungsübungen durchzuführen. Dickere Muskelfasern haben einen erhöhten inneren Reibungswiderstand zur Folge, was zu Energieverlusten bei der Bewegungsausführung führen kann. Nur bei außergewöhnlichen Muskelmassen wie beim Kugelstoßer, Gewichtheber, Hammerwerfer oder auch Bodybuilder kann die Beweglichkeit leiden.

Beweglichkeit

Koordination

Die Koordination wird durch Krafttraining nicht negativ beeinflusst. Die koordinativen Fähigkeiten und sportlichen Techniken werden von der Kraftausdauer entscheidend mit beeinflusst. Ein Basketballer muss z.B. auch noch im letzten Viertel zum Korb, ein Volleyballer im fünften Satz zum Angriffsschlag am Netz hochspringen können und der Tennisspieler muss auch nach vier Stunden noch ein Ass schlagen können.

Schnellkraftausdauer
Sprungkraftausdauer

Manche Sportwissenschaftler sprechen in diesem Zusammenhang von der Schnellkraftausdauer oder Sprungkraftausdauer. Die Kraftausdauer dient dazu, dass der Sportler im Wettkampf seine Technik auch nach längerer Spielzeit noch effektiv ein- und durchsetzen kann. **Ausdauer und Kraft sind zwei Dimensionen der Kondition, die sich nicht gleichzeitig maximal entwickeln lassen.** Bei einer vom Querschnitt her vergrößerten Muskulatur ist aufgrund der ungünstigen Diffusionsverhältnisse für den Substrat-, Sauerstoff- und Stoffwechselschlackenaustausch bzw. -abtransport die Ausdauerleistung herabgesetzt. Ein Zuviel an Krafttraining kann demnach die Ausdauer negativ beeinflussen. Ausgenommen hiervon ist die Kombination der beiden Komponenten in der Vorbereitungsphase.

In Tabelle 29 sind die dominierenden Kraftfähigkeiten bei ausgewählten Sportarten/Disziplinen zusammengefasst. Nicht dargestellt ist, dass z.B. ein Volleyballer zur Steigerung seiner Schnellkraft ergänzend ein Maximalkrafttraining durchführen sollte.

Sportart	Maximalkraft	Schnellkraft/ Sprungkraft	Kraftausdauer	Reaktivkraft
Basketball		X		X
Badminton		X		
Beach-Volleyball		X		X
Biathlon		X	X	
Diskuswurf		X		
Eisschnelllauf		X	X	
Eishockey		X	X	
Fußball		X	X	
Gewichtheben	X			
Handball		X		X
Hochsprung		X		X
Judo		X	X	
Karate		X		X
Klettern	X		X	
Kugelstoßen	X	X		
Mountainbike			X	
Radsport			X	
Rudern	X		X	
Skirennen		X	X	X
Skispringen		X		
Schwimmen			X	
Tennis		X	(X)	X
Tischtennis		X		X
Volleyball		X		X

Tab. 29: Ausgewählte Sportarten/Disziplinen und die Gewichtung bzw. Dominanz einzelner Kraftfähigkeiten

5.7 Allround-Krafttrainingsprogramm in einem Fitnessstudio

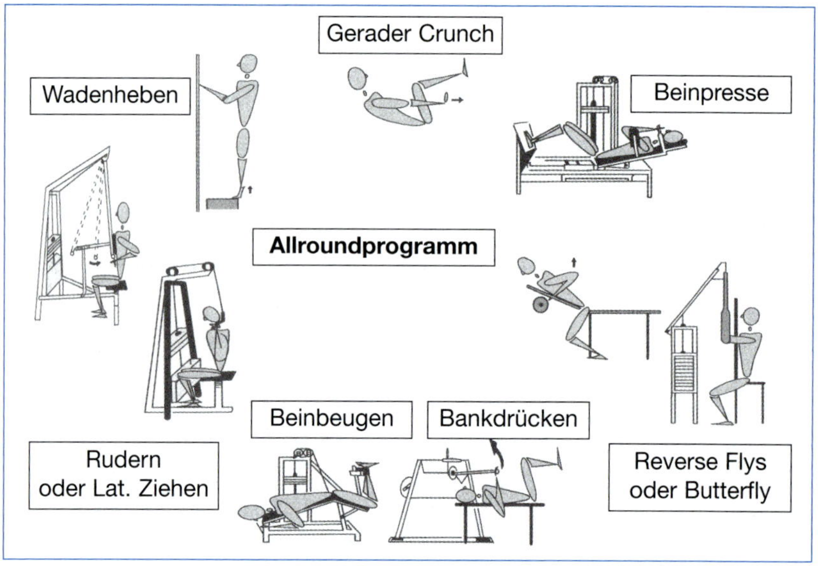

Abb. 55: Allround-Krafttrainingsprogramm (*Boeckh-Behrens* und *Buskies* 1995)

Wirkung der einzelnen Stationen im Allroundprogramm	
Station	**Primär beanspruchte Muskulatur**
Wadenheben	• Wadenmuskulatur (M. gastrocnemius, M. soleus)
Gerader Crunch	• Gerade Bauchmuskulatur (M. rectus abdominis)
Beinpresse	• Oberschenkelvorderseite (M. quadriceps femoris) • Gesäßmuskulatur (M. glutaeus maximus) • Oberschenkelrückseite (M. ischiocrurales)
Reverse Flys	• Rückenstrecker im Brustwirbelsäulenbereich (M. erector spinae pars thoracalis) • Rautenmuskel (M. rhomboideus) • Kapuzenmuskel (M. trapezius)
Butterfly	siehe Reverse Flys

Tab. 30: Stationen des Allroundprogramms und ihre primär beanspruchte Muskulatur (vgl. *Boeckh-Behrens* und *Buskies* 1995).
(Fortsetzung auf der nächsten Seite)

Wirkung der einzelnen Stationen im Allroundprogramm	
Station	**Primär beanspruchte Muskulatur**
Bankdrücken	1. mit weitem Griff: • Brustmuskulatur (M. pectoralis maior) • Oberarmrückseite (M. triceps brachii) • Deltamuskel (M. deltoideus) 2. mit engem Griff: • Oberarmrückseite (M. triceps brachii)
Beinbeugen	• Oberschenkelrückseite (M. ischiocrurales)
Rudern	• breiter Rückenmuskel (M. latissimus dorsi) • Ellbogenbeuger (M. biceps brachii) • Kapuzenmuskel (M. trapezius) • Rautenmuskel (M. rhomboidei) • Rückenstrecker im Brustwirbelsäulenbereich (M. erector spinae pars thoracalis)
Latissimus-Ziehen	• breiter Rückenmuskel (M. latissimus dorsi) • Ellbogenbeuger (M. biceps brachii) • Kapuzenmuskel (M. trapezius) • großer Rundmuskel (M. teres maior)

Tab. 30 (Fortsetzung)

5.8 Krafttraining nach dem subjektiven Belastungsempfinden

5.8.1 Messung des Anstrengungsempfindens nach der Borg-Skala

Subjektives Belastungsempfinden objektivieren

Neben den weiter oben dargestellten Methoden im Krafttraining kann **vor allem bei Jugendlichen und bei Untrainierten** das so genannte »sanfte« Krafttraining nach dem subjektiven Belastungsempfinden empfohlen werden (vgl. *Buskies* 1999). Dazu ist es notwendig, das Anstrengungsempfinden entsprechend zu objektivieren. Dies geschieht anhand der **»Borg-Skala«**. Die Borg-Skala zur Einschätzung des Anstrengungsempfindens gilt als eine **zuverlässige Messgröße**, um die subjektiv empfundenen Anstrengung eines Menschen zu beurteilen und zu erfassen. In der Praxis ist die Skala ist einfach zu handhaben, da sie einfach aufgebaut und zu verstehen ist (Abb. 56).

6	
7	sehr, sehr leicht
8	
9	sehr leicht
10	
11	recht leicht
12	
13	etwas anstrengender
14	
15	anstrengend
16	
17	sehr anstrengend
18	
19	sehr, sehr anstrengend
20	

Abb. 56: Die Borg-Skala des Anstrengungsempfindens

Definition

Anstrengungsempfinden
Das Anstrengungsempfinden ist das subjektive Empfinden einer Person darüber, wie schwer und anstrengend eine vorgegebene Leistung ist (vgl. *Löllgen* 2004).

5.8.2 Praktische Umsetzung im Krafttraining

Anfängerbereich

Angestrebt werden sollte bei Schülern im Anfängerbereich ein **Belastungsempfinden zwischen 13 und 16**, also etwas anstrengender bis sehr anstrengend, bei ca. 15 ± 3 Wiederholungen. Dazu muss an den jeweiligen Stationen des Krafttrainings von jedem Jugendlichen **individuell ausgetestet** werden, bei welchem Gewicht dieses Anstrengungsempfinden erreicht wird.

Merke

Es sollten jeweils ca. 3–4 Serien zu je 15 ± 3 Wiederholungen durchgeführt werden können. Dabei kann von Serie zu Serie die Wiederholungszahl um ca. 1–2 Wiederholungen reduziert werden, wenn die Belastung als zu stark empfunden wird, ohne dass die Anpassungserscheinungen darunter leiden würden.

Durch das Krafttraining nach dem subjektiven Belastungsempfinden findet in dem Zielbereich der Jugendlichen eine **angemessene Beanspruchung** statt, welche die individuelle Belastungsverträglichkeit berücksichtigt und eine günstige Reaktion zwischen den positiven Trainingseffekten einerseits und der Minimierung von gesundheitlichen Risiken andererseits gewährleistet.

Aufgaben zum Kapitel

Beispiel A: Der Zehnkampf besteht aus folgenden Disziplinen:
(a) Wurfdisziplinen: Diskuswerfen, Kugelstoßen, Speerwurf;
(b) Sprungdisziplinen: Hochsprung, Weitsprung, Stabhochsprung;
(c) Laufdisziplinen: 100 m, 110 m Hürden, 400 m und 1.500 m.

1. Analysieren Sie den Zehnkampf im Hinblick auf seine Anforderungen im Kraftbereich. Begründen Sie jeweils Ihre Entscheidung. Welche Kraftfähigkeiten muss ein Zehnkämpfer primär trainieren?
2. Welche Arbeitsweisen der Muskulatur treten in den einzelnen Disziplinen auf? Begründen Sie jeweils Ihre Entscheidung.

Beispiel B: Bei der Ski-WM 2005 in Bormio gewann der Amerikaner *Bode Miller* den Abfahrtslauf der Herren in einer Zeit von 1:56,55 Minuten.

1. Welche Kraftfähigkeiten benötigt man im alpinen Skisport speziell in der Abfahrt? Begründen Sie Ihre Entscheidung.
2. Welche Arbeitsweisen der Muskulatur treten während des Rennens auf? Begründen Sie Ihre Entscheidung.

Beispiel C: Ein Bodybuilder und ein Hochspringer treffen sich im Fitnessstudio, um dort ein Krafttraining zu absolvieren.

1. Welche Kraftfähigkeit trainieren die beiden gezielt für ihre Sportart/Disziplin? Begründen Sie Ihre Entscheidung.
2. Nach welcher Maximalkrafttrainingsmethode trainiert der Bodybuilder, nach welcher der Hochspringer? Beschreiben Sie das Belastungsgefüge der beiden Methoden so genau wie möglich.

Beispiel D: In einer Basketball-Jugendmannschaft (Alter 17 Jahre) soll ein spezifisches Circuittraining durchgeführt werden.

1. Welche Kraftfähigkeiten sind im Basketball wichtig? Begründen Sie Ihre Entscheidung.
2. Welche Arbeitsweisen der Muskulatur treten im Basketball auf?
3. Beschreiben Sie kurz ein Circuittraining mit sechs Stationen. Geben Sie bei jeder Station die primär beanspruchte Muskulatur an und begründen Sie, wieso diese für den Basketballer wichtig ist.
4. Welches Belastungs-Pausen-Verhältnis wählen Sie bei einer Freizeitmannschaft, welches bei einer leistungssportlichen Mannschaft?

Allgemeine Fragen:

1. Welche Beziehung besteht zwischen Muskelkraft und Muskelquerschnitt?
2. Erläutern Sie, weshalb sich durch Training der Maximalkraft beim relativ Untrainierten auch dessen Schnellkraft verbessert.
3. Erläutern Sie, welche Bedeutung für Kletterer, Judoka bzw. Ringer die relative Kraft hat.
4. Welche Vor- bzw. Nachteile haben isometrisches bzw. dynamisch-konzentrisches Krafttraining im Freizeit-Fitnesssportbereich?
5. Erläutern Sie anhand von Beispielen, wie man Krafttraining gelenkschonend betreiben kann.
6. Erläutern Sie die möglichen Ursachen der kurzen Haltezeit bei maximaler isometrischer Muskelkontraktion.
7. Welche Erscheinungsformen von Kraft kennen Sie? In welchen Sportarten kommen sie vor?
8. Welche Arbeitsweisen der Muskulatur kennen Sie? In welchen Sportarten/Disziplinen treten Sie auf?
9. Welche Arten der Muskelanspannung sind Ihnen bekannt? Geben Sie dazu Praxisbeispiele.
10. Nennen und erläutern Sie kurz die kraftbestimmenden Faktoren.
11. Was versteht man unter Q-Training? Wozu dient es? Für welche Sportarten bzw. Sportler ist es zu empfehlen?

12. Was versteht man unter IK-Training? Wozu dient es? Für welche Sportarten bzw. Sportler ist es zu empfehlen?
13. Was versteht man unter Pyramidentraining? Wozu dient es?
14. Was versteht man unter Kraftausdauer? Nennen Sie Sportarten/Disziplinen, in denen sie auftritt.
15. Was versteht man unter Schnellkraft? Welches sind die Einflussgrößen der Schnellkraft? Nennen Sie Sportarten/Disziplinen, in denen Schnellkraft eine Rolle spielt.
16. Was versteht man unter Reaktivkraft? Wo tritt sie auf?
17. Was versteht man unter Krafttraining nach dem subjektiven Belastungsempfinden? Wie funktioniert es?

6 Schnelligkeitstraining

Praxisbeispiele zur Schnelligkeit

Bei allen olympischen Spielen ist der 100-m-Endlauf im Sprint der Männer einer der Höhepunkte. Schnell zu sein bezieht sich im Sport aber nicht nur auf schnelles Geradeauslaufen, auch in vielen anderen Sportarten/Disziplinen ist die Schnelligkeit ein leistungsbestimmender Faktor. Als schnellste Ballsportart der Welt gilt das Tischtennisspiel, wobei hier Schnelligkeit auf kleinstem Raum verlangt wird und die Spieler vor allem in Verbindung mit der **schnellen Aktion** noch etwas Wichtiges beherrschen müssen, nämlich **schnelles Reagieren**. Analysiert man das Tischtennisspiel im Hinblick auf die Schnelligkeit noch genauer, so benötigt der Tischtennisspieler schnelle Beine, schnelle Rumpfbewegungen und schnelle Armbewegungen für die Tischtennisschläge. Außerdem wird er während der Ballwechsel permanent zu **schnellem Handeln** gezwungen. Interessant sind im Zusammenhang mit der Schnelligkeit Untersuchungen im Fußball. Dabei wurden die deutschen Nationalspieler mit Bundesligaspielern und Regionalligaspielern verglichen. Im Bereich der Grundlagenausdauer unterschieden sich die Nationalspieler nicht von durchschnittlichen Bundesligaspielern oder z.T. auch Regionalligisten, aber bei den Schnelligkeitstests waren die Nationalspieler den anderen Fußballern deutlich überlegen.

Definition

Schnelligkeit

Mit Schnelligkeit bezeichnet man die Fähigkeit, unter ermüdungsfreien Bedingungen in maximal kurzer Zeit motorisch zu agieren (handeln) und/oder zu reagieren.

Die Schnelligkeit wird nach dieser Definition heute nicht mehr nur als reine konditionelle Fähigkeit gesehen, sondern als **koordinativ-konditionelle Fähigkeit** (siehe Abb. 57). Schnell sein bedeutet demnach mehr, als nur in kürzester Zeit von Punkt A nach Punkt B zu rennen. Vor allem in den Ballsportarten entscheidet eine frühzeitige und geschwindigkeitsbetonte Bewegungsausführung häufig über Sieg oder Niederlage.

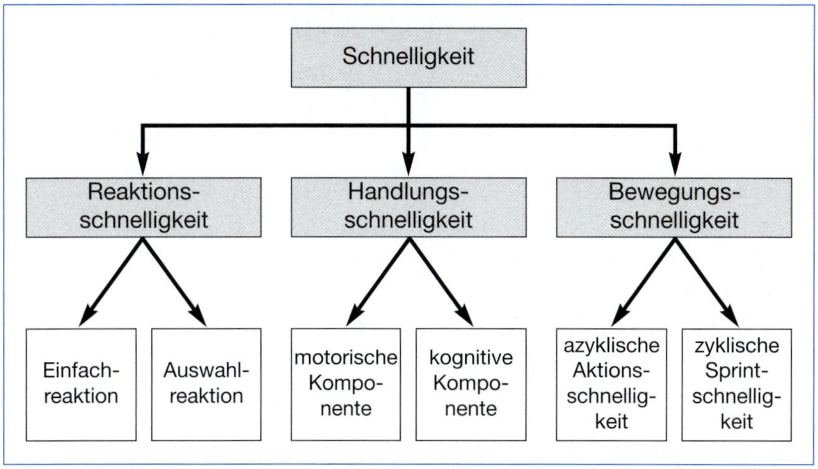

Abb. 57: Allgemeine Fähigkeitsstruktur der Schnelligkeit

6.1 Sportbiologische Grundlagen der Schnelligkeit

Neben kraftabhängigen, koordinativen und volitiven (vom Willen geprägten) Komponenten spielen für die Schnelligkeit noch folgende Subfaktoren eine wichtige Rolle:

Subfaktoren der Schnelligkeit

- **Art der Muskulatur**
  Die Kontraktionsgeschwindigkeit eines Muskels ist in hohem Maße davon abhängig, welchen Anteil an schnell zuckenden Muskelfasern er aufweist. Ein hoher Anteil an so genannten schnell zuckenden Muskelfasern – FT-Fasern – steht in positivem Zusammenhang mit der Schnelligkeit bzw. Schnellkraft der Athleten (vgl. *Weineck* 2004a). Kinder verfügen über einen Intermediärtyp (Mischtyp) der Muskelfasern.
- **Kraft der Muskulatur**
  Zentral mit beeinflusst wird die Schnelligkeit vom Maximalkraft- bzw. Schnellkraftniveau. Durch Krafttraining der Beinmuskulatur kann z.B. die Antrittsschnelligkeit verbessert werden.
- **Biochemie der Muskulatur**
  Die Maximalgeschwindigkeit ist in hohem Maße von der Höhe und der Art der Energievorräte in der Arbeitsmuskulatur sowie ihrer möglichen Mobilisationsgeschwindigkeit abhängig. Wie Tabelle 31 veranschaulicht, nimmt die Energieflussrate (= Energiefreisetzung pro Zeiteinheit) mit zunehmender Belastungsdauer ab. Der ATP-Vorrat reicht nur für ca. 2 Sekunden, während der CrP-Vorrat (Kreatinphosphat) für Untrainierte ca. 6 Sekunden und für Hochtrainierte maximal 10–13 Sekunden reicht (*Hohmann* et al. 2003).

Energiespeicher und -bereitstellung in der Muskelzelle			
Energiebereit-stellung	**Substrat**	**Maximale Einsatzdauer**	**Maximale Flussrate pro Sekunde**
1. anaerob-alaktazid	ATP	2–3 sek	1,6–3,0
	CrP (= die energiereichen Phosphate)	5–9 sek	
	insgesamt	ca. 10–12 sek	
2. anaerob-laktazid	Glykogen (Glukose = Traubenzucker)	45–90 sek	1,0
3. aerob	Glykogen	45 s–90 min	
	Fette	mehrere Std.	

Tab. 31: Energiebereitstellung in der Muskelzelle sowie maximale Flussrate (mod. nach *Steinhöfer* 2003)

Merke

Die Sofort-Resynthese von Kreatinphosphat wird durch die Verfügbarkeit von Sauerstoff limitiert. Eine gut trainierte Grundlagenausdauer über die aerobe Energiebereitstellung kann hier die schnelle Wiederauffüllung dieses Speichers optimieren.

Weitere schnelligkeitsbestimmende Faktoren

Zwischen Schnelligkeits- und Schnellkraftsportlern und Sportlern aus anderen Sportarten liegen bezüglich der **Nervenleitgeschwindigkeit** gesicherte Unterschiede vor. Ebenfalls beeinflusst wird die Schnelligkeit von der **Elastizität** und **Entspannungsfähigkeit** der Muskulatur. Die Muskulatur sollte zuvor entsprechend **aufgewärmt** sein, wobei neuere Untersuchungen zeigen, dass gehaltene Dehnungsübungen für schnellkraft- und schnelligkeitsbetonte Sportarten kontraproduktiv wirken. Von entscheidender Bedeutung für die Durchführung von Schnelligkeitstraining ist eine maximale **Willensanspannung**. *Weineck* (2004a) spricht in diesem Zusammenhang von der **Willensstoßkraft**.

Die Fähigkeit, maximale Bewegungsintensitäten gut koordiniert umzusetzen, wird bestimmt durch eine optimale Kombination neuronaler und muskulärer Faktoren sowie entsprechender biochemischer Prozesse.

6.2 Aktionsschnelligkeit

6.2.1 Azyklische Aktionsschnelligkeit – Bewegungsschnelligkeit

Ballspieler benötigen für ihre Bewegungsausführung, z.B. bei Volleyballschlägen, die azyklische Aktionsschnelligkeit. Diese Schnelligkeit hängt bei fehlenden oder geringen äußeren Bewegungswiderständen (unter 30 % der maximalen Kraft) nicht von der Maximalkraft ab.

Geringe äußere Bewegungswiderstände

Definition

Azyklische Bewegungsschnelligkeit
Azyklische Bewegungsschnelligkeit ist die Schnelligkeit von Einzelbewegungen des gesamten Körpers oder einzelner Teile (vgl. *Steinhöfer* 2003).

Bewegungsschnelligkeit ist somit bei Tischtennis-, Tennis-, Badminton- oder Volleyballschlägen leistungsbestimmend. Um diese Schnelligkeit zu verbessern, werden folgende Trainingsmethoden empfohlen (Tab. 32):

Trainingsmethoden für die Bewegungsschnelligkeit

Trainings methoden	Belastung	Intensität	Tempo	Wiederholungen	Serien	Pause
Einzelwiederholungen	einfache sportartspezifische Bewegungen	100 %	maximal	10–12	1	> 30 sek
Serienmethode	einfache sportartspezifische Bewegungen	100 %	maximal	6–10	3–5	> 2 min

Tab. 32: Trainingsmethoden zur Verbesserung der azyklischen Aktionsschnelligkeit (vgl. *Hohmann* et al. 2003)

6.2.2 Zyklische Aktionsschnelligkeit

Diese Art der Schnelligkeit kann man als **Sprintschnelligkeit** definieren, bei der es darum geht, dass man eine bestimmte Wegstrecke zurücklegt. Sie ist besonders wichtig im Fußball, Basketball, Handball oder auch Radsport. Tab. 33 zeigt Trainingsmethoden zur Sprintschnelligkeit.

Trainingsmethoden für die Sprintschnelligkeit

Trainingsmethoden	Belastung	Intensität	Tempo	Wiederholungen	Serien	Pause
Wiederholungsmethode: z.B. fliegende Sprints	sportartspezifische Bewegungen	100%	maximal	2–4	2–4	> 2 min bzw. 10 min
Wiederholungsmethode: z.B. Steigerungssprints, Ins-and-Outs	sportartspezifische Bewegungen	100%	maximal	6–10	3–5	> 2 min

Tab. 33: Trainingsmethoden zur Verbesserung der zyklischen Sprintschnelligkeit (*Hohmann* et al. 2003)

Definition

Zyklische Aktionsschnelligkeit
Zyklische Aktionsschnelligkeit ist die Schnelligkeit hintereinander folgender gleicher Bewegungen des gesamten Körpers oder einzelner Körperteile, z.B. beim Sprinten oder Radfahren (vgl. *Steinhöfer* 2003).

6.2.3 Antrittsschnelligkeit

Bei den meisten Spielsportarten wie Fußball, Basketball oder Handball geht es nicht darum, z.B. 100 Meter in einer minimalen Zeit zurückzulegen, wie es bei den leichtathletischen Sprintern der Fall ist. Die Bedingungen des jeweiligen Spiels bestimmen in diesem Fall den Ausprägungsgrad der Schnelligkeit.

Biochemisch betrachtet handelt es sich um den **anaerob-alaktaziden Stoffwechsel**, der über die energiereichen Phosphate ATP und CrP abläuft. Dieser Speicher stellt nach neueren Erkenntnissen für insgesamt ca. 10 bis maximal 12 Sekunden Energie zur Verfügung.

6.3 Schnelligkeitsausdauer

Praxisbeispiele

Bei einem 400-m-Lauf oder 400-m-Hürdenlauf in der Leichtathletik ist die so genannte Schnelligkeitsausdauer (auch: **Stehvermögen**) der leistungsbestimmende Faktor. Hierbei können Laktatwerte um 24 mmol/l im Blut gemessen werden. Die Läufer müssen versuchen, trotz einer sich maximal entwickelnden **Azidose** optimal schnell zu laufen. Bereits beim 200-m-Sprint spielt die Schnelligkeitsausdauer eine Rolle. Auch der Sprint über 500 m im Eisschnelllauf wird von dieser konditionellen Fähigkeit bestimmt. Bei den Ballspielen ist es vor allem das Fußballspiel, bei dem von den Spielern auch Schnelligkeitsausdauer abverlangt wird. So wird die Schnelligkeitsausdauer von Stoffwechselparametern des Organismus ganz wesentlich bestimmt.

Definition

Schnelligkeitsausdauer
Schnelligkeitsausdauer ist die Fähigkeit, die maximale Bewegungsschnelligkeit möglichst lange aufrechterhalten zu können.

Bestimmende Faktoren für Schnelligkeitsausdauer

Biochemisch wird die Schnelligkeitsausdauer von der **Speichergröße der energiereichen Phosphate** und des **intramuskulären Glykogens** sowie einer Zunahme der **Enzymaktivität** bestimmt. Dadurch kann der Sportler seine maximale Schnelligkeit über einen längeren Zeitraum aufrechterhalten.

Die Trainingsmethode zur Verbesserung der Schnelligkeitsausdauer ist die **intensive Intervallmethode**.

6.4 Handlungsschnelligkeit

Im Sport hat man sich bisher wenig mit der Handlungsschnelligkeit (siehe Abb. 58) beschäftigt. Besonders in den Sportspielen kommt es darauf an, sporttechnische und taktische Handlungen situationsangemessen und erfolgreich auszuführen. Ausdruck des Niveaus der Handlungsschnelligkeit ist die für die kognitiven Prozesse (geistige Schnelligkeit) und die motorische Lösung der Handlungsaufgabe benötigte Gesamtzeit.

Komponenten der Handlungsschnelligkeit

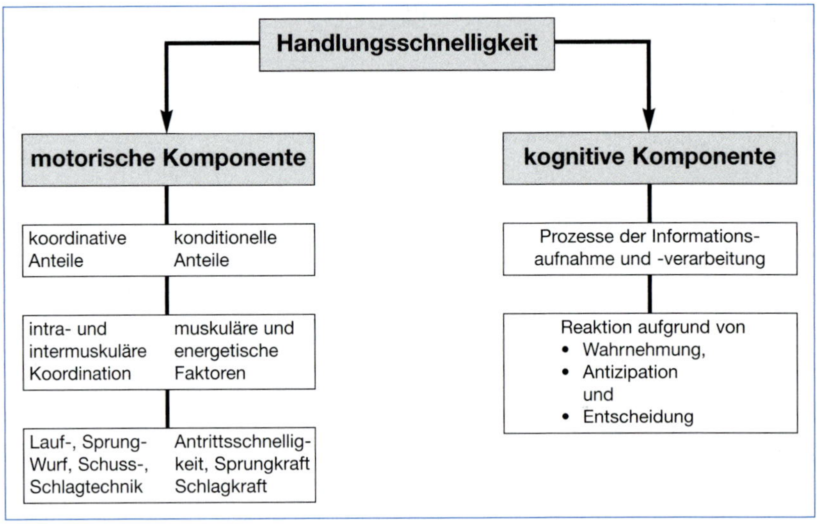

Abb. 58: Komponenten der Handlungsschnelligkeit (mod. nach *Steinhöfer* 2003)

Geistige Schnelligkeit

Von besonderem Interesse beim Training der Handlungsschnelligkeit ist die »geistige« Schnelligkeit, da sie etwa 70–80 % des Zeitbedarfs für die Lösung von technotaktischen Aufgaben ausmacht. Diese geistige Schnelligkeit kann man dadurch verbessern, dass man im Training in erster Linie Prozesse der **Informationsaufnahme** und **Informationsverarbeitung** einübt. Möchte man die Handlungsschnelligkeit trainieren, so gilt es,

- Wahrnehmung,
- Antizipation,
- Entscheidung und
- Reaktion zu trainieren.

Die Qualität der Handlungsschnelligkeit wird auch wesentlich durch emotionale Zustände beeinflusst. Erfolgsdruck, Misserfolg und Angst führen zur Entscheidungsunsicherheit und somit zur Erhöhung der Zeitdauer, vor allem für kognitive Entscheidungsprozesse (vgl. *Weineck* 2004a)!

Praxisbeispiel

Als Praxisbeispiel, wie Misserfolg sich auswirken kann, soll ein Beispiel aus dem Fußball dienen. Wenn eine Fußball-Bundesligamannschaft im Abstiegskampf steckt, kann sie durch die psychisch belastende Situation in ihren taktischen Möglichkeiten eingeschränkt sein. Andererseits kann der Erfolg einer schwächeren Mannschaft z.B. im UEFA-Pokalwettbewerb im Hinblick auf das taktische Verhalten diese geradezu »beflügeln«. Der Erfolg setzt ungeahnte körperliche *und* geistige Kräfte frei!

6.5 Reaktionsschnelligkeit

Verbesserung der Reaktionsschnelligkeit

Da der Bereich, welcher im Gehirn für die Bewegungen unseres Körpers zuständig ist, der so genannte motorische Aktionsbereich, viel kleiner ist als der Bereich, über den wir unsere Informationen bekommen, der so genannte sensorische Wahrnehmungsbereich, kann die Reaktionsleistung kaum über die Verbesserung des Informationsflusses erreicht werden, sondern nur über die Optimierung der motorischen Programme. Das heißt, dass durch die Perfektionierung der sportlichen Techniken die Geschwindigkeit des Abrufs verbessert wird. Der Sportler lässt optische und akustische Informationen in seine Reaktion einfließen. Für viele Spitzenspieler sind auch die akustischen Informationen, die sie erhalten, wichtig. Für die **Auswahlreaktion** benötigt ein Sportler mehr Zeit als für eine **Einfachreaktion**.

Reaktionszeiten

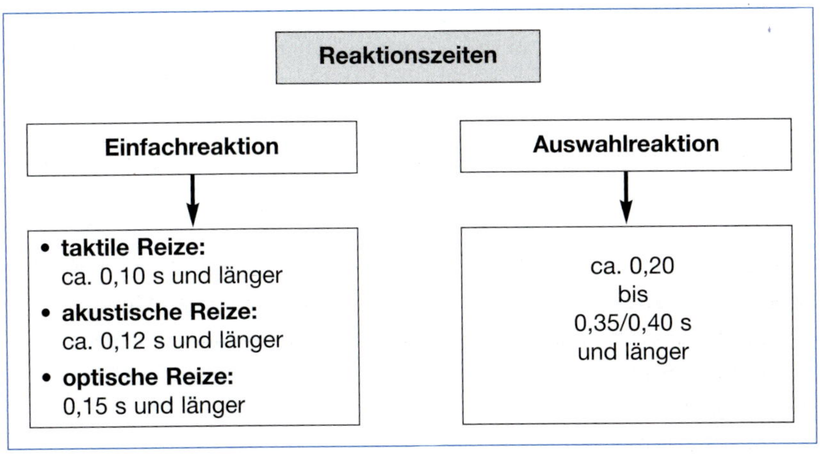

Abb. 59: Reaktionszeiten bei motorischen Handlungen (mod. nach *Steinhöfer* 2003)

6.6 Das Belastungsgefüge im Schnelligkeitstraining

Die exakte Einhaltung des Belastungsgefüges ist für die Wirksamkeit eines Schnelligkeitstrainings von höchster Bedeutung.

- **Reizintensität**
  Sie muss beim Schnelligkeitstraining **stets maximal** (d.h. 100 %) sein. Mit »angezogener Handbremse« kann man keine Schnelligkeit trainieren. Entsprechend müssen die Sportler für das Schnelligkeitstraining hoch motiviert sein.

- **Reizdichte**
  Das Schnelligkeitstraining ist nur **in erholtem Zustand** sinnvoll. Es müssen **passive Pausen** eingehalten werden. Grundsätzlich benötigen besser trainierte Sportler kürzere Pausen, schlechter trainierte dagegen längere Pausen.
- **Reizdauer**
  Sie betrifft die Einwirkungsdauer eines einzelnen Reizes bzw. einer Reizserie und sollte der individuellen Leistungsfähigkeit entsprechend gewählt werden. Die Übungsdauer bzw. die Streckenlänge muss so gewählt werden, dass die Geschwindigkeit gegen Ende der Übung nicht absinkt. Sie ist **in der Regel sehr kurz**, d.h. nur wenige Sekunden.

Merke

Als methodische Forderung für die Reizdauer gilt daher:
- Kein Schnelligkeitstraining in ermüdetem Zustand!
- Trainingsabbruch bei Ermüdungserscheinungen!

Es sollten maximal 6–8 kurze Antritte gemacht werden. Bei einem Absinken der Geschwindigkeit sollte das Schnelligkeitstraining abgebrochen werden.
- **Reizumfang**
  Der Reizumfang richtet sich beim Schnelligkeitstraining ebenfalls nach der Leistungsstärke der Sportler. Nach jedem Sprint erfolgt pro 10 m Sprintstrecke eine **vollständige Erholungspause** von mindestens 1–1,5 Minuten. Nach jeder Serie erfolgt eine Pause von ca. 5–10 Minuten, da die Ermüdung sonst zu stark werden kann.

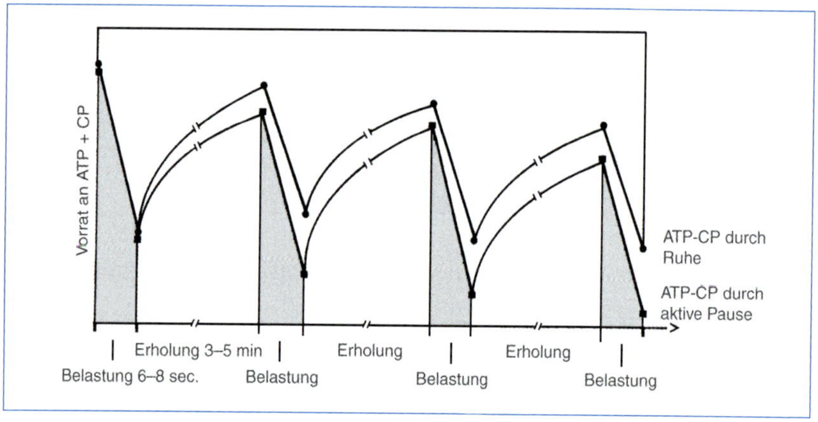

Abb. 60: Resyntheserate der energiereichen Phosphate ATP und CrP (*Janssen* 2003)

Entgegen früheren Auffassungen zeigt Abbildung 60, dass sich beim Sprinttraining die energiereichen Phosphate ATP und CrP schneller regenerieren, wenn man eine **passive Pause** macht.

6.7 Training der Schnelligkeit

Für die konkrete methodische Umsetzung in der Praxis gibt es eine dominierende Trainingsmethode für das Schnelligkeitstraining: die so genannte **Wiederholungsmethode**. Diese Trainingsmethode gewährleistet die Bedingungen, um das Schnelligkeitstraining optimal ausführen zu können.

Merke

Die trainingsmethodische Grundforderung des Schnelligkeitstrainings lautet: Beim Schnelligkeitstraining sind zur Sicherung der neurophysiologischen Anpassungen sowohl Reaktionen als auch Aktionen mit maximaler Geschwindigkeit auszuführen (vgl. *Hohmann* et al. 2003).

6.7.1 Zusammenhang der Schnelligkeit mit anderen motorischen Hauptbeanspruchungsformen

Bereits im Kapitel 5 »Krafttraining« wurde der positive Zusammenhang zwischen **Kraft und Schnelligkeit** aufgezeigt. Für den Bereich der azyklischen Aktionsschnelligkeit ist die Kraft jedoch von untergeordneter Bedeutung. Schnelligkeit lässt sich als spezifische Fähigkeit der Schnellkraft auffassen, die sich bei geringen oder fehlenden Widerständen im Sinne der **Startkraft** manifestiert. Im Zusammenhang mit der Koordination lässt sich erkennen, dass sie bei der **Koordination unter Zeitdruck** eine Rolle spielt. Für **Schnelligkeit und Ausdauer** gilt das Gleiche wie für Ausdauer und Kraft. Man kann beides nicht gleichzeitig maximal entwickeln. »Langsam« wird ein Fußballer nur, wenn er leichtathletisches Ausdauertraining betreibt.

6.7.2 Anmerkung zur Wiederholungsmethode

Haupttrainingsmethode der Schnelligkeit

Nach kurzen, hochexplosiven Sprintbelastungen z.B. über 5–10 Sekunden ist eine passive Pause von 1–1,5 Minuten einzulegen. Durch die Art der Durchführung kommt es zu einer Beinkraftzunahme sowie zu einer Zunahme der schnelligkeitsbestimmenden muskulären Energiespeicher ATP und CrP. Es ist auf eine der jeweiligen Sportart angemessene Streckenlänge zu achten.

6.8 Schnelligkeitstraining im Kindes- und Jugendalter

Vielfältige Trainingsreize setzen

Weit verbreitet ist immer noch die Vorgehensweise vieler Praktiker, die Schnelligkeit im **frühen und späten Schulkindalter (6/7–12/13 Jahre)** ausschließlich durch die Spielsportart selbst zu trainieren. Aber gerade für Kinder ist es wichtig, vielfältige Trainingsreize nicht nur im Sportspiel und durch spezifische Übungen zu setzen, sondern diese durch genau auf die Bedürfnisse abgestimmte Trainingsmaßnahmen zu ergänzen.

Schnelligkeit ist koordinationsabhängig und kraftabhängig

Das Wissen um die Belastbarkeit und Trainierbarkeit von Kindern und Jugendlichen hat sich in den letzten Jahren stark verbessert. Dabei erweist sich die Schnelligkeit als koordinationsabhängig sowie kraftabhängig. Die kontinuierliche Verbesserung der Schnelligkeit verläuft bereits vom 3. Lebensjahr an bei Jungen und Mädchen parallel bis zur Pubertät. Unstrittig ist zudem, dass vielseitiges Schnelligkeitstraining positive neuromuskuläre Anpassungen bewirkt. Diese frühe Lebensphase scheint für die Ausbildung der »schnellen Zeitprogramme« für zyklische und azyklische Bewegungen besonders gut geeignet zu sein (vgl. *Steinhöfer* 2003).

Gezieltes Schnelligkeitstraining

Ein gezieltes Schnelligkeitstraining setzt ein gut ausgebildetes **Muskelkorsett** voraus, da durch dieses die zu erwartenden Belastungsspitzen muskulär abgefangen werden können. Unter dieser Voraussetzung können Kinder und Jugendliche spielerische Schnelligkeitsfähigkeiten in Staffeln, komplexen Spiel- und Übungsformen schulen, wenn die Belastungsnormative richtig gewählt wurden.

Merke

Schnelligkeitstraining bei Kindern und Jugendlichen setzt stets eine ausgewogene Kraftbasis voraus. Voraussetzung für Schnelligkeitsleistung ist vor allem die koordinativ beherrschte Zielübung. Die Koordination ist ein grundlegender Bestandteil der Schnelligkeit (vgl. *Steinhöfer* 2003).

Aufgaben zum Kapitel

1. Welches sind die sportbiologischen Grundlagen für die Schnelligkeit?
2. Welche weiteren schnelligkeitsbestimmenden Faktoren neben den biologischen kennen Sie?
3. Was versteht man unter azyklischer Aktionsschnelligkeit? In welchen Sportarten/Disziplinen kommt sie vor?
4. Wie kann man azyklische Aktionsschnelligkeit trainieren?
5. Was versteht man unter zyklischer Aktionsschnelligkeit? In welchen Sportarten/Disziplinen kommt sie vor?
6. Wie kann man zyklische Aktionsschnelligkeit trainieren?
7. Was versteht man unter Schnelligkeitsausdauer? In welchen Sportarten/Disziplinen kommt sie vor?
8. Wie lautet die Trainingsmethode der Schnelligkeitsausdauer? Wie sieht das Belastungsgefüge aus?
9. Was versteht man unter Handlungsschnelligkeit? Wie kann man sie trainieren?

7 Beweglichkeitstraining

Die Beweglichkeit ist eine eigenständige Leistungsvoraussetzung, die sowohl direkt (z.B. im Kunstturnen) als auch indirekt (optimale Beweglichkeit lässt z.B. ungehinderte Kraft- und Schnelligkeitsleistungen zu) an der sportlichen Leistung mitwirkt bzw. diese begrenzt.

Definition

Beweglichkeit ist die Fähigkeit, willkürliche Bewegungen mit der erforderlichen bzw. optimalen (u.U. maximalen) Schwingungsweite in den beteiligten Gelenken ausführen zu können.

Die Beweglichkeit wird von folgenden Faktoren beeinflusst (*Klee* und *Wiemann* 2005):

Beweglichkeitsbeeinflussende Faktoren

- Trainingszustand
- Ausprägung der Muskelmasse und des Fett- und Bindegewebes
- Umgebungstemperatur sowie Körper- und Muskeltemperatur
- individuelle Faktoren wie Alter, Geschlecht, gesundheitlicher Zustand, hormonelle Situation
- Tageszeit und Biorhythmus
- psychische Beanspruchung, Stress, Entspannung

Zur Bestimmung von Trainingszielen im Beweglichkeitstraining hat sich folgende Differenzierung durchgesetzt (Abb. 61):

Trainingsziele im Beweglichkeitstraining

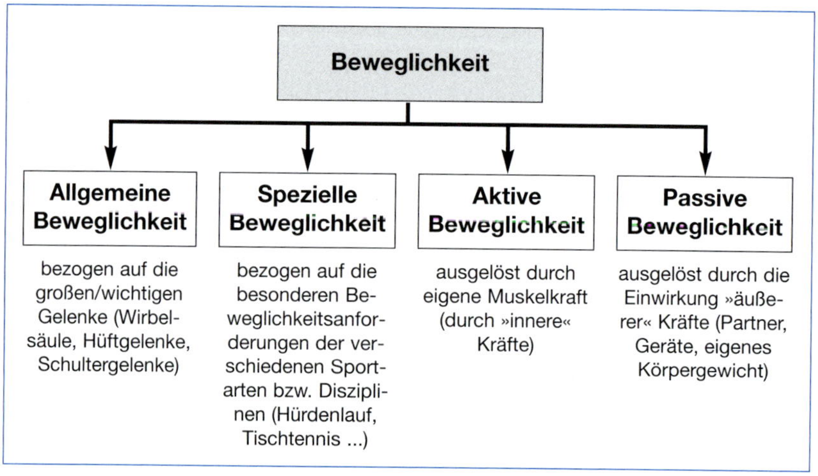

Abb. 61: Trainingsziele im Beweglichkeitstraining

7.1 Arten der Beweglichkeit

Ganz allgemein unterscheidet man allgemeine, spezielle, aktive, passive sowie statische Beweglichkeit (vgl. Abb. 61).

Von **allgemeiner Beweglichkeit** wird gesprochen, wenn sich die Beweglichkeit in den wichtigsten Gelenken auf einem ausreichenden Niveau befindet. Sie kann je nach Anspruchsniveau (Freizeitsport – Hochleistungssport) unterschiedlich stark ausgeprägt sein.

Man spricht von **spezieller Beweglichkeit**, wenn sich die Beweglichkeit im Hinblick auf eine bestimmte Sportart/Disziplin auf ein bestimmtes Gelenk bezieht. Als Beispiel kann das Schultergelenk beim Speerwerfer oder die Wirbelsäule bei der rhythmischen Sportgymnastik dienen.

Als **aktive Beweglichkeit** bezeichnet man die größtmögliche Bewegungsamplitude in einem Gelenk, die der Sportler durch die Kontraktion der Agonisten auszuüben vermag.

Als **passive Beweglichkeit** bezeichnet man die größtmögliche Bewegungsamplitude in einem Gelenk, die durch Einwirkung äußerer Kräfte (Partner oder Zusatzgeräte) erzielt werden kann.

Als **statische Beweglichkeit** wird das Halten einer Dehnungsstellung über einen bestimmten Zeitraum bezeichnet (*Weineck* 2004a).

7.2 Bedeutung der Beweglichkeit

Qualitativ und quantitativ gute Bewegungsausführung

Für die qualitativ und quantitativ **gute Bewegungsausführung** ist eine gute Beweglichkeit sehr wichtig. Sie wirkt sich weiterhin positiv auf den **Bewegungsfluss**, die **Bewegungsharmonie** und den **Bewegungsausdruck** vor allem in verlaufsorientierten Sportarten (z.B. Bodenturnen, Eiskunstlauf) aus. Beweglichkeitstraining trägt zur Optimierung der koordinativen Fähigkeiten, der technischen Leistungsfähigkeit sowie dem motorischen Lernprozess bei (vgl. *Weineck* 2004a). Den Zusammenhang mit den konditionellen Fähigkeiten stellt Tabelle 34 dar.

Zusammenhang mit konditionellen Fähigkeiten

Konditionelle Fähigkeit	Beispiele für die Bedeutung der Beweglichkeit
Kraft	verspannte Muskulatur und unzureichend bewegliche Gelenke können zu verringerter Kraftleistung führen
Schnelligkeit	unzureichende Beweglichkeit z.B. im Kniegelenk kann die Sprintleistung negativ beeinflussen
Ausdauer	verbesserte Beweglichkeit führt zu einer erhöhten Laufökonomie sowie einem erniedrigten Energieverbrauch

Tab. 34: Zusammenhang der Beweglichkeit mit den konditionellen Fähigkeiten

7.3 Praxishinweise zum Beweglichkeitstraining – Dehnungsübungen

Neuere Erkenntnisse weisen darauf hin, dass man sich **vor dem Sporttreiben** nicht intensiv und lange dehnen sollte, da hierbei die **Verletzungsanfälligkeit** sogar ansteigen kann. Dehnen wird demnach nicht länger als Möglichkeit angesehen, Verletzungen zu vermeiden. Zudem leiden unter längeren Dehnungsübungen die **Schnellkraftleistungen** der Muskulatur (*Klee* und *Wiemann* 2005, *Boyle* 2004, *Power* et al. 2005). Dies gilt es in allen Sportarten/Disziplinen zu beachten, in denen Schnellkraft eine Rolle spielt.

Merke

Wenn man seine Beweglichkeit durch Dehnungsübungen verbessern möchte, so sollte dies am Ende des Trainings geschehen.

Insbesondere bei folgenden Muskeln besteht eine **Neigung zur Verspannung** und damit eine besondere Dehnungsnotwendigkeit:

Besondere Dehnungsnotwendigkeit

- großer Brustmuskel
- Oberschenkelanzieher
- Wirbelsäulenstrecker (v.a. im Bereich der Lendenwirbelsäule)
- Kniegelenkbeuger
- Lendendarmbeinmuskel
- dreifacher Wadenmuskel

Generell soll bei wirkungsvoller Dehnung ein **Dehnungsrückstand** erreicht werden. Reflektorische Gegenspannungen in der gedehnten Muskulatur, die verhindern sollen, dass der Muskel plötzlich in eine zu starke Dehnungsposition gezwungen und dabei verletzt wird, müssen vermieden werden.

Nach dem aktuellen Kenntnisstand werden diese Forderungen von sehr schnellen Dehnungsbewegungen nicht erfüllt. Tabelle 35 zeigt die fünf wichtigsten Dehnungsmethoden.

Dabei bedeutet **AC-Stretching** (**A**ntagonist **C**ontract), dass der Antagonist des Zielmuskels maximal kontrahiert wird. **CR-Stretching** (**C**ontract **R**elax) bedeutet eine maximale isometrische Kontraktion des Zielmuskels, **PNF-Methoden** zielen ab auf eine Bahnung neuromuskulärer Prozesse, die durch Rezeptoren des »Muskelsinns« ausgelöst wird.

Dehnungsmethoden

Klassische Dehnmethoden		
1. Dynamisches Dehnen		*2. Statisches Dehnen*
PNF-Methoden (propriozeptive neuromuskuläre Fazilitation)		
3. AC-Stretching der Antagonist des Zielmuskels wird bei Dehnung (aktiv) angespannt	*4. CR-Stretching* Zielmuskel wird angespannt und dann passiv gedehnt	*5. CR-AR-Stetching* Zielmuskel wird angespannt und dann mit AC-Stretching gedehnt

Tab. 35: Die fünf wichtigsten Dehnmethoden (mod. nach *Klee* und *Wiemann* 2005)

Literaturhinweise

Eine ausführliche Erläuterung der genannten Dehnungsmethoden (mit zahlreichen Übungsbeispielen) findet sich u.a. bei *Klee* und *Wiemann* (2005) sowie *Anrich* (2005). Aus diesem Grund werden hier nur kurz die Hauptmerkmale der drei Dehnungstechniken beschrieben.

Methodische Grundsätze zum Dehnen

Abschließend können einige wichtige trainingsmethodische Grundsätze genannt werden, die unabhängig von der konkret verwendeten Dehnungstechnik gültig sind:

- Langsam und vorsichtig dehnen.
- Alle Ausgangs- und Endpositionen müssen (wie bei Kräftigungsübungen) gelenkschonend sein.
- Alle Dehnungen sollten schmerzfrei ausgeführt werden.
- Alle Dehnungen sollten kontrolliert und konzentriert ausgeführt werden.
- Fehlerhafte und nachlässige Ausführungen sollten korrigiert werden.
- Übungsdemonstrationen (Übungsleiter/Sportler) sollten in guter Qualität erfolgen.
- Es sollten zusätzlich exakte Hinweise zur Ausgangsstellung und zur Dehnungsrichtung gegeben werden.
- Es sollten grundsätzlich keine »Endstellungen« angegeben (oder gar vorgeschrieben) werden.
- Während des Dehnens sollte ruhig und gleichmäßig weitergeatmet werden können.
- Es ist sinnvoll, mit einer geringen Anzahl von Übungen pro Training zu dehnen (Übungsschwerpunkte setzen und an diesen ohne Hektik arbeiten).

- Vor allem bei eher Ungeübten ist es sinnvoll, die Ausführung der Übungen durch gezielte Maßnahmen zu unterstützen, z.B.:
  - Atmung spüren lassen
  - Augen schließen lassen
  - Fragen stellen (»Wo zieht es?«, »Was spürst du?« etc.)
  - Gegensatzerfahrungen machen lassen
  - Übungen erklären lassen

7.4 Zusammenfassung

Merke

Nach dem derzeitigen Kenntnisstand ist Dehnen das einzige Mittel zur Erhaltung und Verbesserung der Beweglichkeit (*Klee* und *Wiemann* 2005).

Dabei ist zurzeit das aktiv-dynamische Dehnen neben den koordinativen Vorteilen auch deshalb empfehlenswerter, weil es die Durchblutung des Muskels zum Zweck des Aufwärmens nicht unterbricht. Vor allem vor Schnelligkeits- und Schnellkraftleistungen sollte nicht intensiv gedehnt werden, da hierdurch die Leistungsfähigkeit beeinträchtigt wird. Die momentan vorliegenden Untersuchungen weisen darauf hin, dass Dehnungsübungen die Ruhespannung des Muskels nicht dauerhaft beeinflussen. Dehnungstraining hat zudem keinen Einfluss auf die Muskellänge, kann somit »Verkürzungen« allein nicht beseitigen.

Aufgaben zum Kapitel

1. Durch welche Faktoren wird die Beweglichkeit beeinflusst?
2. Welche Dehnmethoden kennen Sie? Wie funktionieren diese Methoden?
3. Welche methodischen Grundsätze des Dehnens sind Ihnen bekannt?

8 Methodik des Konditionstrainings

Wenn konditionelle bzw. koordinative Fähigkeiten zielgerichtet verbessert werden sollen, ist zunächst das **WAS** zu klären, also die **Ziele des Trainings**. In diesem Kapitel liegt der Schwerpunkt auf dem **WIE**, d.h. den **Trainingsmethoden**. Es geht somit um die geeigneten Verfahren, die in der Übungs- und Trainingspraxis anzuwenden sind, um konditionelle und koordinative Fähigkeiten zu optimieren (Abb. 62).

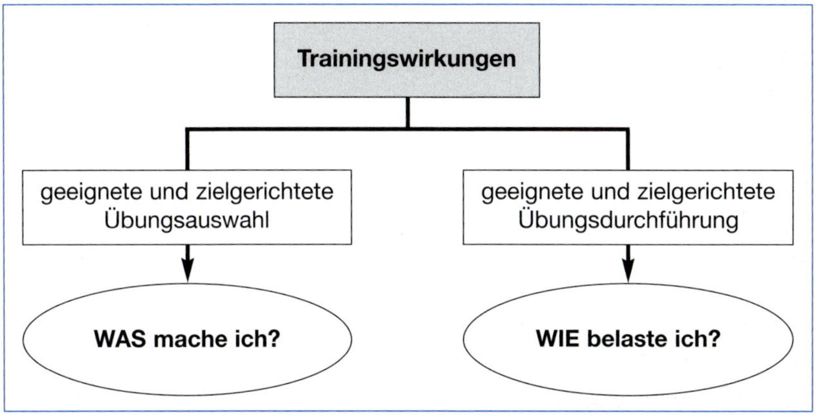

Abb. 62: Grundsätzliche Überlegungen zur Trainingswirkung

Trainingsmethoden = planmäßige Verfahren

Merke

Im Bereich der energetisch-konditionellen Fähigkeiten sollen körperliche Anpassungsvorgänge ausgelöst werden. Diese Anpassungsvorgänge müssen durch auf den Körper einwirkende Belastungen hervorgerufen werden. Die zu verwendenden Trainingsmethoden im Kraft-, Ausdauer- und Schnelligkeitsbereich sind also geordnete (planmäßige) Verfahren zur zielgerichteten Regulierung von Belastung und Erholung.

8.1 Die »klassischen« Methoden der Belastungssteuerung im Konditionstraining

Je nachdem, welche Kraft-, Ausdauer- oder Schnelligkeitsfähigkeit verbessert werden soll, müssen die Merkmale der Belastung trainingszielabhängig verändert und aufeinander abgestimmt werden.

Während längerfristig (über Wochen, Monate oder Jahre) die **Trainingshäufigkeit** von entscheidender Bedeutung für die Trainingsergebnisse ist, wird die **Belastung in der einzelnen Trainingseinheit** über die folgenden Merkmale (Komponenten) der Belastung festgelegt:

Komponenten der Belastung

- **Reizstärke**
  = Größe der Anstrengung, Höhe (Intensität) der Belastung:
  Wie schnell laufe ich?
- **Reizdauer**
  = zeitliche Dauer der (Einzel-)Belastung:
  Wie lange brauche ich, um die einzelne Strecke zurückzulegen?
- **Reizumfang**
  = Größe der (Gesamt-)Belastung:
  Welche Strecke laufe ich insgesamt? Wie oft laufe ich die Einzelstrecken?
- **Reizdichte**
  = Verhältnis von Einzelbelastung (bzw. einer Serie von Einzelbelastungen) zu Pause:
  Welche Erholungspausen zwischen den einzelnen Läufen (bzw. zwischen einzelnen Laufserien) mache ich?

Die genannten Belastungsmerkmale stehen in einem gegenseitigen Abhängigkeitsverhältnis – sie bedingen sich gegenseitig. So ist es prinzipiell unmöglich, gleichzeitig mit sehr hohen Intensitäten und sehr hohen Umfängen zu trainieren. Falsch wäre es auch, mit sehr hoher Intensität und sehr kurzen Pausen zwischen den einzelnen Belastungen trainieren zu wollen.

Die Hauptaufgabe des Trainers besteht darin, in Abhängigkeit von der jeweiligen Zielsetzung (und vom Leistungsvermögen der Trainingsteilnehmer) über die geeignete Zusammenstellung der Belastungsmerkmale zu entscheiden und somit die anzuwendende Trainingsmethode festzulegen.

Dabei ist zwar grundsätzlich eine Vielzahl von Möglichkeiten denkbar, aber alle sinnvollen, zielgerichteten und in der Sportpraxis erprobten Möglichkeiten zur Zusammenstellung der Belastungsmerkmale lassen sich letztlich auf drei »Grundmethoden« zurückführen:

Drei Grundmethoden des Trainings

1. die **Dauermethode** (DM)
2. die **Wiederholungsmethode** (WM)
3. die **Intervallmethode** (IM)

Die bildliche Darstellung dieser drei Trainingsmethoden macht die Unterschiede deutlich und zeigt zugleich die jeweils charakteristischen Merkmale in der Gestaltung der Belastung auf (Abbildung 63–66).

Extensive Intervallmethode

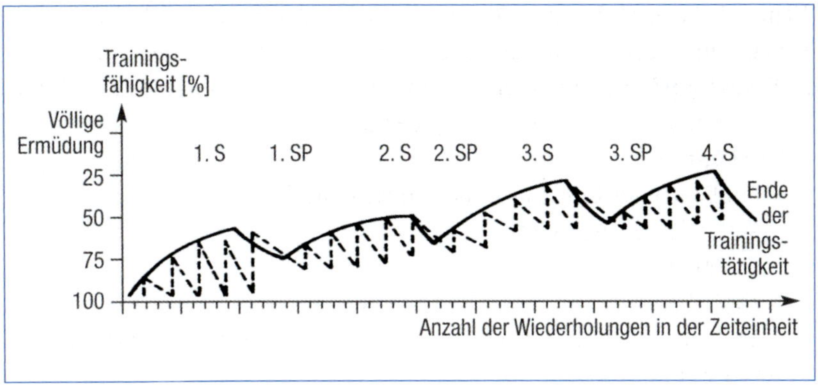

Abb. 63: Die extensive Intervallmethode (nach *Weineck* 2004a)

Intensive Intervallmethode

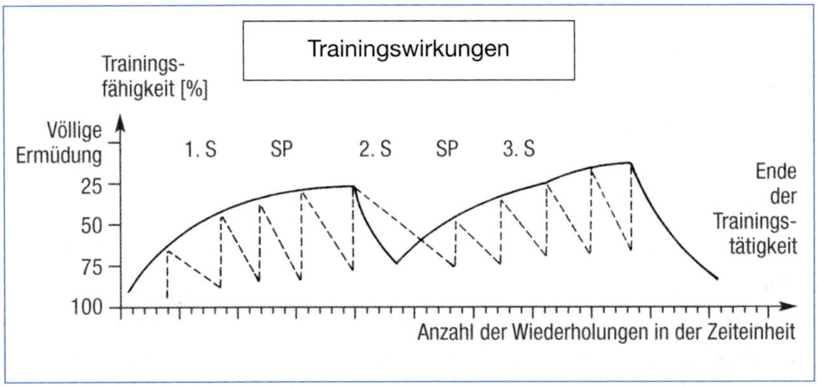

Abb. 64: Die intensive Intervallmethode (nach *Weineck* 2004a)

Wiederholungsmethode

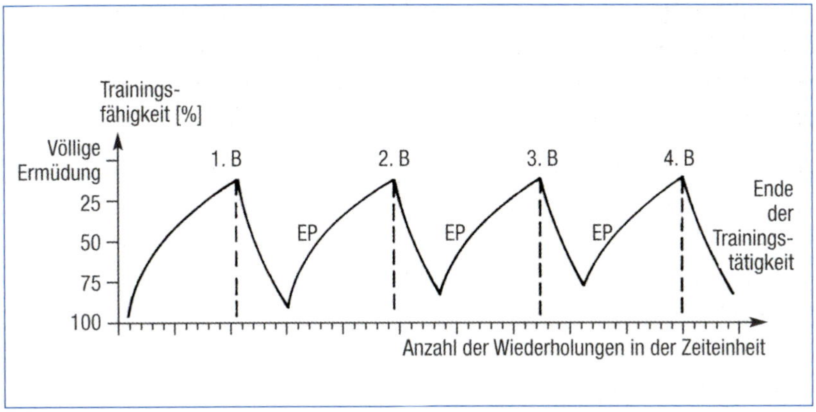

Abb. 65: Die Wiederholungsmethode (nach *Weineck* 2004a)

Dauermethode

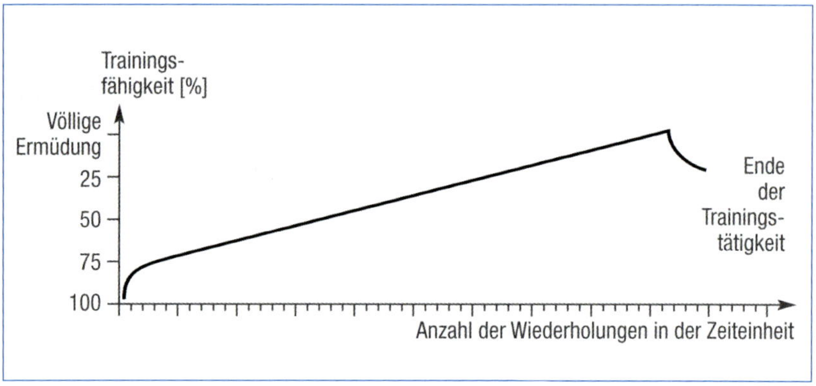

Abb. 66: Die Dauermethode (nach *Weineck* 2004a)

8.1.1 Dauermethode

Verbesserung der aeroben Ausdauerleistungsfähigkeit

Die **Dauermethode** ist *die* Trainingsmethode zur Verbesserung der aeroben Ausdauerleistungsfähigkeit. Neben der Dauermethode hat sich noch die **extensive Intervallmethode** bewährt.

Leistungsbegrenzende Faktoren der aeroben Kapazität sind:

1. ausreichende Glykogenkapazität
2. ausreichende Enzymaktivität des aeroben Stoffwechsels
3. ausreichende Voraussetzungen im Bereich des Herz-Kreislauf-Systems
4. ausreichende Blutmenge als Sauerstofftransportmedium

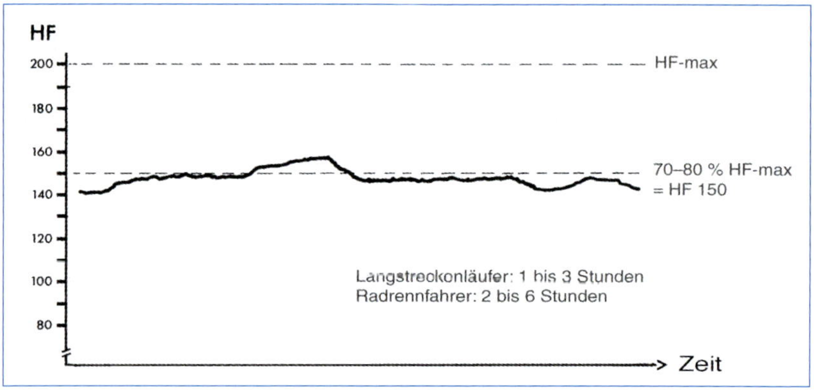

Abb. 67: Herzfrequenzkurve bei der extensiven Dauermethode (*Janssen* 2003)

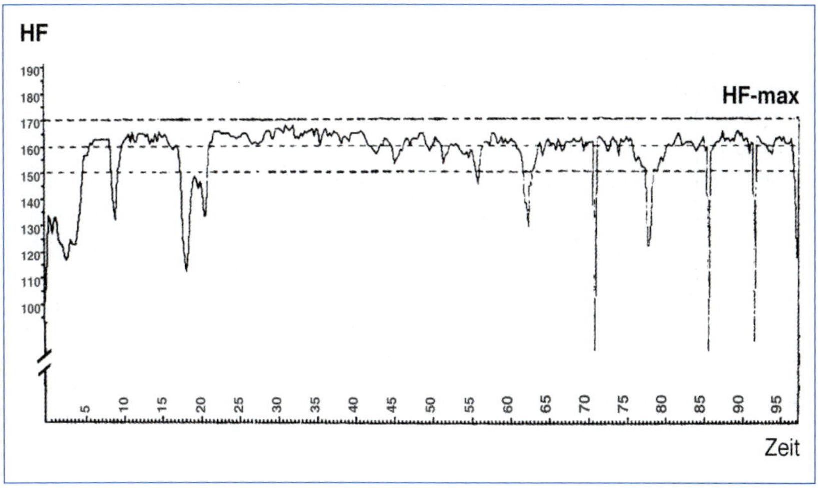

Abb. 68: Herzfrequenzkurve eines Radrennfahrers bei einem 90-km-Training nach der intensiven Dauermethode (*Janssen* 2003)

Beide Abbildungen zeigen Möglichkeiten der Durchführung der Dauermethode. Während beim Ausdauertraining nach der **extensiven Dauermethode** mehr im Bereich der aeroben Schwelle (2 mmol/l, HF 160 S/min) belastet wird, findet das Training nach der **intensiven Dauermethode** im Bereich der anaeroben Schwelle (4 mmol/l, HF 174 S/min) statt.

Definition

Dauermethode

Die Dauermethode ist ein Üben

- mit ununterbrochener Belastung (ohne Pausen, d.h. die Reizdichte ist maximal),
- mit sehr lang dauernden Belastungen (sehr hoher Reizdauer) mit sehr vielen Wiederholungen,
- über eine große Distanz bzw. mit großer Gesamtlast (sehr hoher Reizumfang),
- aber mit niedriger Intensität (geringer bis höchstens mittlerer Reizstärke).

8.1.2 Wiederholungsmethode

Definition

Wiederholungsmethode
Die Wiederholungsmethode ist ein Üben
- mit sehr starken Belastungen (maximaler Reizstärke),
- mit sehr kurzen Belastungen (sehr kurzer Reizdauer) mit sehr wenigen Wiederholungen,
- über eine sehr kurze Distanz bzw. mit sehr niedriger Gesamtlast (sehr geringer Reizumfang) und
- mit nahezu vollständigen oder sogar vollständigen (= echten) Erholungspausen (mit sehr geringer Reizdichte).

Dauer- und Wiederholungsmethode stellen extreme Varianten in der Gestaltung der Belastung dar. Bei der Dauermethode dominieren **Reizdauer und -umfang**, vor allem über diese Belastungsmerkmale wird der Trainingseffekt geprägt. Bei der Wiederholungsmethode dominiert die **Reizintensität**. Vor allem über dieses Belastungsmerkmal wird die gewünschte Anpassung angesteuert.

Anpassung sehr akzentuiert in eine Richtung

Trotz der oben geschilderten sehr einseitigen Ausrichtung der Belastung bei Dauer- und Wiederholungsmethode sind beide Methoden in der Praxis des Konditionstrainings dann sinnvoll und notwendig, wenn die Anpassung sehr akzentuiert in eine Richtung erfolgen soll. In diesen Fällen führt keine andere Zusammensetzung der Belastungskomponenten zum Ziel.

Aufgabe

Welche konditionellen Fähigkeiten werden mit der Dauermethode verbessert, welche mit der Wiederholungsmethode? Beschreiben Sie jeweils konkrete praktische Beispiele.

8.1.3 Intervallmethode

Abgestufte Belastungen

In der Sportpraxis wird die Leistungsfähigkeit aber sehr häufig von konditionellen Mischformen (mit) geprägt. Zu deren gezielter Verbesserung sind beide Methoden nicht geeignet. Im Training dieser gemischt-konditionellen Fähigkeiten (wie z.B. Schnelligkeitsausdauer, Kraftausdauer u.Ä.) sind **abgestufte, intervallartige Belastungen** erforderlich.

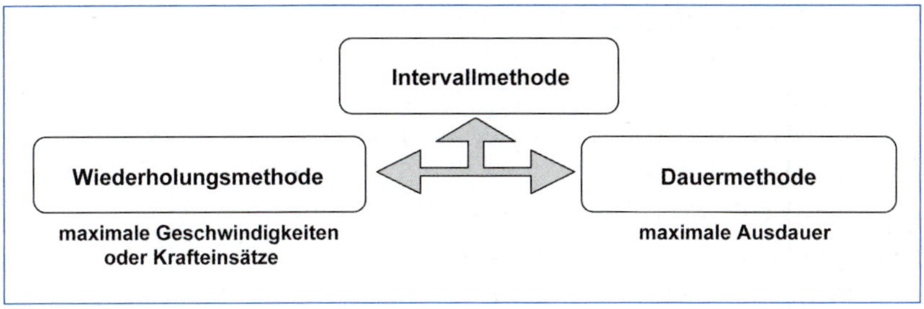

Abb. 69: Die Intervallmethode auf dem Kontinuum zwischen Wiederholungs- und Dauermethode

Die Intervallmethode deckt also in ihren vielen Variationen eine **sehr große Bandbreite** innerhalb des Belastungsspektrums ab – sie ist die dominierende Methode innerhalb der Praxis des Konditionstrainings.

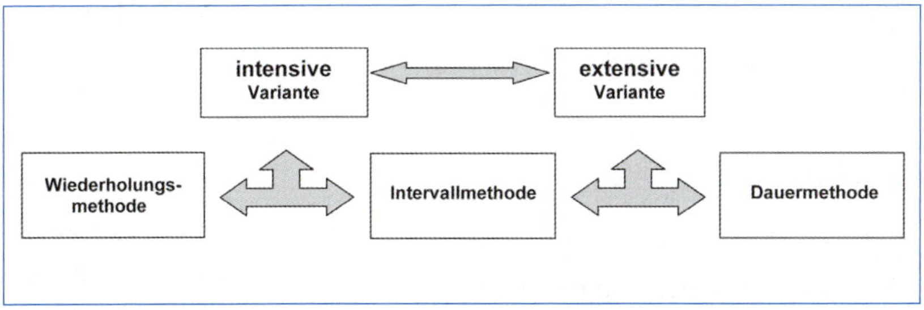

Abb. 70: Extensive und intensive Intervallmethode

Charakteristisch für die Intervallmethode sind letztlich zwei Hauptmerkmale:

Merkmale der Intervallmethode

1. der geplante Wechsel von Belastungs- und Pausenintervallen (im Gegensatz zur Dauermethode mit ihren kontinuierlichen Belastungen)
2. die unvollständigen (»lohnenden«) Erholungspausen (im Gegensatz zur Wiederholungsmethode mit ihren vollständigen [»echten«] Pausen)

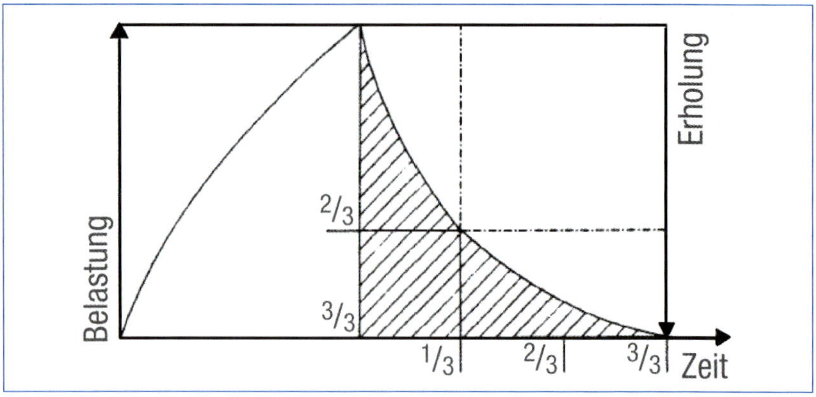

Abb. 71: Das Prinzip der lohnenden Pause

Definition

Lohnende Pause
Wenn eine Pause nur ein oder zwei Drittel der zur vollständigen Erholung erforderlichen Zeit dauert, so spricht man von einer »lohnenden Pause«. Die lohnende Pause dauert bis zu 2 Minuten, längstens, bis der Puls auf 120–130 Schläge/min abgesunken ist. Dann erfolgt die nächste Belastung.

Tabelle 36 gibt einen groben (schematischen) Gesamtüberblick über die unterschiedlichen Trainingsmethoden.

Trainingsmethode	Belastungsbereich	Intensität	Umfang	Dauer	Pause
Wiederholungsmethode	maximal	nahe 100 %	sehr niedrig	sehr kurz	vollständige Erholungspause
Intensive Intervallmethode	submaximal	80–95 %	niedrig	kurz	lohnende Pause (unvollständig, 2/3)
Extensive Intervallmethode	mittel bis leicht	50–75 %	mittel bis hoch	lang	lohnende Pause (sehr unvollständig, 2/3)
Dauermethode	gering	30–50 %	sehr hoch	sehr lang	sehr kurz/ ohne Pause

Tab. 36: Belastungsgefüge der unterschiedlichen Trainingsmethoden im Konditionstraining

Die Bandbreite der Intervallmethode umfasst also ein Üben mit leichten bis hin zu submaximalen Belastungen, mit niedrigen bis zu hohen Umfängen, mit kurzer bis zu langer Belastungsdauer, aber mit jeweils unvollständigen (lohnenden) Erholungspausen.

Bandbreite der Intervallmethode

Aufgaben

1. Erarbeiten Sie konkrete Trainingsprogramme (mit Wiederholungs- und Serienzahlen, konkreten Pausenangaben etc.) für Ihre Trainingsgruppe
   a) zum gezielten Schnellkrafttraining,
   b) zum gezielten Kraftausdauertraining.
2. Legen Sie dabei auch Wert auf die optimale Übungsauswahl und die Anweisungen zur Übungsdurchführung (wie z.B. explosiv, langsam, zügig u.Ä.).
3. Führen Sie das geplante Training mit Ihrer Gruppe durch, beobachten Sie die Sportler genau und ziehen Sie gegebenenfalls Schlussfolgerungen für zukünftige Trainingsmaßnahmen.

8.2 Trainingsmethoden, Belastungsgefüge und Trainingseffekte

Belastungsnormative / Methoden	Belastungs-intensität	Belastungsumfang	Belastungs-dichte (Pause)	Belastungsdauer	Anatomisch-physiologische Wirkung	Trainingseffekt
Wiederholungsmethode	maxi-mal	sehr niedrig	sehr lang (echte)	sehr kurz	anaerobe Kapazität ↕	• Maximalkraft • Schnelligkeit • Schnellkraft • Wettkampf-spezifische Ausdauer
Intensive Intervallmethode	sub-maxi-mal	niedrig	lang (lohnend)	kurz		• Maximalkraft • Schnelligkeits-ausdauer • (Kraftausdauer)
Extensive Intervallmethode	mittel bis leicht	mittel bis hoch	mittel bis kurz (lohnend)	mittel bis lang		• Kraftausdauer • allgemeine aerobe Grundlagen-ausdauer
Dauermethode	gering bis mittel	(sehr) hoch	Sehr kurz oder Einzelreiz	ein langer oder viele kurze Reize	aerobe Kapazität	• allgemeine aerobe Grundlagen-ausdauer

Tab. 37: Vergleich von Belastungsgefüge und Trainingseffekten bei den unterschiedlichen Trainingsmethoden

9 Koordinationstraining

9.1 Koordinative Fähigkeiten

Aufgaben zum Einstieg ins Thema

1. Warum tut man sich – anders als bei den konditionellen Fähigkeiten – so schwer, eindeutig zu sagen, was mit koordinativen Fähigkeiten gemeint ist und wie sie gezielt trainiert werden sollen?
2. Versuchen Sie, bevor Sie weiterlesen, möglichst genau aufzuschreiben, was koordinative Fähigkeiten Ihrer Meinung nach sind, ob und wo in Ihrer Sportart diese Fähigkeiten besonders wichtig sind.

Alle Bewegungsabläufe können letztlich nur gut gelingen (»funktionieren«), wenn neben genügend Kraft, genügend Ausdauer und Willen etc. folgende Voraussetzungen erfüllt sind:

Voraussetzungen für Bewegungsabläufe

- Die Tätigkeit der Muskeln muss im Krafteinsatz dosiert und zeitlich abgestuft erfolgen können.
- Es muss auf ein möglichst großes und mit einfachen Teilbewegungen bzw. Bewegungsteilen gefülltes »Depot« (Bewegungsrepertoire) zurückgegriffen werden können.
- Es muss auf ein inneres Bild (eine »Innensicht«) der Bewegung zurückgegriffen werden können.
- Die Ausführung der Bewegung muss zweckentsprechend verändert werden können.
- Die Situation, in der die Bewegung ausgeführt werden soll, muss umfassend, schnell und richtig eingeschätzt werden können usw.

Zusammenwirken von Muskeln und Nervensystem

Um über all diese Voraussetzungen verfügen zu können, ist das geordnete Zusammenwirken verschiedener Muskeln mit verschiedenen Sinnesorganen und verschiedenen Bezirken des Nervensystems erforderlich. Dieses Zusammenwirken erst macht den Sportler lern- und leistungsfähig, führt zu sportbezogener Handlungsfähigkeit.

In dem hier beschriebenen Teilbereich, der von entscheidender Bedeutung für das beobachtbare Bewegungsverhalten ist, geht es allgemein um Fragen der **Bewegungskoordination** und speziell um die verschiedenen **koordinativen Fähigkeiten**.

Definition

Koordinative Fähigkeiten
Koordinative Fähigkeiten sind Leistungsvoraussetzungen, die in verschiedenen Phasen sportlicher Handlungen wirksam werden. Sie bauen auf Bewegungserfahrungen auf und umfassen das Vermögen, aufgrund komplizierter Steuerungs- und Regelungsvorgänge Bewegungshandlungen in vorhersehbaren sowie unvorhersehbaren Situationen sicher und wirkungsvoll auszuführen.

Koordinative Fähigkeiten sind durch Steuerung und Regelung bestimmt. Bei der Frage, was jeweils gezielt trainiert werden soll, lassen sich einerseits verschiedene Zielbereiche des Koordinationstrainings unterscheiden (Abb. 72). Andererseits können die einzelnen Fähigkeiten, die trainiert werden, einer Skala zwischen allgemeinem und speziellem Koordinationstraining zugeordnet werden (Abb. 73).

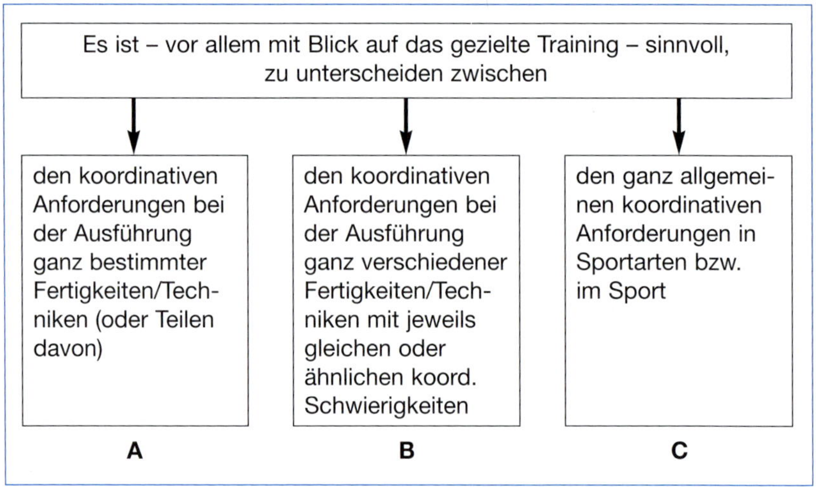

Abb. 72: Zielbereiche des Koordinationstrainings

speziell ⟵⟶ **allgemein**

A	B	C
Konkrete Steuerungsvorgänge: • Topspin • Schlagwurf • Hechtbagger • ...	**Koordinative Basisfähigkeiten:** • Gleichgewichtsfähigkeit • Kopplungsfähigkeit • ...	**Fähigkeitskomplexe:** • Spielfähigkeit • Lernfähigkeit • Choreografische Fähigkeit

Abb. 73: Anordnung von Fähigkeiten zwischen speziellem und allgemeinem Koordinationstraining

Dazu zwei Beispiele aus der Sportpraxis:

Praxisbeispiel 1: Eiskunstlauf

Wir beobachten die Kür einer Eiskunstläuferin; sie führt einen Zweifachsprung aus.

A Sie muss diesen **konkreten Sprung** (hier den Doppellutz) technisch-koordinativ auf hohem Niveau »beherrschen«.

B Sie muss in der Flugphase jederzeit wissen, »wo sie ist« (**räumliche Orientierungsfähigkeit**); sie muss sicher auf einer Schlittschuhkufe landen können (Gleichgewichtsfähigkeit) etc.

C Sie muss durch ihre gesamte Darbietung bei den Wertungsrichtern einen möglichst guten künstlerischen Eindruck erwecken (sie braucht **choreographische Fähigkeiten**) etc.

Praxisbeispiel 2: Volleyball

Wir beobachten ein Volleyballspiel; die Aufschlagannahme kommt zum Zuspieler, der einen hohen Pass auf die Position IV spielt.

A Der Angriffsspieler muss über mehrere **konkrete Techniken** (z.B. frontaler Angriffsschlag, Drehschlag, Lob ...) verfügen.

B Er muss u.a. abschätzen können, wo er selbst steht, wohin der Ball fliegt, wo die gegnerischen Blockspieler stehen und vieles mehr (**Orientierungsfähigkeit**); er muss Anlauf- und Stemmschritt sowie Armzug-, Sprung- und Schlagaktion räumlich-zeitlich und dynamisch-zeitlich organisieren können (u.a. Kopplungs- und Differenzierungsfähigkeit).

C Er muss die »passende« Schlagtechnik auswählen, sie gegebenenfalls reaktionsschnell variieren oder gar durch eine andere ersetzen; er muss Präzisionsanforderungen erfüllen und gleichzeitig unter ständigem Zeitdruck entscheiden, »was ist zu tun«/»wie ist es zu tun« etc. (er braucht **Spielfähigkeit**).

Zusammenhang Technik – Koordination

Die meisten Übungsleiter bzw. Trainer ordnen das gezielte Schulen und Vervollkommnen konkreter koordinativer Steuerungsvorgänge dem Bereich der Technik zu. In den Beispielen wird deutlich, dass Techniktraining auf allen Stufen auch als spezielles Koordinationstraining bezeichnet werden könnte. Bei aller Klarheit in den Bereichen Technikerwerb, Technikvariation und Technikanwendung darf aber Folgendes nicht übersehen werden:

Merke

- Ziele und Inhalte des Koordinationstrainings dürfen nicht auf die Verbesserung spezifischer Koordinationsvorgänge beschränkt werden.
- Auf jeden spezifischen Koordinationsvorgang hat – neben vielen anderen Faktoren – jeweils mindestens eine koordinative (Basis-) Fähigkeit einen entscheidenden Einfluss.

Fähigkeitsorientierter Fertigkeitserwerb

Merke

Die vielseitig-zielgerichtete Schulung koordinativer (Basis-)Fähigkeiten verkürzt die Lernzeiten und verbessert die Lernleistungen; sie sollte dem speziellen Üben vorangehen oder es ergänzen (fähigkeitsorientierter Fertigkeitserwerb).

Leider ist gerade die mittlere Ebene (vgl. B) der koordinativen (Basis-)Fähigkeiten für viele Übungsleiter und Trainer problematisch. Das hat zwei Hauptursachen:

Mit dem in der Vereinspraxis auch heute noch verbreiteten Begriffspaar »**Gewandtheit**« und »**Geschicklichkeit**«, mit dem der Bereich der koordinativen Fähigkeiten abgedeckt werden soll, kann die Forderung nach **klaren Zielen** nicht erfüllt werden: Wie sollte ein Übungsleiter/Trainer ein gezieltes Training durchführen, wenn die Ziele nur unscharf zu beschreiben sind?

Sieben koordinative Fähigkeiten

Ein einfaches, klares und praxisbezogenes System koordinativer Fähigkeiten wird von *Harre* (1982) vorgeschlagen. Es unterscheidet sieben koordinative Fähigkeiten und gibt dadurch dem Übungsleiter/Trainer eindeutige Trainingsziele vor.

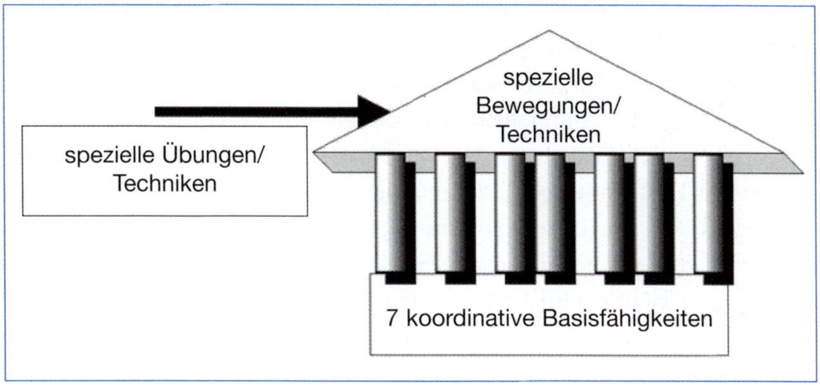

Abb. 74: Zusammenhang zwischen speziellen Techniken, den sieben koordinativen Basisfähigkeiten sowie den Übungen

9.1.1 Orientierungsfähigkeit

Diese Fähigkeit beruht auf der **schnellen, genauen und umfassenden Wahrnehmung der Position/Lage des eigenen Körpers im Raum** (Trampolinspringen, Schwimmwenden usw.) **bzw. zu dem umgebenden Raum** (Mitspieler und Gegenspieler, Bälle, Feldmarkierungen etc.).

Praxisbeispiele

> Der Sportler mit guter Orientierungsfähigkeit ist z.B. in der Lage, jederzeit Spiel-, Kampf- und Zweikampfsituationen zu erfassen. Er kann dadurch sein eigenes Bewegungsverhalten der jeweiligen Situation anpassen (z.B. den Passierschlag im Tennis ins »Aus« gehen lassen, den Pass zum *freien* Mitspieler spielen).

Gerade in den Spielsportarten hängt die komplexe Leistungsfähigkeit in hohem Maße von dem Niveau der räumlichen Orientierungsfähigkeit ab. Ihr gezieltes Üben ist hier eine unverzichtbare Aufgabe vor allem des Grundlagentrainings, aber auch aller späteren Trainingsabschnitte.

9.1.2 Differenzierungsfähigkeit

Praxisbeispiele

> Ein exakt ausgeführter Tischtennisschlag mit dem nur ca. 3 Gramm leichten Ball, Korbwürfe im Basketball aus verschiedenen Distanzen oder Pässe über verschiedene Entfernungen etc. erfordern vom Sportler eine gute Differenzierungsfähigkeit.

Diese Fähigkeit ermöglicht es, **Bewegungen mit genau dosiertem und abgestuftem (= differenziertem) Krafteinsatz auszuführen**. Der Sportler mit einer guten Differenzierungsfähigkeit ist dazu in der Lage, weil er die Informationen der zahlreichen Sinnesorgane im Körperinneren – in den Gelenken, in den Muskeln, in den Sehnen etc. – präzise empfinden (= **kinästhetische Empfindungen**) und **zu ablauf- und zielgenauen Bewegungen »verarbeiten«** kann. In der Sportpraxis bezeichnen viele Übungsleiter/Trainer diese Fähigkeit als »Bewegungsgefühl« (Wassergefühl, Ballgefühl, Kantengefühl ...). Häufig wird die Meinung vertreten, dieses Gefühl »habe man« oder »habe man eben nicht«. Diese Auffassung ist falsch. Die Differenzierungsfähigkeit kann durch gezieltes Training wesentlich verbessert werden. Ein solches Training ist insbesondere überall dort notwendig, wo es auf Präzisionsleistungen ankommt, wo also hohe Anforderungen an die **Bewegungsgenauigkeit** bestehen.

9.1.3 Kopplungsfähigkeit

Ist diese Fähigkeit vorhanden, gelingt die **Verbindung (»Organisation«) der Bewegungen einzelner Körperteile** (Beine, Rumpf, Arme, Kopf usw.) **mit- und untereinander**. Die Einzelbewegungen und/oder Teilkörperbewegungen werden dabei in räumlicher, zeitlicher und dynamischer Hinsicht zu einer zielgerichteten Gesamtbewegung »gekoppelt«.

Praxisbeispiele

In den verschiedenen Sportarten kommt diese Fähigkeit u.a. zum Ausdruck bei der

- **Verbindung verschiedener Bewegungsphasen**
  (z.B. Stemmschritt, Armschwung, Absprung, Aushol- und Schlagbewegung im Volleyball)
- **Kopplung zentraler Teilbewegungen**
  (z.B. bei Wenden im Schwimmen, Laufen und Schlagen im Tennis, Badminton, Tischtennis, Squash)
- **Kombination einzelner Bewegungsaktionen**
  (z.B. Ballannahme in der Bewegung – Täuschungshandlung – Torwurf im Handball) usw.

Dabei ist es unerheblich, ob die Teilbewegungen und Bewegungsaktionen gleichzeitig oder nacheinander vollzogen werden. Dass dabei die präzise Wahrnehmung der so genannten »kinästhetischen« Empfindungen besonders wichtig ist, verdeutlicht ein Beispiel aus dem Schwimmsport:

Praxisbeispiel: Schwimmen

> Ein perfekter Startsprung kann nur gelingen, wenn die Ausholbewegung der Arme, das Vorschwingen der Arme und der kraftvolle Abdruck vom Block zeitlich präzise mit dem Erfühlen des Abkippens nach vorne-unten verbunden werden.

9.1.4 Gleichgewichtsfähigkeit

Praxisbeispiele

> Hier handelt es sich um die Fähigkeit, den **gesamten Körper und/oder ein Objekt in Ruhe und während beliebiger Bewegungen im Gleichgewichtszustand zu halten** (z.B. beim Skifahren und Snowboarden, auf dem Schwebebalken, auf Inlineskates o.Ä.) oder das **Gleichgewicht nach Störungen** (z.B. nach Drehbewegungen, Sprüngen, Zug/Druck des Gegners im Judo o.Ä.) **rasch wiederzugewinnen**.

Die Gleichgewichtsfähigkeit hat also **statische** und **dynamische Anteile**. Am Beispiel der Gleichgewichtsfähigkeit lassen sich zwei wesentliche Punkte zum Komplex der koordinativen Fähigkeiten sehr deutlich aufzeigen:

- **Die verschiedenen koordinativen Fähigkeiten bedingen sich z.T. gegenseitig.** Die Gleichgewichtsfähigkeit z.B. steht in einer ausgeprägten Wechselbeziehung zur räumlichen Orientierungs- und zur kinästhetischen Differenzierungsfähigkeit. Bei den komplexen Bewegungshandlungen im Sport werden immer verschiedene und sich überlappende koordinative Fähigkeiten wirksam, die häufig sogar in einer Art Abhängigkeitsverhältnis zueinander stehen.
- Viele verschiedene Gleichgewichtsleistungen in vielen verschiedenen Sportarten bzw. Disziplinen stellen **im Kern die gleichen spezifischen Anforderungen an die Bewegungssteuerung**. An dieser Stelle wird die Theorie durch das in der Trainingspraxis erworbene Erfahrungswissen eindrucksvoll bestätigt. In Abgrenzung zu den Fertigkeiten/Techniken macht den Charakter der Fähigkeiten aus, dass sie verallgemeinerte koordinative Leistungsvoraussetzungen sind: Sie werden in vielen unterschiedlichen Bewegungssituationen erworben (Pedalo, Kreisel, umgedrehte Bank etc.) und können dann auf alle gleichartigen oder ähnlichen Bewegungssituationen übertragen werden (Ski, Skateboard, Surfen etc.).

Verallgemeinerte koordinative Leistungsvoraussetzungen

9.1.5 Rhythmisierungsfähigkeit

Sie befähigt dazu,

- **akustisch vorgegebene**
- **in der Bewegung enthaltene** bzw.
- **verinnerlichte**

Rhythmen zu erfassen und in der Bewegung zu realisieren. Insbesondere spielen dabei dynamisch-zeitliche Gliederungen eines Bewegungsablaufes und Wechsel in der Dynamik von Bewegungsabläufen eine Rolle. Akzente und Impulssetzungen im Bewegungsablauf werden auf der Grundlage dieser Fähigkeit nicht nur wahrgenommen (Auge, Ohr, Bewegungsempfindungen), sondern im Bewegungsvollzug durch den Wechsel zwischen Anspannung und Entspannung der Muskulatur gesteuert.

Praxisbeispiele

Eine besondere Komponente dieser Fähigkeit ist sicherlich das Erfassen musikalischer Rhythmen und ihr Ausdruck in Bewegung – speziell von Rhythmuswechseln. Aber die Rhythmisierungsfähigkeit ist darüber hinaus in der Ausführung aller zyklischen (Schwimmen, Skilanglauf, Hürdenlauf etc.) und azyklischen Bewegungen (z.B. in der Kombination Laufen-Springen bzw. Laufen-Werfen, also beim Anlaufrhythmus, Zweier-, Dreier- und Fünferschrittrhythmus) von Bedeutung.

Die frühzeitige Schulung unterschiedlicher Anlauf-, Schritt- und Bewegungsrhythmen führt später zu kürzeren Lernzeiten bei allen Techniken, die auf diesen Rhythmen beruhen. Dass sie nicht nur in den Sportarten sinnvoll ist, in denen man mit Musik zu tun hat, zeigen viele alltägliche Redewendungen:

- »den Laufrhythmus gefunden«
- »den Spielrhythmus verloren«
- »aus dem Takt gebracht« etc.

9.1.6 Reaktionsfähigkeit

Praxisbeispiele

Als Reaktionsfähigkeit wird die Fähigkeit bezeichnet, **schnell auf bestimmte Signale hin zweckmäßige Bewegungsaktionen einzuleiten/auszuführen** (also z.B. Ausweichbewegungen, Spiel- oder Zweikampfhandlungen). Die auslösenden Signale sind dabei fast immer bekannt. Sie können jedoch vorher erwartet (z.B. Startschuss) oder unerwartet auftreten (z.B. alle Auswahlreaktionen in den Sportspielen, abgefälschte Bälle in den Rückschlagspielen ...).

Bei der gezielten Schulung der Reaktionsfähigkeit kann das Signal vom Mitspieler, Gegner, Schiedsrichter, Starter, von einem Gerät oder vom Gelände ausgehen. Die Bewegungsreaktion kann vorher schon festliegen oder aus mehreren Möglichkeiten auszuwählen sein. In den meisten Fällen ist das maximal schnelle Reagieren am erfolgversprechendsten. Entsprechend eng ist die Verbindung zu den Schnelligkeitsfähigkeiten im konditionellen Bereich. Die Reaktionsfähigkeit ist **in allen direkt gegnerorientierten Sportarten besonders wichtig**. Sie beruht vor allem auf der Aufnahme und Verarbeitung von Signalen über das Auge, aber auch Zurufe, Geräusche, Berührungen etc. können Reaktionsauslöser sein.

Verbindung zu den konditionellen Schnelligkeitsfähigkeiten

Trainingsmethode : Tempowechsellauf

9.1.7 Umstellungsfähigkeit

Hierunter ist die Fähigkeit zu verstehen, **ein geplantes Bewegungs-(besser: Handlungs-)Programm während seiner Ausführung** aufgrund

- wahrgenommener und/oder
- vorausgenommener (antizipierter) und/oder
- vorauszunehmender

Situationsveränderung **zu korrigieren (»Programmvariation«) oder sogar durch ein anderes, neues Programm zu ersetzen (»Programmwechsel«)**.

Programmvariation, Programmwechsel

Auf eine ungenügende oder sogar fehlende Schulung dieser Fähigkeit können den Trainer z.B. folgende Beobachtungen hinweisen:

- (vorausberechenbares) Standardverhalten, das sich nicht oder unzureichend an der jeweils gegebenen Situation orientiert
- Festhalten an vorher festgelegten (taktischen) »Marschrouten« trotz Erfolglosigkeit
- Fehler in der Wahl der Technik und/oder Auswahl der »falschen« Technikvariante etc.

Um die Sportler zu befähigen, sich schnell und richtig zu entscheiden, müssen vor allem zwei wesentliche Voraussetzungen in frühen Phasen des Trainings geschaffen werden:

1. Variationen der Grundtechniken müssen gezielt erarbeitet werden, damit sie verfügbar sind.
2. Es müssen Situationen im Training organisiert werden, in denen gezielt eine Entscheidung über die Auswahl der situationsgemäßen Technik und Technikvariante abverlangt wird.

Voraussetzungen in frühen Phasen des Trainings

Im Zusammenhang mit einem derartigen Training und der jeweiligen Rückmeldung über das Handlungsergebnis lernt der Sportler, sich **schnell (auch unter Zeitdruck) zu entscheiden** und **richtig (situationsangemessen) zu verhalten**.

Merke

- Während technische Fertigkeiten verfestigte, teilweise bzw. vollständig automatisierte und konkrete Bewegungshandlungen sind, stellen koordinative Fähigkeiten verfestigte, jedoch verallgemeinerte (d.h. für eine ganze Reihe von Bewegungshandlungen grundlegende) allgemeine und konkrete Leistungsvoraussetzungen dar.
- *Hirtz* bezeichnet die koordinativen Fähigkeiten als (relativ) verfestige und übertragbare »Verlaufsqualitäten« der Bewegungssteuerung, da die Koordination der Bewegungstätigkeit dabei stets auf ganz bestimmte Art und Weise (also in einer bestimmten Qualität) verläuft. Durch die wiederholte Bewältigung gleicher oder ähnlicher koordinativer Anforderungen bilden sich die Verlaufsqualitäten heraus und werden zur Fähigkeit. Diese wiederum ist dann Voraussetzung für *alle* Bewegungshandlungen mit entsprechenden koordinativen Anforderungen.

9.1.8 Antizipation

Ein weiterer Fähigkeitskomplex, der im weitesten Sinne zum Thema Koordination passt, ist die so genannte Antizipation. **Sie wirkt in einer Bewegungshandlung zusammen mit der Reaktionsfähigkeit und der Umstellungsfähigkeit.**

Praxisbeispiel

Einer der weltbesten Eishockeyspieler, der Amerikaner *Wayne Gretzky*, hat einmal gesagt: »Die meisten Spieler, mit denen ich spiele, sind ziemlich gut, denn sie laufen dahin, wo der Puck ist. Ich laufe dahin, wo der Puck sein wird!« *Gretzky* »ahnt voraus«, wo der Puck sich gleich befinden wird.

Dieses Voraussehen oder Vorausahnen ist quasi die Antizipation.

Definition

Antizipation
Unter Antizipation im Sport wird in erster Linie die vorstellungsmäßige Vorausnahme fremder Bewegungen verstanden, die beim Bewegungsentwurf der folgenden eigenen Bewegung berücksichtigt wird (*Gabler* et al. 2004).

Es geht genau genommen um die Fähigkeit des einzelnen Sportlers, Aktionen des Gegners vorherzusehen und bereits während deren Ablauf eine zielgerichtete Entscheidung zu treffen. Eine gute Antizipation bringt hier dem Sportler unter Umständen einen entscheidenden Zeitgewinn. Eine **wichtige Rolle** spielen dabei **gespeicherte techno-motorische Erfahrung und das eigene sportliche Niveau**. Generell kann man sagen, dass das Antizipationsvermögen umso besser ist, je erfahrener der Sportler ist. Zudem sind **Aufmerksamkeitszuwendung** und **Blickverhalten** für Antizipationsleistungen mit verantwortlich. Gerade diese beiden letztgenannten Faktoren müssen vom Trainer bewusst in die Schulung der Antizipation im Trainingsprozess eingebunden werden. Das bedeutet, dass ein Trainer einem jungen und noch unerfahrenen Sportler erklären muss, auf welche körperlichen Signale oder Signale des Sportgeräts (z.B. Tischtennis- oder Tennisschläger) er sein »Augenmerk« lenken soll. Eine weitere methodische Maßnahme kann darin bestehen, dass vom Trainer Situationen in Spiel- und/oder Übungsformen geschaffen bzw. arrangiert werden, welche zwangsläufig die Antizipation schulen. Man spricht in diesem Fall von **zwingenden methodischen Maßnahmen**.

Training der Antizipation

9.2 Analysemodell nach Neumaier

Möchte man im Sport erfolgreich sein, so ist die **koordinative Handlungskompetenz** die notwendige Leistungsvoraussetzung, um anspruchsvolle Bewegungsaufgaben motorisch lösen zu können, denn: »Die Qualität der koordinativen Handlungskompetenz bestimmt den Grad der Leistungseffizienz!« (*Hotz* 2000) Für die Praxis fordert *Hotz* (2000), dass sich das Koordinationstraining stets am **Anforderungsprofil der Sportart** zu messen habe: »Die Sportartanalyse zeigt den Weg, den es im Training einzuschlagen gilt! Bei der Koordination gilt es zu überlegen, welche Aspekte der koordinativen Handlungskompetenz besonders wichtig sind, um den Bewegungsablauf – die entsprechenden koordinativen Fähigkeiten – optimieren zu können.«

Hinführung zur Thematik

Beim Training der Koordination oder koordinativen Fähigkeiten muss man stets von der Praxis ausgehen. Ein Modell, um zu analysieren, welche Anforderungen eine Sportart an die Koordination stellt, hat *Neumaier* (1999) entwickelt. Er betrachtet die Koordination nicht mehr unter dem Gesichtspunkt der individuellen Leistungsvoraussetzung, sondern geht von der **zu bewältigenden motorischen Aufgabe** aus. Die Aufgabe, die ein Handballer zu bewältigen hat, unterscheidet sich von der eines Basketballers und diese sich von Leichtathleten gleich welcher Disziplin. Aus dem koordinativen Anfor-

Neumaier-Modell

derungsprofil leitet *Neumaier* seine Maßgaben für das Koordinationstraining ab. Die beiden Kategorien, die er dazu verwendet, sind die **Informationsanforderungen** und die **Druckbedingungen** (Abb. 75 und 76).

Informationsanforderungen

Die Informationsanforderungen geben die **für den Koordinationsprozess wesentlichen Sinnesorgane bzw. Analysatoren** an. Wird eine der Informationsanforderungen hoch bewertet, so ist in der entsprechenden Spalte ein Kreuz mehr oder weniger weit rechts zu positionieren. Umgekehrt wird bei einer niedrig eingeschätzten Anforderung das Kreuz mehr oder weniger weit links positioniert. Auf diese Art und Weise erhält man einen Überblick über das Anforderungsprofil einer Sportart/Disziplin im Hinblick auf die Informationsanforderungen. **Hoch gewertete Anforderungen sollten in entsprechendem zeitlichen Umfang beim Training der Koordination geübt werden.**

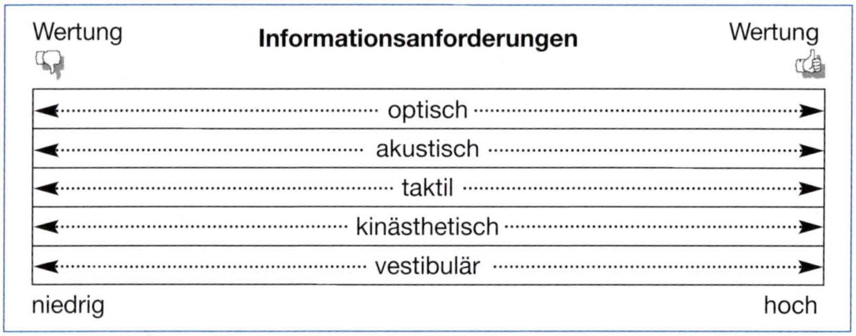

Abb. 75: Die Informationsanforderungen nach *Neumaier* (1999) (optisch = Sehen, akustisch = Hören, taktil = den Hautsinn betreffend, kinästhetisch = den Muskelsinn betreffend, vestibulär = das Gleichgewichtsorgan betreffend)

Druckbedingungen

Der **Präzisionsdruck** beschreibt die Präzisionsanforderung der Bewegung im Hinblick auf das Bewegungsergebnis oder die Bewegung selbst. Der **Zeitdruck** beschreibt die zur Verfügung stehende Zeit für die Bewegung oder die Bewegungshandlung. Der **Komplexitätsdruck** bezieht sich auf die an der Bewegung beteiligten Körperteile oder auch Muskeln. Der **Situationsdruck** betrifft die Variabilität oder Komplexität der Situation, aus der heraus die Bewegung erfolgt. Je nachdem, wie hoch die Wertung für die einzelnen Druckbedingungen ausfällt, ist in der **Trainingspraxis wie bei den Informationsanforderungen** zu verfahren.

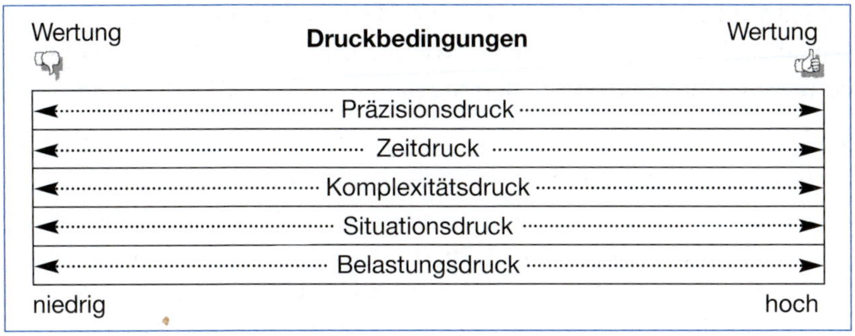

Abb. 74: Die Druckbedingungen nach *Neumaier* (1999)

Trainings-methodische Konsequenzen

Das Ergebnis der Analyse ermöglicht es dem Trainer bzw. Übungsleiter, aus dem koordinativen Anforderungsprofil Hinweise für seine **Trainingsziele und -inhalte** im Koordinationstraining zu erhalten. Es ermöglicht ein **zielgerichteteres Training**. Bei Leistungssportlern unterschiedlicher Sportarten darf demnach das Koordinationstraining inhaltlich nicht identisch sein. Im Nachwuchsbereich kann man für das Training Hinweise bekommen, welche Fähigkeiten gegenüber anderen etwas mehr gefordert werden sollten. Dabei sollte das Ergebnis aber keine Ausschlussfolgerung sein. Im Nachwuchsbereich gilt es nach wie vor, schwerpunktmäßig allgemein fähigkeitsorientiert zu trainieren. Es kann jedoch bereits ein fertigkeitsorientiertes Fähigkeitstraining erfolgen, d.h., tendenziell sind die für die Sportart bedeutsamen Informationsanforderungen und Druckbedingungen zu schulen.

Problemlösungsstrategien erwerben und entwickeln

Somit ist **Koordinationstraining nie (oder zumindest selten) Selbstzweck, sondern Mittel zum Zweck**. Es geht immer von der Sportart aus. Schließlich geht es darum, Problemlösungsstrategien zu erwerben und zu entwickeln, um Bewegungen effizienter zu koordinieren.

9.3 Die Entwicklung der Koordination vom frühen Schulkindalter bis ins Seniorenalter

Trainierbarkeit der Koordination

Die Koordination ist beim Menschen **bis ins hohe Alter trainierbar**. Eine sehr **gute Phase der Trainierbarkeit** ist das **frühe und späte Schulkindalter** (6/7–12/13 Jahre). In diesem Altersabschnitt entwickelt sich die Koordination hinsichtlich der Trainierbarkeit bei Mädchen und Jungen unterschiedlich, was aus Abbildung 77 zu ersehen ist. Das **koordinative Optimum** erreichen junge Erwachsene zwischen 17 und 20 Jahren. Danach erfolgt eine Phase relativen Erhalts bis etwa 30/35 Jahre. Erst jenseits von 40 bzw. 50 Jahren kommt es zu einem langsamen Abfall der koordinativen Fähigkeiten. Wie stark dieser Abfall ist, hängt u.a. davon ab, ob und in welcher Art und Weise der Mensch in dieser Phase Sport treibt.

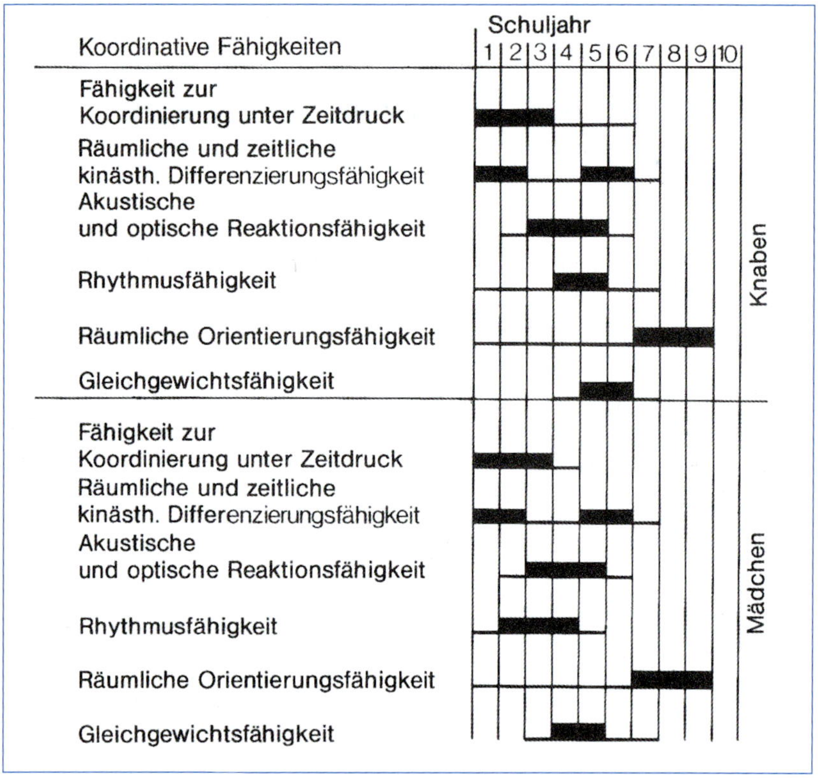

Abb. 77: Schwerpunkte der Vervollkommnung koordinativer Fähigkeiten im Sportunterricht der Klassen 1–10 (*Weineck* 2004a)

Aufgaben zu diesem Kapitel

1. Suchen Sie typische Beispiele (allgemein und sportartspezifisch), in denen die besondere Bedeutung einzelner koordinativer Fähigkeiten deutlich wird.
2. Gewichten Sie die Bedeutung der verschiedenen koordinativen Fähigkeiten für Ihre Sportart und begründen Sie die gewählte Rangfolge.
3. Versuchen Sie die von Ihnen trainierten Sportler im Hinblick auf ihre koordinativen Stärken und Schwächen einzuschätzen!
4. Analysieren Sie Ihre Sportart im Hinblick auf die Informationsanforderungen. Diskutieren Sie Ihre Ergebnisse mit Ihren Kollegen.

5. Analysieren Sie Ihre Sportart im Hinblick auf die Druckbedingungen. Diskutieren Sie die Ergebnisse mit Ihren Kollegen.
6. Gibt es auf unterschiedlichem Könnensniveau Unterschiede im Hinblick auf die Druckbedingungen bzw. Informationsanforderungen? Erörtern Sie Ihre Erkenntnisse mit Ihren Kollegen.

9.4 Methodische Grundsätze und Maßnahmen im Koordinationstraining

Bei der Förderung und gezielten Verbesserung koordinativer Fähigkeiten kann nicht auf die in Kapitel 8 beschriebenen Methoden der Belastungssteuerung zurückgegriffen werden. Entscheidend ist hier vielmehr die Konzentration auf die zu verbessernden **Prozesse der Bewegungssteuerung**.

Dabei müssen die koordinativen Anforderungen über das »normale« Maß hinaus erhöht werden. Es sind vielfältige, ungewohnte und schwierige Bewegungsaufgaben zu stellen und es sind veränderte, neue und »knifflige« Übungsbedingungen zu schaffen. Die grundsätzliche Formel lautet also:

Methodische Grundsatzformel

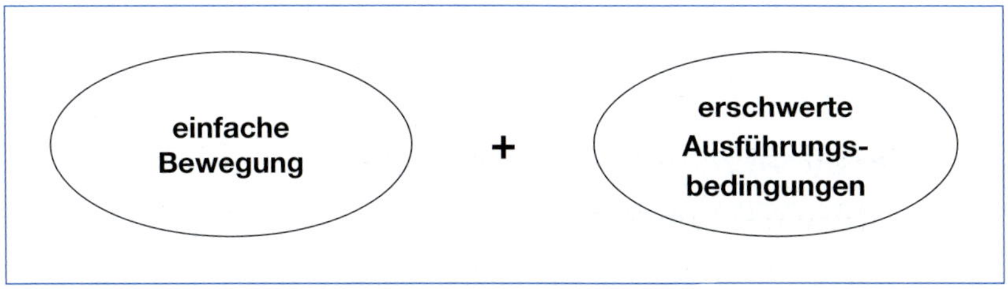

Abb. 78: Grundformel für das Koordinationstraining

Diese erschwerten Ausführungsbedingungen lassen sich prinzipiell auf zweierlei Weise organisieren (Abb. 79).

Ausführungsbedingungen

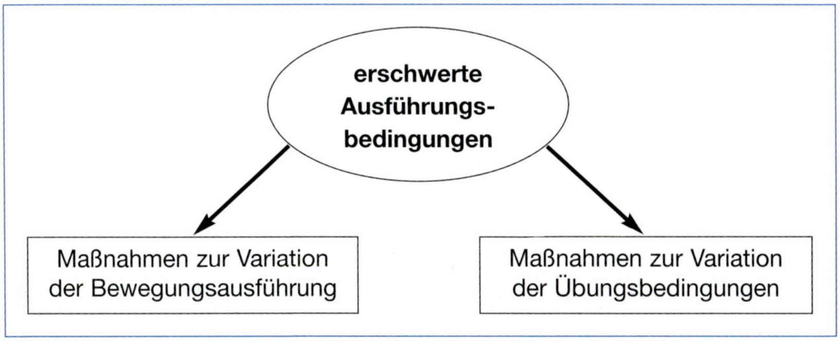

Abb. 79: Ausführungsbedingungen zum Koordinationstraining

Im ersten Fall geht es also um die **Erschwerung der Bewegungsausführung selbst** durch die Anwendung der Prinzipien der Variation und Kombination. Im zweiten Fall geht es um den **Erhalt der ursprünglichen Bewegungsausführung bei** (bzw. trotz) veränderten Bedingungen und **höheren Situationsanforderungen**. Selbstverständlich möglich – wenn auch in der Regel besonders anspruchsvoll – sind kombinierte Maßnahmen.

Merke

Wir müssen nicht Bewegungskoordination lernen, sondern in erster Linie Problemlösungsstrategien erwerben und entwickeln. Dann können wir auch Bewegungen effizienter koordinieren! (vgl. *Hotz* 2000)

Die folgenden Vorschläge sollen als Anregung für den Trainer dienen. Sie können nur dann zur vollen Wirkung gelangen, wenn die trainierten Sportler

- konzentriert üben,
- die koordinativen Schwierigkeiten aktiv bewältigen,
- sich bewusst mit ihren Bewegungsausführungen auseinandersetzen und
- durch Fragestellungen und Anregungen beim bewussten Erfahren sowie beim Verarbeiten ihrer Erfahrungen Hilfe vom Trainer bekommen.

9.4.1 Maßnahmen zur Variation der Bewegungsausführung

- Veränderung der Ausgangs- und Endstellungen
- Veränderung der Bewegungsrichtung
- Veränderung des Bewegungstempos
- Veränderung des Bewegungsumfanges
- Veränderung des Krafteinsatzes
- Betonung einzelner Bewegungsphasen und/oder Teilbewegungen
- Üben mit verschiedenen Körpergliedern
- spiegelbildliches Üben
- Kombination von Übungen
- Zusatzaufgaben während der Bewegungsausführung
- Anpassen von Bewegungen an Vorgaben
- Imitationsübungen
- u.v.m.

9.4.2 Maßnahmen zur Variation der Übungsbedingungen

Die Variation erfolgt allgemein durch das Üben unter ungewohnten Bedingungen:

- Veränderung des Bewegungsraumes
- Veränderung der Anzahl der Mitspieler und/oder Gegner
- Veränderung des Geländes, der Stützflächen etc.
- Veränderung der Signalgebung
- Veränderung der Informationsaufnahme
- Veränderung von (taktischen) Aufgabenstellungen
- Üben nach Vorbelastung
- Verwendung von Handgeräten, Hilfsmitteln, Gerätebehinderungen etc.
- Üben unter Zeitdruck, mit Zeitvorgaben etc.
- Üben mit Partnerwechsel, Gegenwirkung durch Partner etc.
- zusätzliche Aufgaben während des Übens
- Veränderung z.B. von Entfernungen, Abständen, Zielvorgaben, Wurf-, Schuss- und Schlagwinkeln
- Üben mit geschlossenen Augen
- Üben nach Reizung des Gleichgewichtssinnes
- Veränderung von Spiel-, Kampf- und Wettkampfregeln
- Üben bei Störeinflüssen
- u.v.m.

Aufgaben

1. Versuchen Sie, sich zu allen aufgeführten Punkten jeweils bis zu zwei praktische Beispiele aufzuschreiben und diese gezielten Koordinationsaufgaben in Ihr Training zu integrieren.
2. Überlegen Sie sich einige Fragen, die Sie »Ihren« Sportlern stellen können, damit diese Ursache (wenn ...) und Wirkung (dann ...) ihrer Bewegungsausführung besser in den Griff bekommen können.
3. Durch welches Trainerverhalten können Sie »Ihre« Sportler im Koordinationstraining unterstützen (bzw. würden sie behindern)?

10 Fitnesstraining – das Training im Freizeitsport

Sport treiben kann man unter verschiedenen Zielsetzungen und aus unterschiedlichen Motivationen heraus. Begriffe, die man mit dem Freizeitsport in Verbindung bringt, sind u.a.:

- Spiel
- Selbstverwirklichung
- Kommunikation
- Kooperation
- Freude
- Kreativität
- Solidarität
- Fitness
- Geselligkeit
- soziale Interaktionen
- Partnerschaft

Aber auch die Leistung ist ein Teil menschlichen Entfaltungs-, Darstellungs- und Verwirklichungsstrebens. Der Sport ist ein System, in dem einerseits Leistungen erbracht werden können, Bewegungskönnen somit als Leistung erlebt, empfunden und bewertet werden kann, und in dem andererseits nachvollziehbare Gütemaßstäbe und einsichtige Bewertungskriterien vorhanden sind, die es erlauben, ein bestimmtes Können als relativ eindeutige Leistung zu bestimmen (vgl. *Grupe* 1982).

Grupe (1982) unterscheidet vier Sichtweisen des Leistungshandelns:

Vier Sichtweisen des Leistungshandelns

1. eine mehr **sachlich orientierte** (ich habe etwas gut gemacht, etwas ist mir gelungen)
2. eine mehr **individuumzentrierte** (heute war ich besser als gestern)
3. eine stärker **sozialbezogene** (ich bin so gut oder so schlecht wie andere)
4. eine mehr **normorientierte** (ich habe die Anforderungen des Sportabzeichens geschafft)

Der Mensch ist demnach ein »leistendes« Wesen. Diese anthropologische (pädagogische) Sichtweise wurde vorausgeschickt, da viele Freizeitsportler sich mit dem Begriff der Leistung schwer tun. Aus vielen Diskussionen ist die Tendenz erkennbar, dass sie den Begriff der Leistung mit dem Leistungs- bzw. Hochleistungssport in Verbindung bringen, der für viele Freizeitsportler – zu Unrecht – negativ besetzt ist. Die folgende Definition von Fitness zeigt, dass ihr eine Weiterentwicklung der Leistungsfähigkeit zugrunde liegt:

Definition

Fitness

Fitness ist ein durch Training, gezielte Ernährung und gesunde Lebensführung bewusst angestrebter psychophysischer Leistungszustand, der über gesundheitliches Wohlbefinden hinausgeht (*Martin* et al. 2001).

10.1 Ziele und Inhalte des Fitnesstrainings

Für das Fitnesstraining, welches man gegen Leistungsschwäche und Inaktivität betreibt, ergeben sich folgende Ziele:

1. **Verbesserung der Ausdauerleistungsfähigkeit**
   Wichtigstes Ziel ist die Verbesserung der aeroben Leistungsfähigkeit, genauer die Funktionsverbesserung des Herz-Kreislauf-Systems, der Steuerungsfunktion des vegetativen Nervensystems und der Stoffwechselvorgänge im Muskel. Welche Veränderungen der Sport im Herz-Kreislauf-System bewirkt, ist im Kapitel 3.5 »Herz-Kreislauf-System« detailliert beschrieben.
2. **Verbesserung der Kraftfähigkeiten**
   Die Muskelleistung der Haltemuskulatur des Rumpfes sowie der Muskulatur der oberen und unteren Extremitäten soll gezielt verbessert werden.
3. **Verbesserung der Beweglichkeit**
   Hierbei geht es um die allgemeine Beweglichkeit in allen großen Gelenken des Körpers.
4. **Lernen anwendungsbezogener motorischer Fertigkeiten**
   Ziele sind die Verbesserung der **Bewegungskoordination** durch das Erlernen von Sportarten und den dazu gehörigen Techniken sowie die allgemeine Schulung der Bewegungskoordination durch entsprechende Spiel- und Übungsformen (vgl. *Martin* et al. 2001).

10.2 Zur Gestaltung des Fitnesstrainings

Die Wirkung des Fitnesstrainings ist von mehreren Faktoren abhängig, die als Grundregeln angegeben werden:

Grundregeln des Fitnesstrainings

1. Die **Trainingshäufigkeit**
   Sie ist **der wichtigste Faktor**. Ein zweimaliges Training pro Woche ist das Mindestmaß, da ein einmaliges Training mehr zum Funktionserhalt dient und nur bedingt zur Funktionssteigerung. **Optimal ist ein zwei- bis dreimaliges Training pro Woche.**

2. Die **Trainingsdauer**
   Sie ist abhängig von den ausgeübten Sportarten bzw. sportlichen Belastungen, in erster Linie von der Belastungsintensität. Wirkungsvolle Belastungszeiten beim Laufen oder Jazzdance sind ca. 30–60 Minuten, beim Radfahren mindestens 90 Minuten, beim Spielen 60–75 Minuten. Beim Krafttraining und bei der Gymnastik bzw. Funktionsgymnastik reichen bei entsprechender Intensität 30 Minuten.
3. Die **inhaltliche Ausführung**
   Sie sieht für das Fitnesstraining folgende Kopplung vor:
   - nach Ausdauertraining 15 Minuten Lockerung, aktiv-dynamische Dehnung
   - vor Spielsportarten oder Jazzdance 15 Minuten Beweglichkeitstraining (Aufwärmen)
   - vor und nach dem Krafttraining 15 Minuten Beweglichkeitstraining
   - als Kombination möglich: Spielen – Krafttraining – Stretching
4. Die **Einteilung in Leistungsklassen**
   Sie soll vorgenommen werden, um eine **optimale individuelle Belastung** zu ermöglichen. Die Praxis zeigt, dass viele Freizeitsportgruppen nicht leistungshomogen sind. Hier ist eine Dreiteilung sinnvoll:
   - **Anfänger** reagieren am Anfang auf körperliche Belastung mit einem relativ starken Herzfrequenzanstieg und benötigen erst einige Wochen (bis Monate!) Einführungstraining, bevor sich die Herztätigkeit bei Belastungen reduziert.
   - **Allgemein Trainierende** sind Fortgeschrittene, die wöchentlich und kontinuierlich zwischen 2 und 4 Stunden trainieren mit 2–4 Trainingseinheiten und einer jeweiligen Belastungsdauer von 45–60 Minuten.
   - **Systematisch Trainierende** sind Sportler, die mehr als 5 Stunden pro Woche trainieren und sich zudem systematisch auf volkssportliche Wettkämpfe vorbereiten.

10.3 Zur Methodik des Ausdauertrainings im Fitnessbereich

Ziele und Auswirkungen beim Anfänger

Die Ziele und Auswirkungen des Ausdauertrainings im Fitnessbereich sind den Kapiteln 4 »Ausdauertraining« und 3 »Sportbiologie« zu entnehmen. Angestrebt werden sollte beim Anfänger, möglichst bald einen Lauf über ca. 20–30 Minuten absolvieren zu können. Die Laufstrecke sollte nicht zu lang oder zu schwierig (Anstiege!) gewählt werden. Geschwindigkeit und Streckenlänge sollten behutsam und langsam gesteigert werden.

Merke

Trainiert werden sollte nach dem Motto: Laufen ohne Schnaufen!

Methodische Tipps zum Ausdauertraining

Der Anfänger sollte demnach ein Tempo wählen, bei dem er sich noch mit seinem Mitläufer unterhalten kann! Die Anfängerphase ist dann beendet, wenn sich die Herzfrequenz über eine längere Zeit eingependelt hat bzw. konstant bleibt, das Belastungsempfinden in einem über mehrere Wochen dauernden Zeitraum sinkt. Bei gleicher Belastungsintensität nimmt die Herzfrequenz von Mal zu Mal kontinuierlich ab. Medizinisch nachweisbare Anpassungserscheinungen sind jedoch erst nach mehreren Monaten Training festzustellen. Gewarnt werden muss aus physiologischer und psychologischer Sicht auf jeden Fall vor dem so genannten **»falschen Ehrgeiz«**. Entscheidend ist, dass man mit einer entsprechend ruhigen und gelassenen Einstellung das Training aufnimmt. Am besten schließen sich die Wiederbeginner bzw. Neueinsteiger den Lauftreffs oder Walkingtreffs der örtlichen Vereine an. Die ausgebildeten Lauftreffleiter führen diese Personen optimal ein. Gleiches gilt für den Radsportler. In den von den Vereinen organisierten Radtreffs ist der Fitnesssportler am besten aufgehoben. Analog sind hier die Radtreffleiter für die Neuen zuständig.

Allgemein Trainierende sollten das Ausdauertraining systematisch über die Herzfrequenz steuern und können sich dazu an folgender Formel orientieren:

Trainingspuls

Trainingspuls = maximale Herzfrequenz – (0,45 x Herzfrequenz in Ruhe)

Um den Trainingspuls zu berechnen, benötigt man also die Herzfrequenz in Ruhe, die man einfach messen kann (siehe Kapitel 4 »Ausdauertraining«, Seite 98 f.). Rechenbeispiel für einen 40-Jährigen:

180 (HF-max) minus (0,45 x 60) = 153 (Trainingspuls)

Systematisch Trainierende sollten sich über eine Belastungsdauer von
- 45 Minuten bei 90–95 %,
- 60 Minuten bei 85–90 %,
- 90 Minuten bei 80–85 %,
- 120 Minuten bei 75–85 %

dieses Trainingspulses belasten.

Passiver Bewegungsapparat und Ausdauertraining

Das bisher Gesagte gilt nur für das Laufen bzw. Joggen. Probleme bei Neueinsteigern oder Wiederbeginnern können in diesen beiden Disziplinen vom Bewegungsapparat ausgehen. Die Gelenke, Bänder, Sehnen sowie Muskeln müssen sich erst langsam an die Belastung gewöhnen. Entsprechend vorsichtig muss mit der Belastung begonnen werden. **Optimales Schuhwerk ist eine unabdingbare Voraussetzung für jeden Jogger – und Sportler überhaupt!**

Inhaltlich bieten sich vor allem an: Laufen, Walking, Nordic Walking, Inlineskaten, Radfahren, Skilanglauf und Schwimmen. Um im Schwimmen Ausdauer zu trainieren, muss man allerdings in der Lage sein, längere Strecken zügig schwimmen zu können. Um ähnliche Effekte wie durch das Laufen zu erzielen, muss man zeitlich gesehen ungefähr doppelt so lange Rad fahren wie laufen!

10.4 Krafttraining und Fitness

Das Krafttraining hat in den letzten Jahren im Fitnessbereich immer mehr an Bedeutung gewonnen. Systematisch durchgeführtes Krafttraining kann zu folgenden Anpassungserscheinungen führen:

Anpassungserscheinungen durch Krafttraining

- Verbesserung der Innervationsfähigkeit der Muskulatur
- Erweiterung des Energiepotenzials (Dickenwachstum)
- Verbesserung des Energieflusses im Muskel
- Schutz der Gelenke (v.a. Wirbelsäule, Knie)
- Beitrag zur Sturzprophylaxe

Methoden

Als Methoden empfehlen sich die **funktionelle Muskelkräftigung** sowie eine **sanfte Form des Kraftausdauer- bzw. Muskelaufbautrainings**, bei denen es nicht um Muskelberge geht, sondern um die Ausprägung einer schützenden und stützenden Muskulatur. Hier bietet sich z.B. das Training nach der Borg-Skala (siehe Kapitel 5 »Krafttraining«) an. Aufgrund seiner abwechslungsreichen Formen bietet sich auch das **Circuittraining** an.

10.5 Beweglichkeitstraining und Fitness

Verbesserung der Gelenkbeweglichkeit

Eine weitere Komponente des Fitnesstrainings ist das Beweglichkeitstraining. Die Ziele liegen in der Verbesserung der Gelenkbeweglichkeit. Dies erreicht man durch die **funktionelle Gymnastik** (siehe Kapitel 7 »Beweglichkeitstraining«). Man kann sie in Verbindung mit Sportspielen und Krafttraining zum Aufwärmen durchführen oder nach dem Ausdauertraining. Wünschenswert ist ein tägliches Gymnastikprogramm von 10–15 Minuten Dauer.

10.6 Ernährung und Fitnesstraining

Zur Fitness zählt auch eine bewusste und gezielte Ernährung. **Anzustreben ist ein optimales Körpergewicht durch eine an den Energieverbrauch angepasste Ernährung.** Übersteigt die Nahrungsaufnahme den Kalorienverbrauch, legt der Körper sich Fettreserven an. Eine Gewichtsreduktion setzt Kalorienreduzierung (weniger essen) und Sporttreiben voraus (Näheres siehe Kapitel 13 »Sport und Ernährung«).

Aufgaben zum Kapitel

1. Viele Freizeitsportler sagen: »Mit Leistung oder Leistungssport wollen wir nichts zu tun haben!« Schildern Sie Ihre Sichtweise zu dieser Aussage.
2. In welche Leistungsklassen kann man Fitnesssportler einteilen? Warum ist dies sinnvoll?
3. Welches sind die vorrangigen Ziele im Fitnesstraining? Versuchen Sie dies zu begründen.

11 Gesundheitssport

11.1 Zugänge zum Gesundheitssport

In unserer Gesellschaft existiert ein Grundkonsens darüber, dass es eine Verbindung von Sport und Gesundheit gibt. **Die Gesundheit war schon immer eine der Haupttriebfedern für Sporttreibende** und wichtig im Selbstverständnis des Sports. Doch so einfach darf man es sich nicht machen. Immerhin stehen den ca. 30 Milliarden Euro pro Jahr als Folgekosten von Bewegungsmangel auch 1,5 Milliarden Euro Folgekosten durch Sportunfälle gegenüber. Die amerikanische Joggergemeinde war nach dem Tod ihres Läuferpapstes *James Fixx*, der auf tragische Weise ausgerechnet bei der Ausübung seiner Sportleidenschaft starb, extrem verunsichert (vgl. *Rost* 1994). Wer sich das Gleitschirmfliegen, Boxen oder Skifahren auswählt, tut dies nicht um seiner Gesundheit willen, sondern mehr aus Freude an Bewegung, Natur, Entspannung oder Wettkampf.
Der primäre Sinn des Sports ist nicht in seiner gesundheitlichen Wirkung zu sehen. Dies gilt vor allem für den Wettkampfsport, bei dem von vielen Sportlern für Bestleistungen, Meisterschaften oder Rekorde auch gesundheitliche Schädigungen bewusst in Kauf genommen werden. *Wildor Hollmann* formulierte es einmal so: **»Der Leistungssport ist eine Knochenmühle.«** In diesem Zusammenhang können auch Einseitigkeit, Überforderung, zu frühe Spezialisierung oder falscher Ehrgeiz erwähnt werden. Aber auch diese Bemerkungen muss man relativieren. Denn sogar der Wettkampfsport kann im Hinblick auf spezifische Gesundheitsaspekte für bestimmte Personen »gesund« sein.

Praxisbeispiele

> Kinder und Jugendliche können im Wettkampfsport die soziale Einbindung im Verein erleben, Erwachsene im Tischtennisspiel die »Spannung« als eine wichtige Quelle ihres Wohlbefindens empfinden oder sich dabei einfach nur »entspannen« (vgl. *Bös* und *Brehm* 1998).

Nicht jede Art von Sport hat eine gesundheitliche Wirkung, und wenn, dann kann sie von Individuum zu Individuum unterschiedlich sein. Die Frage also, ob Sport gesund sei, lässt sich nicht einfach pauschal und global beantworten.

Praxisbeispiele zur Gymnastik

> Etwas anders sieht es bei den körperlichen Aktivitäten aus, welche sich eher der traditionellen Gymnastik zuordnen lassen. »Als moderne Ausprägungsformen gymnastischer Übungen erfahren Fitness- und Wellness-Aktivitäten unter den vielfältigsten Bezeichnungen derzeit einen wahren Boom: vom ›Jogging‹ und ›Walking‹ über die ›Step-Aerobic‹ und das ›Body-Shaping‹ bis hin zum ›Slow-Stretch‹ und ›Vital-Training‹« (vgl. *Bös* und *Brehm* 1998).

Gesundheitsprobleme von Kindern

Das Thema Gesundheit geht alle an. Mittlerweile mehren sich die Berichte über den beklagenswerten Gesundheitszustand von Kindern immer stärker. Bedingt durch Bewegungsmangel werden die Kinder immer dicker, was *Bös* (2004) zu folgendem Fazit veranlasste: »Unsere heutigen Kinder sind bewegungsärmer, weniger fit, übergewichtiger und haben mehr gesundheitliche Probleme als frühere Kindergenerationen.« Zu einem ähnlichen Ergebnis gelangte *Brettschneider* (2004) in der SPRINT-Studie des DSB zur körperlichen Fitness von Schülern. Aber nicht nur die Angebote, auch die Literatur zum Thema Sport und Gesundheit hat sich explosionsartig vermehrt.

Angebote für bestimmte Zielgruppen

Dem gleichen Trend folgen Angebote, die auf bestimmte Zielgruppen zugeschnitten sind und Hilfe bei der Bewältigung von Beschwerden, von Risikofaktoren oder auch bei der Therapie von Erkrankungen versprechen. Als ein klassisches Beispiel sei hier die **»Rückenschule«** genannt. Nach den Sterblichkeitsstatistiken liegen die durchblutungsbedingten **Herzerkrankungen** mit 50 % deutlich an der Spitze in Deutschland, sodass hier ebenfalls ein gezieltes Angebot sinnvoll ist.

Praxisbeispiele zur Risikoprävention

> Die Möglichkeit, dass gesundheitliche Prävention durch das ganz konkrete Angehen einfacher Risikofaktoren möglich ist, zeigt sich am Beispiel der USA. Dort ist seit Beginn der 1960er Jahre trotz eines hohen beruflichen und gesellschaftlichen Stresses die Herzinfarkt-Todesrate um 25–30 % gesunken. Die »Hexenjagd« auf Raucher sowie die Jogging-Bewegung werden dafür hauptsächlich verantwortlich gemacht. Die Untersuchungen von *Paffenbarger* an ehemaligen Harvard-Absolventen in den USA und von *Morris* an englischen Zivilangestellten zeigten, dass die statistische Wahrscheinlichkeit eines Herzinfarktes durch körperliche Aktivität um bis zu zwei Drittel abgesenkt und damit die Lebenserwartung erhöht werden kann.

Die oben genannten Zahlen zeigen, dass durch eine vernünftige Lebensführung, welche körperliche Aktivität einschließt, wichtige präventive Effekte für unsere Gesellschaft erreicht werden können (vgl. *Rost* 1992). Aber **auch**

für die Sportmediziner ist Gesundheit mehr als die Abwesenheit von Krankheit. Gesundheit ist nicht etwas, was man einfach hat oder nicht, man muss aktiv etwas dafür tun. Wie man die Menschen dazu bringen kann, ein solches Gesundheitsverhalten aufzunehmen, ist Forschungsgegenstand der Gesundheitspsychologie.

Mehrere Untersuchungen haben in letzter Zeit generelle Zusammenhänge zwischen sportlicher Aktivität und psychophysischer Gesundheit nicht nachweisen können. »Nachweisbar sind aber spezifische Zusammenhänge zwischen einzelnen Gesundheitsvariablen und speziellen personalen sowie situativen Bedingungen, unter denen Sport betrieben wird« (*Bös* und *Brehm* 1998). Positive Zusammenhänge sind dann eher wahrscheinlich, wenn man z.B. durch entsprechende Belastungsgestaltung auf spezifische Qualitäten der Gesundheit abzielt, also etwa Lauftraining, um durch die dadurch hervorgerufenen Anpassungserscheinungen das Herz-Kreislauf-System positiv zu beeinflussen. Es kommt also neben der sportlichen Aktivität, dem **WAS** (welche Sportart?), vor allem auf das **WIE** (Belastungsstruktur) der Maßnahmen und Aktivitäten an. Kurz gesagt: **Welchen Sport betreibe ich auf welche Art und Weise?**

Gezielte Belastungsgestaltung

Im Rahmen des vorliegenden Beitrages sollen sowohl theoretische Grundlagen des Gesundheitssports als auch für den Praktiker im Sportverein bedeutsame inhaltliche und methodische Aspekte berücksichtigt werden.

Aufgaben

Bevor Sie weiterlesen, versuchen Sie bitte, sich kurz darüber klar zu werden,
1. ob Sie im Moment eine konkrete Vorstellung von Gesundheit haben und wie diese aussieht,
2. wie Sie zu dieser Vorstellung gekommen sind und gegebenenfalls
3. welche Art von Sporttreiben Sie damit verbinden.

Der im Folgenden dargestellte Ansatz orientiert sich an den Überlegungen von *Bös* und *Brehm* (1998). Sie gehen davon aus, dass es eine Kopplung zwischen möglichen Gesundheitswirkungen sportlicher Betätigung und bedeutsamen Verhaltensweisen bzw. Verhaltensbeeinflussungen gibt.

11.2 Gesundheitskonzepte

»Verständnis« für Gesundheitssport schaffen

Die bisherigen Ausführungen legen es nahe, dass eine Definition von Gesundheitssport zunächst einmal wenig zur Lösung der aufgeführten Probleme beitragen kann. Es geht vielmehr darum, ein »Verständnis« für den Gesundheitssport zu schaffen, welcher sich über die so genannten Gesundheitskonzepte erschließt. Der Gesundheitssport lässt sich als ein Element in den **New-Public-Health-Ansatz der Weltgesundheitsorganisation (WHO)** integrieren:

New Public Health zielt zum einen auf eine bewusste Stärkung der Gesundheitsressourcen (**Salutogenesemodell**), verbunden mit einer gezielten Vermeidung und Minderung von Risikofaktoren (**Risikofaktorenmodell**) sowie mit einer möglichst effektiven Bewältigung von Beschwerden und Missbefinden (**Bewältigungsmodell**). Gesundheitssport zielt in diesem Sinne auf möglichst umfassende Gesundheitswirkungen, insbesondere durch

Ziele des Gesundheitssports

- Stärkung von **physischen**, **psychischen** und **sozialen Ressourcen**,
- Minderung von **körperlichen Risikofaktoren** sowie
- Bewältigung von **Beschwerden** und Missbefinden.

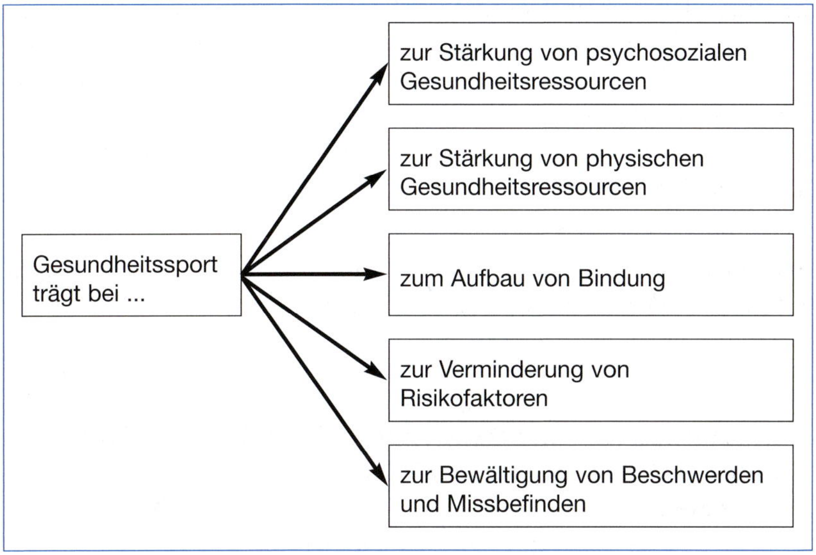

Abb. 80: Die verschiedenen Gesundheitssportmodelle

11.2.1 Das Bindungsmodell

Kontrolle über die eigene Gesundheit

Ein wichtiges Ziel dieses Modells ist es, dass die Bevölkerung befähigt wird, Kontrolle über ihre Gesundheit auszuüben. Der Gesundheitssport in diesem Sinne ist ausgerichtet auf Verhaltenswirkungen, insbesondere durch die Schaffung von **Bindungen an gesundheitswirksame sportliche Aktivitäten**. Der Aufbau von Bindungen hat es darauf abgesehen, Barrieren abzubauen, die Menschen daran hindern, eine sportliche Betätigung zu beginnen. Der zweite angestrebte Effekt ist die **möglichst langfristige Aufrechterhaltung** dieser für die Gesundheit so wichtigen Verhaltensweise.

Wenn man 2 Stunden sportliche Aktivität pro Woche als wünschenswerten Umfang für gesundheitliche Wirkungen annimmt, so sind es kaum mehr als 10 % der Erwachsenen, die dieses Ausmaß erreichen. Endziel der Bindung muss es demnach sein, möglichst viele Erwachsene an eine gesundheitliche Aktivität z.B. in einem Sportverein heranzuführen. Untersuchungen haben gezeigt, dass im gesundheitsorientierten Einsteigerprogramm die Zahl derer, die dem Sport wieder den Rücken kehren, mit häufig über 50 % relativ hoch liegt. Bindung an ein Sporttreiben im Verein herzustellen bedeutet, alle Anstrengungen auf eine Verringerung dieser Ausstiegsquoten und das langfristige Aufrechterhalten der gesundheitssportlichen Aktivität zu konzentrieren. In rund 85.000 Sportvereinen des DSB sind heute fast 27 Millionen Bundesbürger organisiert. **Umfragen haben gezeigt, dass die eigene Gesundheit ein wesentliches Motiv zum Sporttreiben darstellt.** Die Bedürfnisse der Menschen haben sich verändert, was bedeutet, dass sich auch die Sportvereine auf eine veränderte Nachfrage einstellen müssen. Es wird in Zukunft z.B. immer mehr ältere Menschen geben, die gesundheitsorientierte Angebote nachfragen. Daher gilt es, insbesondere für diesen Personenkreis gezielte Angebote in den Sportvereinen zu entwickeln.

Bindung an ein Sporttreiben im Verein

11.2.2 Das Salutogenesemodell

Physische und psychosoziale Gesundheitsressourcen

Dieses Konzept bezieht sich auf die physischen und psychosozialen Gesundheitsressourcen. Es geht dabei um die Fähigkeiten einer Person, auf Belastungen und Anforderungen mit einer hohen Widerstandsfähigkeit zu reagieren, mit Konflikten positiv umzugehen sowie auch physisches, psychisches und soziales Wohlbefinden selbst herzustellen.

Körperliche Aktivitäten können entscheidend zur Stärkung der **physischen Gesundheitsressourcen** beitragen, was z.B. sportmedizinisch durch die Anpassungserscheinungen des Herz-Kreislauf-Systems durch Ausdauerbelastungen nachgewiesen ist. Diese körperliche Aktivierung sollte folgende fünf Perspektiven beinhalten: Ausdauer-, Kraft-, Beweglichkeits-, Koordinations- sowie Entspannungsfähigkeit sollten systematisch trainiert bzw. gestärkt werden.

Perspektiven körperlicher Aktivierung

Bezüglich der **psychosozialen Gesundheitsressourcen** besteht Konsens darüber, dass sie sowohl für den Gesundheitszustand als auch für das Gesundheitsverhalten und dadurch auch für die Bindung an sportliche Aktivitäten verantwortlich sind.

11.2.3 Das Bewältigungsmodell

Bewältigung von gesundheitlichen Problemen

Ähnlich dem Salutogenesemodell bestehen auch plausible Zusammenhänge zwischen der Stärkung psychosozialer Ressourcen und der Bewältigung von gesundheitlichen Problemen. Im Bewältigungsmodell geht es einerseits um **problemzentrierte Bewältigung**, wenn ein vorhandenes psychisches oder physisches Gesundheitsproblem tatsächlich vermindert wird. Eine Rückenschule trägt demnach dann zur Bewältigung von Rückenschmerzen bei, wenn diese Schmerzen reduziert werden können. Andererseits postuliert das Modell auch, dass sich durch eine auf Gefühlen basierende Bewältigung die Wahrnehmung und die **Bewertung einer problembehafteten Gesundheitssituation** positiv verändern lässt.

z.B Abwenden vom Rauchen oder bessere Ernährung

11.2.4 Das Risikofaktorenmodell

Ungünstige Bedingungen des körperlichen Zustandes und der Lebenssituation

Beim Risikofaktorenmodell wird davon ausgegangen, dass Beschwerden sowie Erkrankungen häufig an ungünstige Bedingungen des körperlichen Zustandes sowie der Lebenssituation einer Person gekoppelt sind und dass Interventionen bei diesen Bedingungen, den so genannten Risikofaktoren, anzusetzen hätten. Der **Bewegungsmangel** ist in diesem Sinne ein Risikofaktor, der ebenso wie **Übergewicht** oder **Rauchen** das Risiko für gesundheitliche Probleme erhöht, etwa **Bluthochdruck**, **Zuckerkrankheit**, **Fettstoffwechselstörung** oder **Herz-Kreislauf-Probleme**. Im Folgenden werden einige wesentliche Krankheitsbilder kurz beschrieben und Hinweise zur optimalen Durchführung von Sport bzw. Bewegungshandlungen gegeben.

Sport und Arteriosklerose

Unter **Arteriosklerose (Gefäßverkalkung)** wird eine Einengung der Blutgefäße verstanden, die durch die Einlagerung von zerstörten Fetten in die Gefäßwand erfolgt. Geschieht dies im Bereich der Herzkranzgefäße, so können diese durch die Fettablagerungen (Plaque) so verschlossen werden, dass die mangelhafte Durchblutung Herzschädigungen verursacht bis hin zum Infarkt bei völligem Verschluss. Hauptentstehungsursachen sind:

Entstehungsursachen

1. **Rauchen**
2. **Bluthochdruck**
3. **erhöhte Blutfettwerte**

Auch äußere Faktoren können dazu beitragen, z.B.:

1. **Fehlernährung** (zuviel Fett)
2. **Übergewicht** (Bluthochdruck)
3. **Bewegungsmangel** (Fettstoffwechsel gestört)

Es herrscht mittlerweile Konsens darüber, dass durch sportliche Betätigung in Verbindung mit einer gesunden, eventuell mediterranen Diät (Ernährungsweise des Mittelmeerraumes) das Körpergewicht am besten gesenkt werden kann. Vernünftige Ernährung bedeutet Umstellung von einer vorwiegend fleisch- und damit fettorientierten Ernährung auf eine überwiegend pflanzlich orientierte, kohlenhydratreiche Ernährung mit 2- bis 3-mal Fisch pro Woche. **Das Rauchen sollte unbedingt vermieden werden!** An sportlichen Aktivitäten wird vor allem der Ausdauersport empfohlen, da er blutdrucksenkend wirkt, Zuckerkrankheit und Fettstoffwechselstörungen positiv beeinflusst. Ebenso sollte man sich gelegentlich auf Risikofaktoren hin vom Arzt untersuchen lassen.

Vernünftige Ernährung

Ausdauersport wird empfohlen

Sport und Bluthochdruck

Der Bluthochdruck (ab 140/90 mmHg) ist **einer der wichtigsten Risikofaktoren für** die Entstehung von zwei Spitzenreitern in den Sterbestatistiken, nämlich **Herzinfarkt und Schlaganfall**. In letzter Zeit geht die Tendenz bei der Beurteilung des Hochdrucks dahin, dass er ab 140/90 mmHg erst im Zusammenhang mit anderen Risikofaktoren wie Rauchen, Übergewicht oder Fettstoffwechselstörung als bedenklich einzuschätzen ist. Sport hat bei Bluthochdruck folgende Wirkung: Er trägt zur Gewichtsabnahme bei und es kann Kochsalz durch Schwitzen ausgeschieden werden. Vor allem der Ausdauersport hat positive Auswirkungen auf das vegetative Nervensystem. Der Ruhepuls und der Blutdruck von Ausdauertrainierten sinken. Weniger eignen sich Sportarten, welche den Blutdruck stark ansteigen lassen, wie Kraft- oder Kampfsportarten. Aber auch Einzelsportarten mit hohen Belastungsspitzen wie etwa Squash oder Badminton sind bei Bluthochdruck bedenklich.

Ausdauersport hat positive Auswirkungen

Sport und Fettstoffwechselstörungen

Erhöhte Blutfette sind neben dem Hochdruck und dem Rauchen der wichtigste **Risikofaktor für die Entstehung der Arteriosklerose (Gefäßverkalkung)**. In diesem Zusammenhang geht es in erster Linie um die Triglyzeride. Beim Cholesterin hat in der Medizin ein Umdenken begonnen. Der Anteil in der für die Arteriosklerose verantwortlichen Plaque wird mit ca. 1 % angegeben. Cholesterin ist z.B. ein wichtiges Baumaterial für die Zellwände. Beim Cholesterin unterscheidet man das HDL- und das LDL-Cholesterin. Ein hoher HDL-Wert bzw. viel im HDL-Bereich transportiertes Cholesterin stellt einen Schutzfaktor dar. Entscheidend ist das Verhältnis von HDL zu LDL. Es korrespondiert mit der Herzinfarkthäufigkeit. Ein niedriger HDL-Wert (< 40 mg%) ist ein eigenständiger Risikofaktor. Fettstoffwechselstörungen kann man durch eine fettbewusste Diät, also eine Ernährungsumstellung, beeinflussen. Im Rahmen der Allgemeinmaßnahmen kommt dem Sporttreiben eine wichtige Bedeutung zu. Bei körperlicher Belastung verbrennt die Muskelzelle neben den Kohlenhydraten nämlich auch Fette. Hierdurch werden die im Blut vorhandenen Fette in ihrer Konzentration gemindert. Besonders durch Ausdauersport kann man das Verhältnis HDL/LDL positiv beeinflussen. Allerdings muss der Organismus die Fettverbrennung durch die Enzyme erst wieder »erlernen«. Daher ist die Regelmäßigkeit der sportlichen Aktivität ein entscheidender Faktor.

Ernährungsumstellung

Regelmäßiger Ausdauersport entscheidend

Sport und Übergewicht

Von einem Krankheitsbild zu sprechen ist bei Übergewicht nicht ganz richtig. Das Übergewicht ist aber ein Risikofaktor für zahlreiche andere Krankheiten insbesondere für Bluthochdruck, Zuckerkrankheit und Fettstoffwechselstörungen. Größenunabhängige Aussagen zum Körpergewicht erlaubt der Body-Mass-Index (BMI). Er wird wie folgt berechnet:

Body-Mass-Index

$$\text{BMI} = \frac{\text{Körpergewicht in kg}}{\text{Körpergröße x Körpergröße}}$$

Ein Rechenbeispiel für einen 75 kg schweren Menschen bei 1,78 m Körpergröße:

$$\text{BMI} = \frac{75\text{ kg}}{3{,}1684} = 23{,}7$$

BMI-Werte zwischen 18 und 25 sind dem **Normalgewicht** zuzuordnen.
Werte zwischen 26 und 30: Es liegt ein **leichtes Übergewicht** vor. Das Gewicht sollte reduziert werden, wenn einer der folgenden Risikofaktoren vorliegt:

1. Rauchen
2. Bluthochdruck
3. Bewegungsmangel

Werte über 30 bedeuten **starkes Übergewicht**. Eine Gewichtsabnahme ist dringend anzuraten. Nach neueren Erkenntnissen korrespondieren primär diese Werte mit durchblutungsbedingten Herzerkrankungen. Grundsätzlich wird mehr Energie aufgenommen, als verbrannt werden kann.
Zwei Dinge können helfen:

1. Einhalten einer Diät (siehe oben »Sport und Arteriosklerose«) in Kombination mit
2. Ausdauerbelastungen. Es geht hier insbesondere um Radfahren, Walking, Nordic Walking, Inlineskaten, Schwimmen und Joggen. Wer viel Sport treibt, kann entsprechend viele Kalorien verbrennen.

Diät plus Ausdauerbelastungen

Sport und Zuckerkrankheit

Die Zuckerkrankheit ist eine **Störung der Kohlenhydratverwertung**, als Folge können aber auch **Störungen im Fettstoffwechsel** entstehen. Man unterscheidet Diabetes Typ 1 und Diabetes Typ 2. Der Ausbruch von Typ 2, der so genannte Altersdiabetes, kann durch verschiedene Fehler in der Lebensführung provoziert werden. Wer sich fehlernährt und damit sein Gewicht erhöht, belastet seine Zuckerregulierung. Durch Bewegungsmangel kommt es zu einer verminderten Empfindlichkeit der Muskelzelle gegenüber dem Insulin, da die Zelle in der Verbrennungsleistung weniger gefordert ist. Ist sie Kohlenhydratverbrennung gestört, greift der Organismus verstärkt auf die Fettverbrennung zurück und die Blutfettwerte steigen an. Dies verstärkt wiederum die Neigung zur Gefäßverkalkung. **Für Zuckerkranke eignen sich besonders Ausdauerbelastungen, da sie sehr kontrolliert durchgeführt werden können und zu besonders günstigen Stoffwechsel- und Kreislaufwirkungen führen.** Weniger eignen sich Sportarten wie Bergsteigen, Fliegen oder Tauchen, bei denen Zuckerkranke auf fremde Hilfe angewiesen sind.

Ausdauerbelastungen besonders geeignet

11.3 Das Gesundheits-ABC der Sportarten

Wenn man davon ausgeht, dass Sport gesund sein kann, dann muss man auch sagen, welcher Sport bzw. welche Sportart damit gemeint ist. Es leuchtet auf den ersten Blick ein, dass Boxen, Autorennfahren oder Gleitschirmfliegen im Gegensatz zum Skilanglauf, Joggen oder Schwimmen nicht wirklich gesundheitsfördernd sind. Sport betreibt der Mensch jedoch nicht nur aus gesundheitlichen Gründen, sondern auch weil dies Freude machen und Spaß bringen sowie etwas zur Entspannung und Erholung beitragen kann, was sich wiederum positiv auf das **Wohlbefinden** auswirken kann. Die Beurteilung, welcher Sport »gesund« ist, erfolgt in Tabelle 39 primär aus sportmedizinischer Sicht. Beurteilt werden Auswirkungen auf den passiven Bewegungsapparat, Verletzungsgefährdung, Bluthochdruck und Blutniederdruck sowie die Anpassungsmöglichkeiten des Herz-Kreislauf-Systems. Die Tabelle soll dem Trainer/Übungsleiter im Gesundheitssport als Hilfe und Orientierung in seiner Betreuungs- und Beratungsfunktion im Sportverein dienen. Grundsätzlich müssen alle Teilnehmer vor der Belastungsaufnahme zu einem sportmedizinischen Check-up!

Check-up vor der Belastungsaufnahme

Erläuterungen zu Tabelle 39

Generell gilt: Je mehr Pluspunkte, umso besser die Bewertung. In der Tabelle haben vor allem die Mannschaftssportarten nicht gut abgeschnitten. Bei vielen führt das hohe Verletzungsrisiko zu einer Abwertung. Spiele machen jedoch Spaß – zumindest sollte es so sein! Die Motivation ist bei Spielern im

Allgemeinen sehr hoch, was als Vor- und oder Nachteil gesehen werden kann. Als nachteilig erweist sie sich bei Vorschädigungen des Herz-Kreislauf-Systems und des Stoffwechsels. Besonders bei älteren Sportlern kann es dabei zu Überbelastungen kommen. Der Vorteil einer hohen Motivation ist darin zu sehen, dass eine Bindung (Teilnahme) auf Dauer wahrscheinlicher ist. Neben der Teilnahme an den Spielen sollte zu einem begleitenden moderaten Ausdauertraining geraten werden. Bei den Rückschlagspielen (Tischtennis – Tennis – Badminton – Squash) hängt vieles auch von der Art und Weise der Durchführung ab. Auch hier kann es für ältere Menschen unter Umständen zu gefährlichen Blutdruckspitzen kommen. Vergessen werden darf in diesem Zusammenhang nicht, dass Spiele andererseits die Möglichkeit bieten, Stresshormone auf biologisch sinnvolle Weise abzubauen (vgl. *Rost* 1994).

11.4 Geeignete Sportarten bei Bluthochdruck

Der Bluthochdruck ist eine Krankheit, an der ca. 20–25 % der Deutschen leiden. Er ist **einer der wichtigsten Risikofaktoren zur Entstehung von durchblutungsbedingten Herzerkrankungen**. Nicht alle sportlichen Belastungen sind für Hochdruckpatienten geeignet. Tabelle 39 beurteilt die sportlichen Belastungen im Hinblick auf ihre Tauglichkeit für Hochdruckpatienten.

Eignung	Sportart
gut geeignet	• Ausdauersportarten mit geringem Krafteinsatz: Skilanglauf, Jogging, Radfahren, Inlineskating • Einzelspiele mit geringer bis mittlerer Belastung
bedingt geeignet, je nach Schwere der Erkrankung und sportlicher Vorerfahrung	• Mannschaftsspiele mit mittlerer Belastung: Fußball, Handball, Volleyball, Basketball • Schwimmen • Wanderrudern • Sauna • Leichtathletik • Tischtennis, Tennis • Squash, Badminton
ungeeignet	• Bungee-Jumping • Gewichtheben, Bodybuilding • Boxen, Fechten • Sportkegeln

Tab. 38: Eignung verschiedener Sportarten bei Bluthochdruck (vgl. *Rost* 1994)

Sportart	Beurteilung	Hinweise/Kommentar
Aerobic	++	umfassende Fitnessschulung, problematisch bei Hochdruck, orthopädische Probleme (Knie)
Badminton	+	Trainingseffektivität hoch, starke Belastung der unteren Extremitäten, ungeeignet bei Hochdruck
Basketball	0/+	hohe Belastungsintensität, hohe Verletzungsrate, ungeeignet bei Hochdruck
Bergwandern	+	Naturerlebnis, Puls: 180 – Lebensalter = ok
Bodybuilding	–	erhebliche Blutdruckanstiege, Ernährungsprobleme
Eislauf	+	Koordination, Ausdauer und Kraft werden geschult
Fußball	0/+	sehr hohe Verletzungsrate, Belastungsintensität schwer kontrollierbar
Gymnastik	+++	umfassende Fitnessschulung
Handball	0/+	sehr hohe Verletzungsrate, hohe Herz-Kreislauf-Belastung, Koordinationsschulung
Indiaca	+	hohe Kreislaufbelastung, geringe Verletzungsgefahr
Inlineskating	++	sehr hohe Verletzungsgefahr, sehr gutes Training des Herz-Kreislauf-Systems
Jogging	+++	beste Schulung des Herz-Kreislauf-Systems
Judo	0/+	Koordinationsschulung, Konditionsschulung, Verletzungsgefahr, eher für junge Menschen
Karate	0/+	Koordinationsschulung, Konditionsschulung
Kanu	+	Naturerlebnis im Vordergrund, Herz-Kreislauf-Training bedingt möglich
Kegeln	0	Spaß und Wohlbefinden stehen im Vordergrund, keine Trainingseffekte möglich

Tab. 39: Sportarten und Disziplinen im Gesundheitscheck (Legende: +++ = sehr gut geeignet; 0 = mäßig geeignet bis eher ungeeignet) (mod. nach *Rost* 1994) (Fortsetzung auf der nächsten Seite)

Sportart	Beurteilung	Hinweise/Kommentar
Rad-fahren	+++	umfassende Schulung des Herz-Kreislauf-Systems, Naturerlebnis
Sauna	+	Stressabbau, Wohlbefinden
Schwim-men	+++	umfassende, gelenkschonende Schulung des Herz-Kreislauf-Systems
Skilauf (alpin)	0	hohe Verletzungsgefahr, Naturerlebnis, Kraftbelastung, Koordinationsschulung
Skilang-lauf	+++	umfassende Schulung des Herz-Kreislauf-Systems, Naturerlebnis, Kraftausdauer
Squash	0	hohe Herz-Kreislauf-Belastung, hohe Verletzungsrate
Tanzen/ Tanzsport	+++	umfassende Fitnessschulung, soziale Aspekte, Koordinationsschulung, Wohlbefinden
Tauchen	0	Blutdruckspitzen, Naturerlebnis im Vorder-grund, Wohlbefinden, gefährliche Sportart
Tennis	+	geringe Herz-Kreislauf-Belastung, sehr gute Koordinationsschulung
Tisch-tennis	+	geringe Herz-Kreislaufbelastung, sehr gute Koordinationsschulung, geringe Verletzungsgefahr
Triathlon	++	vielseitige Ausdauerschulung, Gefahr der Überforderung
Volley-ball	0/+	Sprungkraft, Schnelligkeit und Koordina-tionsschulung, hohes Verletzungsrisiko
Walking/ Nordic Walking	+++	gelenkschonende Belastung, günstige Schulung des Herz-Kreislauf-Systems
Wasser-gymnas-tik/ Aquatic Fitness	+++	gelenkschonend, umfassendes Fitness-training

Tab. 39 (Fortsetzung)

Aufgaben zum Kapitel

1. Welche Gesundheitsmodelle bzw. -konzepte kennen Sie? Beschreiben Sie die einzelnen Modelle.
2. Welche Risikofaktoren kennen Sie? Beschreiben Sie die Risikofaktoren. Was kann man vorbeugend dagegen unternehmen?
3. Suchen Sie aus Tabelle 38 Ihnen vertraute Sportarten heraus und versuchen Sie noch weitere Argumente für oder gegen einen Einsatz im Gesundheitssport zu finden.
4. Beurteilen Sie, wie die Sportarten aus Tabelle 38 im Hinblick auf das Risikofaktorenmodell zu bewerten sind.
5. Versuchen Sie aus Tabelle 39 im Gespräch mit Mitschülern die Bewertung der Sportarten im Hinblick auf den Risikofaktor Bluthochdruck nachzuvollziehen. Wie sieht es mit Ihrer eigenen Sportart aus?

12 Aufwärmen im Sport

Das Aufwärmen vor dem Training oder Wettkampf ist eine unverzichtbare Tätigkeit sowohl im Freizeit- als auch im Leistungssport, da es die aktuelle sportliche Leistungsfähigkeit fördert und zur Verletzungsvorbeugung beitragen kann.

Definition

Aufwärmen
Das Aufwärmen vor dem Training oder Wettkampf dient der Schaffung eines optimalen psychophysischen und koordinativ-kinästhetischen Vorbereitungszustandes sowie der Verletzungsvorbeugung (vgl. *Weineck* 2004a).

Man unterscheidet das **allgemeine Aufwärmen** und das **spezielle (sportartspezifische) Aufwärmen**. Dabei muss vor dem speziellen das allgemeine Aufwärmen durchgeführt werden. Diese Reihenfolge ist nicht umkehrbar.

12.1 Ziele im allgemeinen Aufwärmen

Beim allgemeinen Aufwärmen ist es das übergeordnete Ziel, die funktionellen Möglichkeiten des Organismus durch aktive Muskelarbeit großer Muskelgruppen insgesamt auf ein höheres Niveau zu bringen.

Praxistipps zur Durchführung

Man beginnt das allgemeine Aufwärmen mit dem **Warmlaufen**, wobei 4–5 Minuten genügen, um das Herz-Kreislauf-System in Schwung zu bringen. Das Warmlaufen darf nicht mit zu niedriger Intensität durchgeführt werden. Herzfrequenzen zwischen 60–80 % der HF-max wären ratsam, das entspricht einem **zügigen Lauftempo** (*Joch* und *Ückert* 1999). Es sollten allerdings **keine Sprints** gemacht werden! Auch ausgewählte kleine Spiele oder leichte dynamische Koordinationsübungen sind – richtig durchgeführt – vor allem im Kinder- und Nachwuchstraining sinnvoll.

Das allgemeine Aufwärmen wird dann mit Übungen aus der **funktionellen Gymnastik** fortgeführt, wobei man **Dehnübungen** (Stretching) und kräftigende Übungen in sinnvoller Weise kombinieren sollte. Es soll an dieser Stelle nochmals auf die **Bedeutung des aktiv-dynamischen Dehnens** aufmerksam gemacht werden. Hierfür genügen ca. 10 Minuten. Die gesamte

Aufwärmzeit hängt von sehr vielen Faktoren ab, wie Trainingszustand, Außentemperatur, Trainingsziel etc. Für das allgemeine Aufwärmen sollten bei einer Dauer der Trainingseinheit von 1,5–2 Stunden unseres Erachtens ca. 20–30 Minuten eingeplant werden.

Das Aufwärmen hat folgende Auswirkungen auf den menschlichen Organismus (vgl. *Weineck* 2004a, *Joch* und *Ückert* 1999):

Auswirkungen auf den Organismus

- **Herzfrequenzanstieg und Blutdruckanstieg**
  Die Herzfrequenz wird rechtzeitig auf die nachfolgende Belastung eingestellt, ein leistungsmindernder Verzögerungseffekt tritt nicht auf. Der Blutdruckanstieg bewirkt, dass vor allem der im Sport benötigten Skelettmuskulatur genügend Blut zur Verfügung steht, um die optimale Leistungsfähigkeit zu gewährleisten.
- **Erhöhung der zirkulierenden Blutmenge**
  Durch das ansteigende Herzminutenvolumen werden den Muskeln genügend Nährstoffe und Sauerstoff zu Energiebereitstellung geliefert. Abfallprodukte können schneller abtransportiert werden.
- **Regulation des Atmungssystems**
  Die Aufgabe des Aufwärmens liegt darin, die »Startverzögerung« so gering wie möglich zu halten, d.h. die Atmung schon auf ein genügendes Ausgangsniveau zu bringen. Dies ist bei allen Sportarten mit entsprechend hoher Anforderung an das Herz-Kreislauf-System zu berücksichtigen.
- **Verringerung der Muskelviskosität**
  Ein 20-minütiges intensives Aufwärmen kann die **Körperkerntemperatur auf ca. 38,5–39 °C anheben**, wodurch die innere Reibung (Viskosität) der Muskulatur abnimmt. Der **Muskel** wird ebenso wie **Sehnen** und **Bänder** belastbarer, das Muskel-Faszien-Sehnen-System auf die darauf folgende Belastung vorbereitet. Die Rissanfälligkeit sinkt.
- **Verbesserung der Energie- und Sauerstoffversorgung**
  Die Mehrdurchblutung der Muskulatur bewirkt eine bessere Versorgung der Muskelzellen mit energiereichen Substraten und dem für die aerobe Energiegewinnung wichtigen Sauerstoff. Letztendlich erhöht man durch das Aufwärmen das Sauerstoffaufnahmevermögen des Organismus, das wichtigste Kriterium für die Ausdauerleistungsfähigkeit.
- **Optimierung neuromuskulärer Prozesse**
  Die durch das Aufwärmen herabgesetzte Viskosität und erhöhte Elastizität und Dehnfähigkeit des Muskels führt zu einer **Verbesserung des koordinativen (Nerv-Muskel-)Zusammenspiels** und damit auch zu einem geringeren Energiebedarf und verminderter Ermüdung. Reaktionszeiten nach dem Aufwärmen können gegenüber einem nicht aufgewärmten Zustand um bis zu 15 % besser sein!

- **Auswirkungen auf den passiven Bewegungsapparat**
  Durch die Bewegung (Warmlaufen, dynamische Aspekte der Gymnastik) sondert die Synovialhaut der Gelenkkapsel die Synovia (Gelenkschmiere) ab, welche vom hyalinen Gelenkknorpel aufgenommen wird und dessen Oberfläche vergrößert. Durch diese Oberflächenvergrößerung nimmt die Druckbelastung auf die Gelenke deutlich ab, sie sind weniger verletzungsgefährdet.
- **Auswirkungen auf psychische Leistungsparameter**
  Das Aufwärmen führt auch zu einer **Erhöhung der psychischen Leistungsbereitschaft**. Damit kann eine Verbesserung der Aufmerksamkeitsleistung und speziell der optischen Wahrnehmung verbunden sein. Die Koordination und Präzision motorischer Handlungen wird verbessert.

12.2 Ziele im speziellen Aufwärmen

Beim speziellen Aufwärmen (auch: **sportartspezifisches Aufwärmen**) erfolgt das Aufwärmen disziplinspezifisch, d.h., es werden solche Bewegungen ausgeführt, die der Erwärmung derjenigen Muskeln dienen, die in direktem Zusammenhang mit der jeweiligen Sportart stehen. In koordinativ anspruchsvollen Sportarten steht das **Hineinarbeiten in die speziellen Anforderungen** der jeweiligen Sportart/Disziplin im Vordergrund.

Praxisbeispiele zum speziellen Aufwärmen

> Durch das **Einspielen** im Tennis oder Tischtennis, das Einpritschen im Volleyball, Zu- und Einwerfen im Handball oder das »5 gegen 2« im Fußball werden die vorhandenen und abgespeicherten Bewegungen nochmals bzw. wieder aufgefrischt und den aktuellen Bedingungen angepasst. Das Einwerfen im Handball bzw. Einschießen im Fußball (jeweils mit Torwart) sind unerlässliche Bestandteile des speziellen Aufwärmens. Hallensportler stellen sich dabei unter anderem auf die Besonderheiten des Hallenbodens, der Bälle, Netze, Tische oder der Raumwahrnehmung (Lichtverhältnisse) der Halle bzw. sogar der Akustik ein. Beim Tennis und Fußball kann man sich darüber hinaus mit den Platz- bzw. Bodenverhältnissen vertraut machen, was z.B. beim Fußball unmittelbare Auswirkungen auf die Schuhwahl hat.

Optimale Arbeitstemperatur

Vor allem bei Techniken, die eine sehr genau abgestimmte Steuerung verlangen, wie sie z.B. beim präzisen Zuspielen bzw. Schießen im Fußball oder Handball, gefühlvollen Schlägen in den Rückschlagspielen Tennis, Tischtennis, Badminton oder Squash vorliegen, spielt eine optimale Arbeitstemperatur in den Beinen bzw. im Arm-Schulter-Hand-Bereich für die **sensorische bzw. koordinative Leistungsfähigkeit** eine entscheidende Rolle.

Aufgaben zum Kapitel

1. Analysieren Sie Ihr eigenes Aufwärmprogramm, ob es den gestellten Forderungen strukturell und inhaltlich entspricht! Wo könnte es noch optimiert werden?
2. Welche Anforderungen werden in Ihrer Sportart/Disziplin an das Aufwärmen gestellt? Überprüfen Sie, ob diese auch erfüllt werden.
3. Besuchen Sie ein höherklassiges sportliches Event, z.B. Fußball-Bundesligaspiel, Volleyball-Regionalligaspiel, Basketball-Zweitligaspiel, Tischtennis-Bundesligaspiel oder Handball-Bundesligaspiel in Ihrer Nähe. Schauen Sie sich insbesondere das Aufwärmen an und dokumentieren Sie es. Vergleichen Sie es hinterher mit den hier gestellten Anforderungen. Wo gab es Abweichungen? Was waren besondere Merkmale?
4. Welche Ziele verfolgt man im allgemeinen Aufwärmen?
5. Welche Auswirkungen hat das Aufwärmen auf den menschlichen Organismus?

13 Sport und Ernährung

Vor, während oder nach dem Sporttreiben isst oder trinkt der Sportler das, was ihm schmeckt bzw. was ihm »gute Freunde« oder Trainer geraten haben. Wenn man kein gesichertes Wissen darüber hat, was der Athlet zu sich nehmen soll, ist es fraglich, ob man das Richtige ausgewählt hat. Essen und Trinken sollen die Leistungsfähigkeit unterstützen und tun dies auch bei sportartgerechter Anwendung. Verhindert werden soll zumindest, dass falsche Ernährung die Leistungsfähigkeit behindert. Es gibt in der Sportwissenschaft sehr viele fundierte Untersuchungen, welche sich mit der Problematik der Sporternährung befasst haben. Dieses Wissen bzw. diese Erkenntnisse müssen von den Trainern und Spielern in ihrer Trainingsgestaltung bzw. der Wettkampfbetreuung berücksichtigt werden. Besonders zu beachten sind dabei die besonderen Gegebenheiten jeder einzelnen Sportart. Die Ernährungssituation eines jugendlichen Tischtennisspielers hat wenig mit der eines erwachsenen Judokas oder Leichtathleten zu tun. Für jeden sollte eine Lösung gefunden werden.

Leistungsbestimmende und leistungsbeeinflussende Ernährung

Es gibt Sportarten, in denen die Ernährung **leistungsbestimmend** ist, wie z.B. im Radsport, Marathonlauf, 10.000-m-Lauf oder im Triathlon. Im Tischtennis, Tennis, Handball, Fußball oder Volleyball kann man den Einfluss der Ernährung als **leistungsunterstützend** bezeichnen. Bei groben Fehlern in der Ernährung kann auch in diesen Sportarten die Leistung negativ beeinflusst werden.

In diesem Kapitel werden Empfehlungen gegeben, die sportmedizinisch sowie rational begründbar erscheinen. Zuvor sollen jedoch einige physiologische Hintergründe erläutert werden.

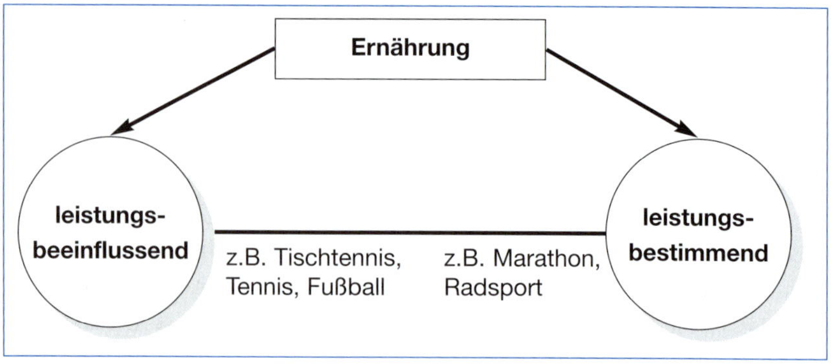

Abb. 81: Bedeutung der Ernährung zwischen zwei Polen

13.1 Besondere Bedingungen des Sports

Wenn man von der Ernährung im Sport spricht, so muss man von den unterschiedlichen Situationen ausgehen, welche die Sportarten kennzeichnen.

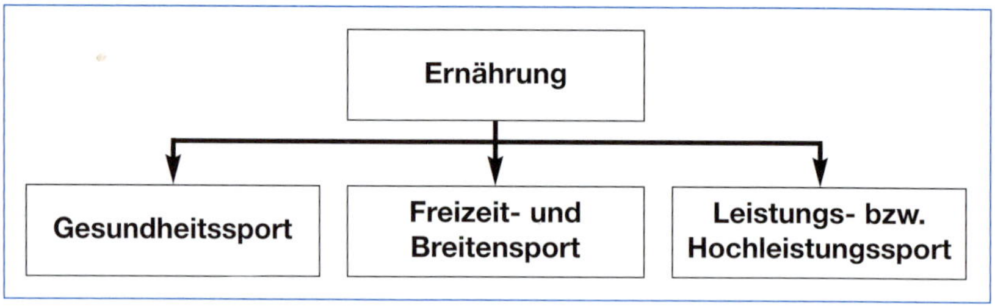

Abb. 82: Ernährung in verschiedenen Bereichen des Sports

Anforderungen an die Ernährung

Die Ernährung spielt im Freizeit- und Breitensport eine andere Rolle als im Leistungs- und Hochleistungssport. Sie soll im **Freizeit- und Breitensport** vor allem die Gesundheit der Spieler unterstützen sowie zum Wohlbefinden beitragen. Im **Leistungs- und Hochleistungssport** hat sie dieselben Aufgaben, kann jedoch die Leistung unter Umständen entscheidend mit beeinflussen. Besonders bei leistungsorientierten Spielern kann man immer wieder feststellen, dass sie trainieren (wollen) wie die Weltmeister, sich jedoch wie Kreisligisten ernähren. Das passt nicht zusammen. Ein Problem liegt unter anderem darin, dass Trainer über das Thema der Sporternährung überhaupt nicht Bescheid wissen. Wenn der Trainer sich nicht auskennt, bleibt vieles in diesem Bereich dem Zufall überlassen. Besondere Bedingungen in der Ernährung gelten auch für Kinder und Heranwachsende.

Kinder und Jugendliche befinden sich noch im Wachstum, wodurch sie sich hinsichtlich des Stoffwechselgeschehens gesehen deutlich von Erwachsenen unterscheiden. Die Nahrungsmittel werden vor allem im Anabolismus zum Aufbau der Körperstrukturen benötigt. Wird intensiv Sport getrieben (z.B. mehr als 3-mal 2 Stunden pro Woche), bedarf es einer gezielten Ernährung, um Problemen in der Entwicklung und im Wachstum vorzubeugen.

In der Praxis des Sports kann man feststellen, dass die Sporternährung sich nicht als einheitliches Gebiet darstellt, das es erlauben würde, allgemein gültige Empfehlungen auszusprechen. In der Praxis unterscheidet man folgende Bereiche der Sporternährung:

Bereiche der Sporternährung

- Training
- Liga- bzw. Rundenspiele
- Ranglistenwettbewerbe bzw. Turniere
- Tageswettkämpfe (v.a. Leichtathletik, Radsport, Triathlon)

sowie

- Trainingslager
- saisonale Bedingungen (Vorbereitungs-, Wettkampf- und Übergangsperiode)
- individuelles Ess- und Trinkverhalten der Sportler

Training stellt je nach Durchführung und Dauer spezifische Anforderungen an die Ernährung. Wer zweimal in der Woche ca. 1,5 Std. trainiert, hat andere Bedingungen als jemand, der zweimal täglich ca. 120 min pro Trainingseinheit trainiert. Im **Liga- bzw. Rundenspiel** hat man im Handball z.B. 2 x 30 min zu absolvieren, im Fußball 2 x 45 min. Hingegen ist eine Dauer im Tennis oder Tischtennis bzw. Volleyball nicht klar vorherzusagen. Bei **Ranglistenwettkämpfen oder Turnieren** oder hochintensiven Spielen bei hoher Umgebungstemperatur wird nicht selten von 3–5 kg Gewichtsverlust berichtet. Im **Trainingslager**, welches mehrere Wochen dauern kann, wird in der Regel sehr intensiv trainiert, was wiederum besondere Bedingungen für die Ernährung schafft. **Bei heißer Witterung muss der Trainer die Sportler, vor allem Kinder und Jugendliche, zum Trinken auffordern.** Sonst kann auch im Training keine optimale Leistung gefordert werden. In der Vorbereitungsphase rechtfertigt der hohe Belastungsumfang, zumeist noch in Kombination mit hohen Umgebungstemperaturen, ebenfalls eine besondere Berücksichtigung der Ernährung. Auf alle hier dargestellten Faktoren kann in diesem Artikel nicht eingegangen werden. Dennoch werden einige wichtige Hinweise und Praxistipps gegeben.

13.2 Flüssigkeits- und Elektrolythaushalt

13.2.1 Thermoregulation

Durch Muskelarbeit, auch bei einer sportlichen Belastung wie dem Handball, Tischtennis, Tennis oder Fußball, entsteht Wärme quasi als Nebenprodukt der Energiebereitstellung. Diese Wärme muss vom Organismus nach außen abgeführt werden, da es sonst zu einer Erhöhung der Körperkerntemperatur kommt, was eine Leistungsminderung mit sich bringen würde (vgl. *Moeller* und *Niess* 1997). Folgende Möglichkeiten der Wärmeabgabe stehen dem Organismus zur Verfügung:

Möglichkeiten der Wärmeabgabe

1. **Abstrahlung:** Diese ist umso effektiver, je tiefer die Umgebungstemperatur unter der Hauttemperatur liegt. Bei ca. 28–30 °C gibt es keine Abstrahlung mehr.
2. **Leitung:** Die Effektivität wird durch die Wärmeleitfähigkeit und -kapazität des Außenmediums bestimmt. Beide sind bei sportlicher Betätigung im Wasser besonders hoch, bei Sport an der Luft dagegen niedrig.
3. **Konvektion:** Wegwehen (Wind) oder Wegspülen (Wasser) von Wärme aus der Grenzschicht der Haut. Je höher die Geschwindigkeit, desto stärker die Kühlung.
4. **Verdampfung von Wasser:** Die Verdampfung von 1 l Schweiß entzieht dem Körper 540 kcal. Das reicht aus, um die Körpertemperatur eines 70 kg schweren Menschen um 7–8 Grad Celsius zu senken, sofern keine Wärme nachproduziert wird (vgl. *Moeller* und *Niess* 1997).

Das Verdunsten von Schweiß ist eine besonders effektive Art der Wärmeabgabe des Organismus. Besonders ab 30 Grad Außentemperatur ist es *die* Möglichkeit der Wärmeabgabe. Wirksam ist jedoch nur der Schweiß, welcher verdampft und nicht derjenige, welcher abtropft. Tabelle 40 führt die Bestandteile auf, welche im menschlichen Schweiß gefunden werden.

Schweißbestandteile

Anorganische Bestandteile		Organische Bestandteile	
Natrium	1.200 mg/l	Laktat	1.500 mg/l
Chlorid	1.000 mg/l	Harnstoff	700 mg/l
Kalium	300 mg/l	Ammoniak	80 mg/l
Calcium	160 mg/l	Vitamin C	50 mg/l
Magnesium	36 mg/l	Brenztraubensäure	40 mg/l
Sulfat	25 mg/l	Kohlenhydrate	o.A.
Phosphat	15 mg/l		
Zink	1,2 mg/l		
Eisen	1,2 mg/l		
Mangan	0,06 mg/l		
Kupfer	0,06 mg/l		

Tab. 40: Organische und anorganische Bestandteile des menschlichen Schweißes (vgl. *Konopka* 2003)

Die Wärmeabgabe durch das Schwitzen kann durch zwei Faktoren behindert werden (vgl. *Moeller* und *Niess* 1997):

Behindernde Faktoren

1. **Luftfeuchtigkeit:** Trockene Hitze wird als weniger belastend empfunden als Hitze in Verbindung mit hoher Luftfeuchtigkeit, da man sich dabei stärker überwärmt. Der Schweiß tropft ab, ohne zu kühlen.
2. **Dehydratation (Flüssigkeitsverlust):** Die Tendenz der Kreislaufzentralisierung senkt die Hautdurchblutung, wodurch die Hauttemperatur gesenkt und die Schweißsekretion behindert wird.

Kinder entwickeln ungefähr ab dem 10./11. Lebensjahr die Fähigkeit, über das Schwitzen ihren Körper so kühlen zu können wie Erwachsene. Erwachsenenwerte erreichen sie mit ca. 15 Jahren. Kinder schwitzen absolut und auch relativ weniger als Erwachsene. Häufig wird daraus die irreführende Schlussfolgerung gezogen, dass die Belastung die Kinder auch nicht so sehr anstrenge.

Merke

- Kinder müssen bei heißer Witterung dazu aufgefordert werden zu trinken – auch und gerade bei den Hallensportarten!
- Eine gute Rehydratation (Wiederauffüllen der Wasserspeicher) während sportlicher Belastung ist Voraussetzung für eine gute Temperaturregulation.

13.2.2 Zusammenhang zwischen Abnahme der Körperflüssigkeit und der Leistungsfähigkeit

Bei einer Gewichtsabnahme von 3 % durch Schwitzen ist die **maximale aerobe Kapazität** wesentlich beeinträchtigt. Für einen 70 kg schweren Mann sind dies 2,1 l Wasserverlust. Bei einer hohen Umgebungstemperatur tritt dieselbe Leistungseinschränkung schon bei 2 % Gewichtsverlust ein. Der Grund dafür ist in der Einschränkung der Temperaturregulation zu sehen, denn sie führt zu einer stärkeren Erhöhung der Körpertemperatur, die zusätzlich leistungsmindernd wirkt. Weiterhin verstärkt die Abnahme von Körperflüssigkeit den Sympathikotonus, wodurch **kognitive, emotionale und koordinative Leistungen beeinträchtigt** werden können. Bei Frauen liegen die kritischen Gewichtsverluste niedriger, sofern ihr Körperfettgehalt höher ist als jener der Männer (vgl. *Moeller* und *Niess* 1997). Sie können demnach einen etwas erhöhten Flüssigkeitsbedarf haben.

Merke

Während sportlicher Belastung sollte die Abnahme der Körperflüssigkeit minimiert werden, um die Leistungsfähigkeit zu erhalten.

Abb. 83: Flüssigkeitsaufnahme und Flüssigkeitsverlust im (Un-)Gleichgewicht!? (aus Leistungssport 5/92)

13.2.3 Trinken während der sportlichen Belastung

Praxistipps zum Trinkverhalten

Erbrechen und Oberbauchkrämpfe werden durch hypertone Getränke (osmotischer Druck > 325 mosmol/kg, z.B. Cola-haltige Getränke, »Powerdrinks«) sowie durch größere Mengen fester Nahrung innerhalb von 30 Minuten vor dem Spiel bzw. Training begünstigt. Ebenso begünstigen sehr kalte Getränke (um 4 °C) Magen-Darm-Beschwerden. Das Risiko von Magen-Darm-

Beschwerden steigt mit dem Grad des Körperflüssigkeitsverlustes. Hingegen sind große Trinkmengen isoliert kein Risikofaktor für die Beschwerden. Es kommt darauf an, **was** (Inhaltsstoffe) getrunken wird.

Merke

Vor und während der Belastung muss durch hypotone oder isotone Getränke mit hohem Anteil an Maltodextrinen (= Mehrfachzuckern) für den Ausgleich des Wasserverlustes gesorgt werden. Sehr kalte Getränke sind zu meiden.

Getränketypen

- **isoton** = gleich viel gelöste Partikel wie in einer Referenzflüssigkeit (hier: Blut)
  Beispiel: **Sportgetränke**
- **hypoton** = weniger gelöste Partikel als in einer Referenzflüssigkeit (hier: Blut)
  Beispiel: **Leitungswasser**
- **hyperton** = mehr gelöste Partikel als in einer Referenzflüssigkeit (hier: Blut)
  Beispiel: **Cola-artige Getränke**

Empfehlenswerte Trinkmenge

Eine entscheidende Frage ist, wie viel Flüssigkeit getrunken werden sollte. Ideal wäre natürlich ein vollständiger Ersatz der verloren gegangenen Flüssigkeit. Die Praxis zeigt jedoch oft, dass dies nicht immer möglich ist. Während der Belastung sollten alle 15 Minuten, sofern dies möglich ist, ca. 100–250 ml getrunken werden. Nach einem Spiel wäre eine Substitution von ca. 500 ml sinnvoll. Ab einer Einzelportion von ca. 600 ml lässt der Magen keine Flüssigkeit mehr in den Darm durch. Man bekommt einen »Wasserbauch«. Diesen Effekt gilt es besonders im Fußball oder Handball bzw. Basketball in den Spielpausen zu berücksichtigen.

Merke

Der Durst ist ein schlechter Ratgeber für eine optimale Rehydratation!

Wenn man sich ausschließlich vom Durst leiten lässt, gerät man bei längeren Belastungen (Turniere, Ranglisten, Tageswettkämpfe und Trainingslager) in einen **ungewollten und unbemerkten Zustand des zu starken Körperflüssigkeitsverlustes**. Die Praxis zeigt, dass viele Sportler auch dann noch relativ gute Leistungen erzielen können, wenn sie nicht mehr genügend Körperflüssigkeit in sich haben. **Es scheint so, dass der Organismus der Sportler ein gewisses Defizit toleriert, ohne dass man zwingendermaßen**

mit einem starken Leistungseinbruch rechnen müsste. Eine vollständige Wiederauffüllung des Wasserhaushaltes ist offensichtlich nicht erforderlich.

> **Merke**
>
> Der Sportler sollte lernen zu trinken, auch wenn er keinen Durst hat.

Regelmäßig Flüssigkeit nachtrinken

Durch das Trinken kann man einen zu starken, die Leistung eventuell negativ beeinflussenden Verlust an Körperflüssigkeit verhindern. **Während der sportlichen Belastung werden die Getränke langsamer vom Körper aufgenommen als in Ruhe.** Man kann unmittelbar vor einem Spiel bzw. Training kleinere Portionen zwischen 100–250 ml zu sich nehmen, um sich quasi einen Vorrat anzulegen. Je höher der Grad des Verlustes an Körperflüssigkeit ist, umso geringer ist die Magenentleerung. Diese Tatsache spricht dafür, regelmäßig Flüssigkeit nachzutrinken. Aus wissenschaftlichen Untersuchungen weiß man, dass die Glykogenreserven, von denen z.B. die meisten Sportler in den Ballspielen besonders leben, abhängig von der Belastungsintensität nach 2–3 Stunden verbraucht sind. Weitere Glukose muss über das Blut in die Muskelzelle zur Energieproduktion herangebracht werden. Deshalb ist es bei längeren Belastungen wie Turnieren, Ranglistenwettbewerben oder Trainingslagern sinnvoll und notwendig, dass Kohlenhydrate zugeführt werden. Bei einer im Fußball durchgeführten Untersuchung konnte gezeigt werden, dass diejenigen Spieler, welche in der Pause ein kohlenhydrathaltiges Getränk bekamen, durchschnittlich weitere Strecken zurücklegten als Spieler, die nur Wasser tranken.

> **Merke**
>
> - Bei Belastungen bis zu einer Stunde Dauer sind Kohlenhydrate (Zuckerformen) im Getränk nicht erforderlich, bei Belastungen bis zu 2 Stunden können sie nützlich sein, bei längeren Belastungen sind sie nötig und sollten von Anfang an im Getränk enthalten sein (vgl. *Moeller* und *Niess* 1997).
> - Kinder oder Jugendliche sowie breitensportlich oder freizeitsportlich orientierte Sportler benötigen im Training keine zuckerhaltigen Getränke zum Flüssigkeitsausgleich. Hier genügt Mineralwasser! Auch der Einsatz von so genannten »Sportgetränken« ist für diese Zielgruppe nicht ratsam.

Leistungssportler, welche 1- bis 2-mal pro Tag trainieren, sollten darauf achten, dass ihr Getränk neben den notwendigen Elektrolyten auch Kohlenhydrate enthält. **Auf Ranglistenwettbewerben oder Turnieren bzw. bei**

Tageswettkämpfen genügt es nicht, nur Mineralwasser zu trinken. Auch bei **mehrtägigen Lehrgängen** ist dies nicht optimal. Die Getränke müssen neben dem Flüssigkeitsausgleich ebenfalls die Mineralstoffe ersetzen sowie Kohlenhydrate enthalten.

13.2.4 Ausgewählte Getränke im Kurzüberblick

Cola-artige Getränke

Sie enthalten pro Liter ca. 100–110 Gramm **Zucker**. Diese Getränke sind quasi **mineralstofffrei**, können also verloren gegangene Elektrolyte nicht ersetzen. Das in diesen Getränken enthaltene **Koffein** wirkt diuretisch, d.h., es schwemmt Mineralstoffe aus dem Körper hinaus. Untersuchungen haben zudem gezeigt, dass Cola-artige Getränke mit dem Urin überdimensional viel Magnesium und Calcium aus dem Körper spülen. Beides sind essenzielle Elektrolyte für den Muskelstoffwechsel! In Amerika wurden Studien veröffentlicht, die zeigten, dass Cola-artige Getränke durch ihren hohen Phosphatgehalt die Kalziumaufnahme im Darm behindern. Das Kalzium benötigt der heranwachsende Mensch für den Knochenaufbau. Kinder und Jugendliche, die viele Cola-haltige Getränke konsumierten, zogen sich leichter und auch häufiger Knochenfrakturen zu. Das übermäßige Trinken von Cola-artigen Getränken reduzierte die Knochendichte (Stabilität) und es wurde ein dreifach (!) erhöhtes Risiko für Knochenfrakturen in der Versuchsgruppe gefunden, welche in erster Linie zum Durstlöschen Cola-artige Getränke konsumierte! **Die Eignung als Sportgetränk ist vor diesem Hintergrund physiologisch gesehen nicht gegeben.** Bei koffeinempfindlichen Personen können diese Getränke Schlaflosigkeit (Regeneration!), Kopfschmerzen und Nervosität hervorrufen.

Als Sportgetränk nicht geeignet

Mineralwasser

Mineralwasser ist nicht gleich Mineralwasser! Es gibt bei der Zusammensetzung z.T. erhebliche Unterschiede. Eine wünschenswerte Zusammensetzung an **Elektrolyten** wäre:

- Natriumgehalt 400–1.100 mg/l
- Chloridgehalt 200–1.500 mg/l
- Kaliumgehalt bis 225 mg/l
- Calciumgehalt 50–225 mg/l
- Magnesiumgehalt 50–100 mg/l
- Hydrogencarbonatgehalt mehr als 600 mg/l

Elektrolytgehalt und Kohlensäure beachten

Der **Magnesiumgehalt** ist wichtig für den Muskelstoffwechsel, ebenso das **Hydrogencarbonat**, welches einer Übersäuerung der Muskulatur entgegenwirken kann. Es ist z.T. üblich, dass Sportler Magnesiumtabletten zu sich nehmen. Dazu muss man wissen, dass die Resorptionsrate des Magnesiums bei ca. 30 % liegt. Bei einer Brausetablette, welche 150 mg enthält, könnten also nur rund 50 mg vom Körper aufgenommen werden. Es empfiehlt sich, diese Tabletten zu teilen, da hierdurch die Bruttoaufnahme gesteigert werden kann. Damit Kalzium und Magnesium sich nicht gegenseitig in der Aufnahme behindern, sollte immer doppelt soviel Kalzium wie Magnesium in einem Mineralwasser vorhanden sein. **Ein hoher Kohlensäuregehalt kann die maximale Sauerstoffaufnahme im Blut behindern und ist somit nicht ratsam.** Die bessere Wahl für den Sportler ist kohlensäurearmes Mineralwasser, also eher stilles Wasser. Bei den französischen Wässern ist ein genaues Hinschauen erforderlich, da es sich bei manchen lediglich um ein überteuertes Leitungswasser handelt. Ein zu hoher Konsum dieser Wässer kann ebenfalls problematisch sein. Sie spülen ähnlich wie Cola-artige Getränke überdimensional viel Natriumchlorid, Kalium, Kalzium und Magnesium mit dem Urin aus dem Körper!

Für die überwiegende Anzahl von Sportlern ist Mineralwasser im und nach dem Training sowie während des Wettkampfes das Getränk der Wahl.

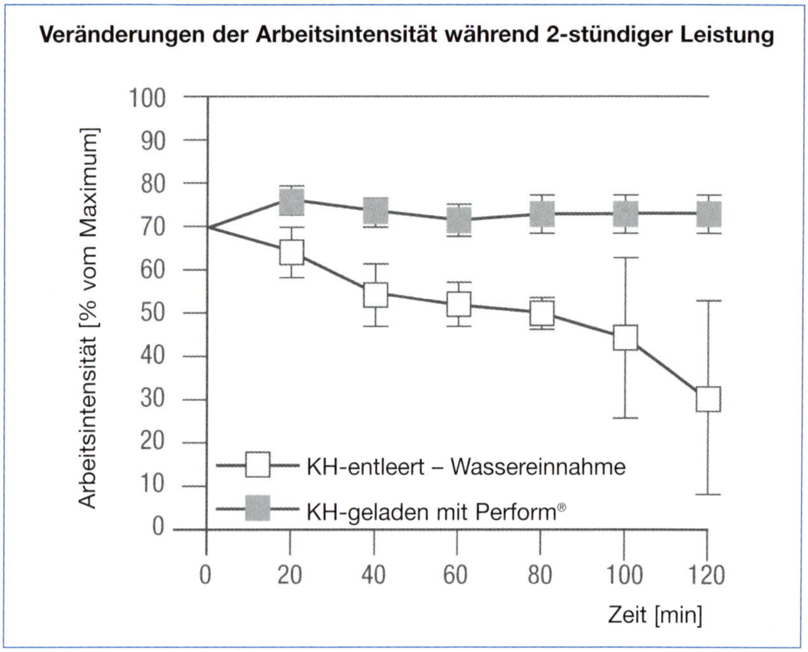

Abb. 84: Die Veränderung der Arbeitsintensität bei unterschiedlicher Substitution (Insider 12/1997)

Apfelsaftschorle

Die »Apfelschorle« ist ein unter Sportlern beliebtes Getränk und wird gerne als Geheimtipp gehandelt. Ob sich eine Apfelsaftschorle jedoch als Sportgetränk eignet, hängt ab von

1. dem Mischungsverhältnis,
2. dem zum Mischen verwendeten Mineralwasser.

Optimal erscheint ein **Mischungsverhältnis** von 1 Teil Apfelsaft und 3 Teilen Mineralwasser, quasi eine **»dünne« Mischung**. Generell gilt: Je dünner die Mischung, umso schneller die Aufnahme. In dieser Form ist das Getränk ungefähr isotonisch, kann also relativ schnell vom Organismus aufgenommen werden. Angemerkt werden muss, dass nicht jeder Sportler Apfelsaftschorle gleich gut verträgt. Der Apfelsaft führt zu einer Wassersekretion in den Darm, was unter Umständen Darmprobleme verursachen kann! Für das Wiederauffüllen der Elektrolytspeicher sowie der Glykogenvorräte ist er wegen seines hohen Kaliumgehalts **vor allem nach dem Sporttreiben ein sehr empfehlenswertes Getränk**.

Verträglichkeit beachten

Merke

Unverdünnte Fruchtsäfte eignen sich grundsätzlich nicht zum Flüssigkeitsersatz im Training oder Wettkampf.

Bier/Alkohol

Bier ist als Durststiller *nach* dem Sporttreiben nicht unüblich. **Aus physiologischer Sicht gibt es jedoch kaum etwas Unsinnigeres.** Bier ist zwar reich an Kohlenhydraten, dafür aber eher **mineralstoffarm**. Der Alkohol wirkt zudem diuretisch, schwemmt also Mineralstoffe mit dem Urin aus dem Körper. Man verschlechtert demnach seinen Mineralstoffhaushalt durch Biertrinken nach dem Sporttreiben noch mehr, nachdem dieser bereits durch die Schweißverluste im Training bzw. Wettkampf mehr oder weniger stark beeinträchtigt wurde. Dadurch wird die Regeneration behindert und verlangsamt. Es empfiehlt sich daher auch, mindestens eine Woche vor entscheidenden größeren Belastungen (Turniere/Ranglistenwettbewerbe/Tageswettkämpfe) Alkohol ganz zu meiden. In der Regeneration sollte nach einem harten Wettkampf ca. 2–3 Tage auf Alkoholkonsum verzichtet werden. Versuche haben gezeigt, dass die körperliche Leistungsfähigkeit am Tag nach einem Alkoholspiegel von 0,8–1 ‰ um ca. 10 % reduziert ist! Höhere Alkoholpegel wirken sich noch drastischer aus. **Auch alkoholfreies Bier ist weniger ratsam, da es grundsätzlich nicht genügend Elektrolyte enthält.**

Regeneration wird behindert und verlangsamt

»Powerdrinks«

Als Sportgetränke ungeeignet

Solche Drinks, welche in jüngster Zeit auf dem Markt erschienenen sind, sind **als Sportgetränke ebenfalls ungeeignet**. Sie sind **stark hypertonisch** (ca. 800 mosmol/l) und enthalten im Durchschnitt ca. 100–120 Gramm Zucker pro Liter. Das in den Getränken reichlich enthaltene **Koffein** spült Mineralstoffe mit dem Urin aus dem Körper und wirkt entsprechend auf den Sympathikus, wodurch Koordination und Konzentration beeinträchtigt werden können. Dies gilt vor allem für koffeinempfindliche Personen.

Malzbier

Eher als Regenerationsgetränk geeignet

Dieses enthält eine **günstige Mischung aus verschiedenen Kohlenhydraten** (Glukose, Maltose, Fructose, Saccharose), ist aber ebenfalls quasi **mineralstofffrei**. Deshalb empfiehlt es sich eher nach dem Sporttreiben als Regenerationsgetränk.

Sportgetränke

Schnelle Rehydratation

Magenverträglichkeit ausprobieren

Spezielle Sportgetränke sollten bzw. können in erster Linie von **jugendlichen oder erwachsenen Leistungs- bzw. Hochleistungssportlern** getrunken werden. Sie können im Training und Wettkampf für eine optimal schnelle Rehydratation sorgen. Entscheidend ist die Osmolarität sowie die Zusammensetzung des Getränks. Dazu muss der Kohlenhydratgehalt zwischen 6 und 8 % liegen (= 60–80 g). Der Natriumgehalt sollte zwischen 500–1.100 mg/l, der Kalziumgehalt unter 225 mg/l, der Magnesiumgehalt um 100 mg/l, der Kaliumgehalt unter 225 mg/l, der Chloridgehalt unter 1.500 mg/l liegen (vgl. *Brouns* 1993). Das Sportgetränk darf **keine Kohlensäure** enthalten, da hierdurch die Sauerstoffaufnahme beeinträchtigt werden kann. Nicht alle Sportgetränke sind isoton, zudem muss das Preis-Leistungs-Verhältnis abgewogen werden. Das Trinken größerer Mengen sollte wegen der Magenverträglichkeit zuvor im Training ausprobiert werden.

Merke

Weitere Richtlinien, welche für die Ernährung während einer Belastung wichtig sind:

1. Dauert die Belastung länger als 45 Minuten, so sollte eine Kohlenhydratlösung zugeführt werden, wodurch die Leistung durch Verzögerung/Verminderung verbessert werden kann.
2. Es ist besser, wenn man von Anfang an eine kohlenhydratreiche Flüssigkeit zu sich nimmt, als wenn man zu Beginn zunächst einmal nur Wasser trinkt.
3. Keine Getränke mit mehr als > 500 mosmol/l Osmolarität (z.B. Cola-artige Getränke, Malzbier, unverdünnte Fruchtsäfte) zu sich nehmen, da diese Magen-Darm-Beschwerden hervorrufen können.
4. Nach dem Trinken von viel Flüssigkeit kann sich der Magen manchmal »leer und hungrig« anfühlen, weshalb es empfehlenswert ist, leicht verdauliche, feste Nahrung zuzuführen.
5. Heranwachsende haben einen erhöhten Flüssigkeitsbedarf. Kinder und Jugendliche müssen viel trinken – und das nicht nur im Sport.

Richtlinien der Sporternährung

Merke

Grundsätzlich kann man zu den Getränken im Sport formulieren:
Kein Sportgetränk kann das Leistungspotenzial eines Sportlers über das Niveau seines Trainingszustandes anheben !

Getränke im Sport

13.3 Feste Nahrung

Wiederauffüllung der Energiespeicher

Neben der Regulierung des Flüssigkeitshaushalts spielt die Wiederauffüllung der Energiespeicher für die Leistungsfähigkeit eine dominierende Rolle. Es wäre falsch anzunehmen, dass entsprechende Ernährungsmaßnahmen nur für Spitzensportler gelten, zumal weniger trainierte Sportler mehr Kohlenhydrate als Energiestoff für die Muskelarbeit verbrauchen, bei gleicher Belastungsintensität mehr schwitzen und sich langsamer von ihrer Belastung erholen. Jeder Sportler, der seine persönliche Bestleistung erzielen möchte, beansprucht seinen Stoffwechsel maximal, ob Freizeitsportler oder Spitzensportler (vgl. *Brouns* 1993). Die folgenden Empfehlungen gelten jedoch **nicht für Nichtsportler**.

13.3.1 Kohlenhydrate

Die Kohlenhydrate (Zuckerformen) gelten generell als der wichtigste Energiestoff für den Sportler. Dies gilt vor allem für den Spielsportler, deren Belastung primär über die Kohlenhydratverstoffwechslung abläuft.

Relativ geringe Speicherungskapazität

Das Problem der Kohlenhydrate besteht in ihrer relativ geringen Speicherungskapazität. In der Leber werden ca. 100 g, in der Muskulatur selbst ca. 300 g Glykogen gespeichert. Bei gezielter kohlenhydratreicher Ernährung (engl.: **Carboloading**) lässt sich der Wert gut verdoppeln. Benötigt werden die Kohlenhydrate vor allem im Stoffwechsel. Kohlenhydrate können sowohl aerob als auch anaerob Energie liefern. Bei mäßiger Belastung, wie wir sie eher im **Freizeit-Breitensport** vorfinden, wird in den ersten 20 Minuten die Energie von Kohlenhydraten geliefert. Gleichzeitig nimmt aber die Mobilisierung der Fettreserven zu, sodass dann nach dieser Zeit das Verhältnis von Kohlenhydraten zu Fetten 50 % zu 50 % betragen kann. Danach werden immer mehr Fette zu Energieproduktion herangezogen. Bei **leistungssportlicher Belastung** beginnt der Organismus – bedingt durch die höhere Belastungsintensität – immer mehr Kohlenhydrate zu verwerten. In dieser Situation kann das Verhältnis der Energiezufuhr von Kohlenhydraten zu Fett 90 % zu 10 % betragen. Das heißt, dass bei sehr intensivem Sporttreiben bis zu einer Stunde Dauer die Kohlenhydrate zum wichtigsten Energiespender werden (vgl. *Brouns* 1993)!

Tapering-Methode

Studien haben gezeigt, dass Sportler, die ihr Training mit kohlenhydratarmer Ernährung kombinieren, nur ca. 50 % ihrer maximalen Arbeitskapazität erbringen können. In der Praxis bedeutet dies, dass man z.B. freitags – wenn samstags oder sonntags ein Wettkampf ist – sich nie bis zur Erschöpfung im Training verausgaben darf, da man am Tag darauf seine Kohlenhydratspeicher noch nicht wieder aufgefüllt haben kann. **Hartes, erschöpfendes Training sollte daher in einem zeitlichen Abstand von 4–5 Tagen vor einer solchen Belastung stattfinden.** Die Belastungsintensität muss nach neueren Erkenntnissen hoch bleiben, der Umfang des Trainings sollte jedoch reduziert werden. Man spricht hier von der so genannten »Tapering-Methode«. Dies gilt es vor allem bei bevorstehenden Ranglistenwettbewerben, Turnieren oder länger andauernden Tageswettkämpfen zu berücksichtigen.

Die Geschwindigkeit, mit der die im Organismus gespeicherten Kohlenhydrate entleert werden, kann dadurch weiter reduziert werden, dass man über die Ernährung ständig Kohlenhydrate in flüssiger oder fester Form zu sich nimmt. Vor allem die für die Regulierung des Blutzuckerspiegels in der Leber gespeicherten Kohlenhydrate können so geschont werden. Dadurch wird die **leistungsmindernde Ermüdung hinausgeschoben und die Leistung verbessert**. Dazu müssen die eingenommenen Kohlenhydrate leicht verdaulich sein und schnell vom Organismus aufgenommen werden können. Am wirksamsten sind lösliche Kohlenhydrate, die in flüssiger Form aufgenommen werden. Im Gegensatz zur alltäglichen Normalkost, welche langsam verdauliche und faserreiche Kohlenhydrate enthalten sollte, sollten kurz vor und während des Wettkampfes einzunehmende Kohlenhydrate wenig faserreich sein und einen hohen bzw. mittleren glykämischen Index aufweisen.

Definition

Glykämischer Index
Der glykämische Index gibt in Zahlen die blutzuckersteigernde Wirkung der Kohlenhydrate bzw. Lebensmittel an. Referenzlebensmittel ist der Traubenzucker mit einem Wert von 100.

Praxistipps

Lebensmittel mit einem **hohen glykämischen Index** (vgl. *Jeukendrup* und *Brouns* 1997) sind:

- Weißmehlbrötchen!!!
- Rosinen
- Bananen (geschält!)
- Honig
- Weizenkekse
- Roggenbrot
- Cornflakes
- Müsli
- Haferkekse
- Biskuitkuchen
- Energieriegel (Fettgehalt < 20 %)

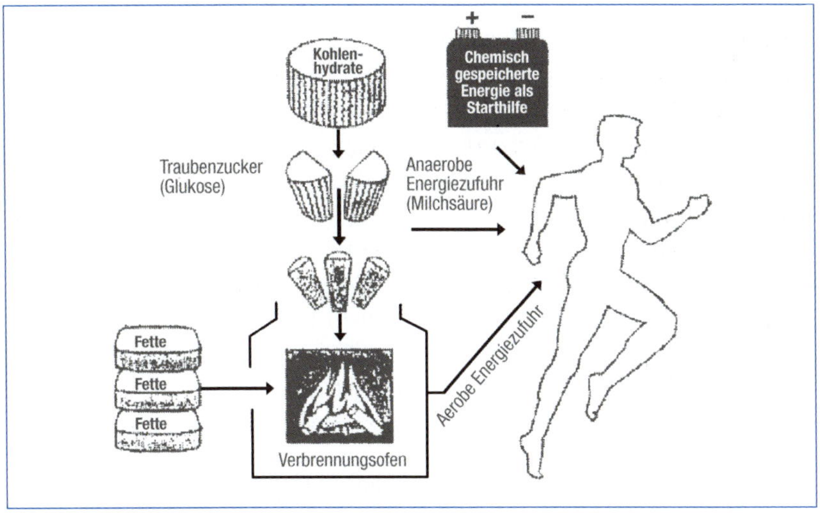

Abb. 85: Nährstoffe in der Energiebereitstellung (*Rost* 1994)

Regeneration

Bei häufigen Wettkämpfen sowie bei hohem Trainingsumfang ist die **schnelle Regeneration** ein sehr wichtiger Aspekt. Ernährungsmaßnahmen können die Erholung nachweislich signifikant positiv beeinflussen. Vor allem innerhalb der ersten Stunde nach der Belastung erfolgt eine etwas schnellere Glykogen-Wiederauffüllung. Es kann je nach Grad der Glykogenentleerung bzw. Art der zugeführten Mahlzeiten 10–36 Stunden dauern, bis die Resynthese vollkommen abgeschlossen ist.

Wie oben erläutert wird bei zweimaligem Training am Tag der Ausgangsglykogengehalt der beanspruchten Muskeln beeinträchtigt (vgl. *Jeukendrup* und *Brouns* 1997). Häufig ist unmittelbar nach der Belastung der Appetit unterdrückt und das Trinken wird dem Essen vorgezogen. Ungefähr zwei Drittel der zugeführten Nahrungsmittel sollten aus Lebensmitteln mit hohem bis mittlerem glykämischen Index (s.o.) bestehen. Getränke sollten sowohl den Elektrolythaushalt als auch den Kohlenhydratspeicher wieder auffüllen.

Praxistipps

Lebensmittel mit **mittlerem glykämischem Index** (vgl. *Jeukendrup* und *Brouns* 1997) sind:

- Spaghetti (Stichwort: »Italiener«)
- Weintrauben
- Orangen
- Makkaroni
- Nudeln
- Haferflocken

Außerdem können Nahrungsmittel mit **niedrigem glykämischem Index** aufgenommen werden:

- Äpfel
- Naturjoghurt (mager)
- rote Linsen
- Pflaumen
- Pfirsiche
- grüne Bohnen
- Kirschen
- Tomatensalat
- Vollmilch
- Magermilch

13.3.2 Fette

Neben den Kohlenhydraten stellen die Fette die wichtigste Energiequelle für sportlich aktive Personen dar. Die Bedeutung der Fette für die Energiegewinnung hängt von der Belastungsintensität sowie von der Verfügbarkeit der Kohlenhydrate ab. Die Fettreserven im menschlichen Organismus sind wesentlich größer als die Kohlenhydratreserven. Bei untrainierten Frauen liegen sie bei ca. 20–35 %, bei Männern zwischen 10 und 20 %. Je nach Ernährungsbedingung kann der Speicher sehr klein werden, etwa bei negativer Energiebilanz über einen längeren Zeitraum, oder im Falle einer positiven Energiebilanz (z.B. Überernährung) stark anwachsen. **Fettmobilisierung, -transport und -verwertung sind relativ langsame Prozesse.** In der Startphase einer körperlichen Belastung wird ein Großteil der Energie aus dem Kohlenhydratstoffwechsel freigesetzt. Erst nach ungefähr 20 Minuten ist der Fettstoffwechsel voll aktiviert, während die Kohlenhydratverwertung vermindert wird. **Die Kohlenhydratverwertung ist schneller und**

benötigt ca. 10–15 % weniger Sauerstoff zur Energieproduktion. Regelmäßiges Ausdauertraining erhöht die Fähigkeit der Skelettmuskulatur, Fette als Energiequelle zu nutzen und damit die für sehr hohe Belastungsintensitäten wichtigen Kohlenhydrate zu schonen. Dies kann den Zeitpunkt der Leistungsminderung hinausschieben! Untersuchungen haben gezeigt, dass der Fettkonsum in Industrieländern bei ca. 35–45 % liegt. Für Sportler wird empfohlen, nur ca. 20–30 % der Gesamtnahrungsmenge an Fetten aufzunehmen. Kohlenhydrate sollten einen Anteil von mindestens 50 bis zu 70 % einnehmen (vgl. *Brouns* 1993).

Zeitpunkt der Leistungsminderung hinausschieben

Merke

Sich sportgerecht ernähren bedeutet: möglichst fettarm, aber kohlenhydratreich essen!

13.3.3 Proteine

Proteine stellen eine **wichtige Grundlage für das Wachstum und die Entwicklung der Organe und Gewebe** dar. Ihre **Hauptfunktion** liegt mehr im **Anabolismus (Baustoffwechsel)** als im Katabolismus (Energiestoffwechsel). Insgesamt liegt die Proteinaufnahme in den westlichen Ländern bei ca. 10–15 Energieprozent. Der tägliche Bedarf beträgt ca. 1–2,0 g Protein pro Kilogramm Körpergewicht. Diese Werte werden bei einer ausgewogenen Ernährung erreicht. Proteine sind an der Energieproduktion nur minimal beteiligt. Selbst »Kraftsportler« benötigen keine größeren Mengen an Proteinen. Die Aufnahme von zu viel tierischem Eiweiß macht zudem die Muskulatur härter und somit verletzungsanfälliger.

Energieproduktion nur minimal

Eine **ausgewogene Ernährung für Sportler** sollte demnach in etwa enthalten:

- Kohlenhydrate 60–70 %
- Fett 20–30 %
- Proteine 10 %

Abschließend sollen noch einige Tipps für ein Ernährungstraining gegeben werden:

Ernährungstipps

Merke

1. Sportler sollten besonders vor größeren sportlichen Ereignissen ein Verhaltensmuster **»ernährungsbezogener Periodisierung«** annehmen.
2. Die kohlenhydratbetonte Ernährung hat den Zweck, den Anteil der Fette an der Energiebereitstellung zu steigern und somit die körpereigenen Kohlenhydratspeicher zu schonen.
3. Neue Ernährungsformen sollten in der wettkampffreien Zeit (Übergangsperiode) getestet werden.
4. Das regelmäßige Trinken von insgesamt größeren Mengen muss geübt werden. Es sollten dabei keine gastrointestinalen Beschwerden (Magen-Darm-Bereich) auftreten.

13.3.4 Vitamine

Die Vitamine sind als lebenswichtige Coenzyme an zahlreichen Enzymreaktionen im Energiestoffwechsel und im Proteinstoffwechsel beteiligt.

Keine Leistungssteigerung durch Vitaminzufuhr

Man unterscheidet generell die **wasserlöslichen** und die **fettlöslichen Vitamine**. Vitamine sind jedoch keine Energieträger. Es ist bekannt, dass die Gabe von Vitaminen generell die Leistungsfähigkeit im Falle von Defiziten wiederherstellen kann. Eine Leistungssteigerung durch Vitaminzufuhr konnte jedoch bis heute – wenn kein Defizit vorlag – nicht nachgewiesen werden.

Antioxidanzien

Freie Radikale

In den letzten Jahren wurde viel im Bereich der so genannten Antioxidanzien geforscht. Während des Sporttreibens entstehen in den Mitochondrien aggressive Abkömmlinge des Sauerstoffs, welche den menschlichen Organismus von innen heraus schädigen können. Gegen diese freien Radikale helfen die Antioxidanzien. Der Organismus wehrt sich gegen ein Zuviel dieser Radikalen mit dem **enzymatischen** und dem **nicht-enzymatischen System**. Das nicht-enzymatische System beinhaltet

Nicht-enzymatisches System

- Vitamin C,
- Beta-Carotin (Provitamin A),
- Vitamin E sowie
- das Spurenelement Selen.

Man kann das nicht-enzymatische System durch gezielte Ernährung beeinflussen. Häufig kann man zeitlich unmittelbar vor und nach einem großen sportlichen Ereignis beobachten, dass die Sportler verstärkt zu Erkältungskrankheiten neigen. **Psychischer Stress vor sowie die hochintensive körperliche Belastung im Sport können das Immunsystem negativ beein-**

flussen. Der Sportler wird anfälliger gegen Infektionskrankheiten. Darunter leidet die körperliche Leistungsfähigkeit. In mehreren Studien konnte nachgewiesen werden, dass eine erhöhte Zufuhr dieser Stoffe das Immunsystem des Körpers stabilisieren und unterstützen kann. Die Sportler haben weniger Erkältungskrankheiten und gleichzeitig dauern diese weniger lange. Auch die mit einer Erkältungskrankheit einhergehenden Symptome sind weniger gravierend. Diese Wirkung trifft vor allem auf **Vitamin C** zu. Zudem liegen Anhaltspunkte aus Studien mit Vitamin E vor, nach denen die Verletzungsanfälligkeit der Muskulatur durch zusätzliche Substitution mit **Vitamin E** verringert werden kann.

Immunstabilisierung

Diesen antioxidativen Schutz kann man durch eine obst- und gemüsereiche Ernährung aufbauen.

Antioxidativer Schutz

Merke

Es wird empfohlen, zwischen 2 und 5 Portionen Obst und Gemüse täglich zu sich zu nehmen. Dies ist für Breiten- und Freizeitsportler sowie Gesundheitssportler mit 2- bis 3-maligem Sporttreiben pro Woche anzuraten.

Eine tägliche Einnahme eines antioxidativen Vitaminpräparats oder von Nährstoffpräparaten, welche die empfohlene tägliche Tageszufuhrmenge nicht überschreitet, kann nur bei täglichem Training empfohlen werden, bleibt also Leistungs- bzw. Hochleistungssportlern vorbehalten.

13.4 Gewichtsreduktion und Sport

Praxisbeispiele

Im Sport können ein niedriges Körpergewicht oder eine Gewichtsabnahme aus verschiedenen Gründen wichtig sein:

1. bei **Sportarten mit Gewichtsklassen** – Judo, Ringen, Karate, Rudern, Boxen
2. bei **Ausdauersportlern** – hier bedeutet ein niedriges Körpergewicht indirekt eine Verbesserung der maximalen Ausdauerleistungsfähigkeit. Je geringer das Körpergewicht wird, desto höher wird die relative maximale Sauerstoffaufnahme pro Kilogramm Körpergewicht, sodass allein durch den Abbau von Fettgewebe die Ausdauerleistung ansteigt – und dies ohne zusätzliches Training!
3. in einigen Sportarten, in denen ein niedriges Körpergewicht **für den Bewegungsablauf günstiger** ist (Gerätturnen, Freiklettern, Skispringen)
4. bei Sportlern, die **zur Gewichtsreduktion Sport treiben** (Breiten- und Gesundheitssport)

Gewichtsreduktion

Im Folgenden geht es um Punkt 4, die Gewichtsreduktion. Viele Untersuchungen weisen darauf hin, dass die optimale Art und Weise, Gewicht zu reduzieren, in der Kombination von

- sportlicher Betätigung *und*
- diätetischen Maßnahmen

zu sehen ist.

Wichtiger Bestandteil der Maßnahmen ist, die **Energiezufuhr herabzusetzen**, sprich weniger zu essen. Dadurch zwingt man den Körper, auf seine Fettreserven zurückzugreifen. Daran führt kein Weg vorbei. Man muss zudem durch die sportliche Betätigung **mehr Kalorien (Energie) verbrennen**, als man durch die Nahrung aufnimmt. Die sportliche Betätigung aktiviert zudem die Enzyme im menschlichen Körper, welche für die Verstoffwechselung von Fett (Lipolyse) verantwortlich sind. Man kann den Fettabbau im Organismus zudem fördern, wenn man die **Nährstoffrelation** etwas ändert. Dies bedeutet viele Kohlenhydrate, wenig Eiweiß und sehr wenig Fett.

Praxisbeispiele für Fettverbrennung

Sehr viel Energie verliert der Körper beim Schwimmen, aber auch Joggen und Radfahren sowie Inlineskating sind hervorragend für die Fettverbrennung geeignet. Für Einsteiger empfiehlt sich als Bewegung ganz allgemein das sportliche Walking bzw. das Nordic Walking (Walking mit Stöcken).

Body-Mass-Index

Heutzutage bestimmt man sein Gewicht über den so genannten **Body-Mass-Index**, kurz BMI. Er erlaubt körpergrößenunabhängige Aussagen darüber, ob Übergewicht besteht und daher eine Gewichtsabnahme anzuraten ist. Berechnung und Interpretation des BMI sind im Kapitel 11.2.4 »Riskikofaktorenmodell« detailliert beschrieben.

13.5 Zusammenspiel von Ernährung, Herz-Kreislauf-System und Energiebereitstellung

Leistung benötigt Energie

Wer im Sport Leistung erbringen möchte, benötigt dazu Energie. Der Sportler benötigt Energie unter anderem für die Steuerungsfunktionen des Gehirns und insbesondere zum Bewegen seiner Muskeln. **Vom Prinzip her gesehen ist der Mensch mit einem Auto vergleichbar.** Das Auto gewinnt seine Energie aus der Verbrennung von Treibstoff, dem Benzin. Der Mensch gewinnt seine Energie aus den Nährstoffen, nämlich den Kohlenhydraten (Zuckerformen) und den Fetten. Beim Auto geschieht die unmittelbare Energiegewinnung durch Verbrennung des Benzingemischs im »Motor«.

Die mit dem Automotor vergleichbare Verbrennungsmaschine des Menschen befindet sich in seiner **Muskelzelle**. An eine höhere, intensivere körperliche Belastung passt sich der Organismus an, indem er mehr Energie produziert. In jeder Muskelzelle sind in geringer Menge die so genannten **energiereichen Phosphate** ATP und CrP gespeichert. Mit dieser Direktenergie kann man sich ca. 5–6 Sekunden hochintensiv bewegen, dann ist dieser »Tank« leer. Dies ist die anaerob-alaktazide Energiebereitstellung. Bewegt sich der Sportler mit der gleichen hohen Intensität weiter, schaltet der Organismus auf die anaerob-laktazide Energiebereitstellung um, bei der Milchsäure als Abfallprodukt entsteht. Bei dieser Art der Energiebereitstellung wird der Muskel »heiß« oder der Sportler spürt ein »Brennen« und er muss die Belastung entweder nach spätestens 40–50 Sekunden abbrechen oder deutlich reduzieren, wenn er sich länger weiterbelasten will. Hierzu »verbrennt« die Muskelzelle Kohlenhydrate.

Anaerob-alaktazide Energiebereitstellung

Anaerob-laktazide Energiebereitstellung

Die dritte Art der Energiebereitstellung, die aerobe Energiebereitstellung, verwendet als einzige Sauerstoff zur Energiegewinnung. Es kann Energie aus Kohlenhydraten und/oder Fetten gleichzeitig gewonnen werden. Dieser »Tank« ist im Vergleich zu den beiden anderen riesengroß, sodass man damit alle **Ausdauerbelastungen** bewältigen kann. Sie läuft aber auch bei den Sportspielen (z.B. Handball, Volleyball, Tischtennis, Fußball) wie ein Dieselmotor im Hintergrund und liefert ständig Energie für die Muskeln. Kurze und hochintensive Belastungen aus diesen Sportarten, wie Würfe, Schläge, Schüsse oder Sprünge, bestreitet der Körper nur über die beiden anaeroben Speicher, während im Hintergrund aerobe Vorgänge laufen. Für die aerobe Energiebereitstellung muss gleichzeitig die Muskelzelle – wenn dies länger als 2 Minuten dauert – mehr Sauerstoff geliefert bekommen. Dieser wird von der Lunge über das Blut dorthin transportiert. Die Pumpe, welche den Blutstrom zu den Millionen von Verbrennungszellen bringt, ist das Herz. Bei höheren Anforderungen schlägt es schneller, um den großen Sauerstoffbedarf der Mitochondrien decken zu können. Nachdem der Sauerstoff in diesen **»Kraftwerken« der Muskelzelle** zur Verbrennung der Nährstoffe benutzt wurde, wird er über das Venensystem zur Lunge zurücktransportiert und ausgeatmet.

Aerobe Energiebereitstellung

Ein Auto kann im Normalfall nur mit Benzin oder Diesel fahren. In diesem Punkt ist der Mensch dem Auto überlegen. Er kann Fette und Kohlenhydrate umwandeln. **Jede der drei Energiebereitstellungsformen ist für sich trainierbar.** In welcher Relation sie jeweils für die einzelnen Sportarten relevant sind, hängt von der sportartspezifischen Belastung (Dauer, Intensität etc.) ab; dies lässt sich über sportmedizinische Untersuchungen objektivieren.

13.6 Zusammenfassung

Aktive Sportler sowie Trainer und Übungsleiter müssen sich mit dem Bereich der gesunden und sportgerechten Ernährung auseinander setzen. Die Ausführungen haben deutlich gemacht, wie wichtig dieser Bereich sein kann. Je mehr Informationen man hat, umso bewusster kann man bestimmte Maßnahmen als Sportler selbst in die Praxis umsetzen, als Trainer beratend vorgehen und »erziehend« einwirken. Die Ernährung soll zum Wohlbefinden des Sportlers beitragen und darüber hinaus dazu dienen, die Leistungsfähigkeit und Leistungsbereitschaft gezielt zu unterstützen.

Aufgaben zum Kapitel

1. Welche Bereiche der Sporternährung sind Ihnen bekannt?
2. Welche Möglichkeiten der Wärmeabgabe stehen dem menschlichen Organismus zur Verfügung?
3. Welche Empfehlungen zum Trinkverhalten können Sie Sportlern aus den Sportspielen Fußball, Handball oder Basketball geben?
4. Genügt es, sich bei Sporttreiben auf sein Durstgefühl zu verlassen?
5. Kann man Cola-artige Getränke bedenkenlos als Sportgetränke empfehlen?
6. Kann man Apfelsaftschorle bedenkenlos als Sportgetränk empfehlen?
7. Welche Bedeutung kommt den Kohlenhydraten in der Sporternährung zu?
8. Welche Bedeutung haben die Fette in der Sporternährung?
9. Welche Bedeutung kommt den Proteinen in der Sporternährung zu?
10. Welche Funktion haben die Vitamine?
11. Wie sollte man sich zum Schutz vor freien Radikalen ernähren?
12. Was versteht man unter dem Body-Mass-Index?

14 Psychologische Aspekte des Sporttreibens

Praxisbeispiele

> Sportliche Leistungen werden je nach Sportart bzw. Disziplin auch mehr oder weniger stark von den psychischen Eigenschaften der Sportler und Athleten mit bestimmt. Der Elfmeter im Fußball oder der Siebenmeter im Handball jeweils kurz vor Schluss bei unentschiedenem Spielstand kann die Knie weich werden und den Wurfarm zittern lassen. Die Abfahrt auf einer vereisten Piste mit den Skiern oder dem Snowboard, der Massensprint bei der Etappenankunft im Radsport oder eine schwierige Abfahrt im Mountainbike-Downhill-Wettkampf beeinflussen die Psyche der Sportler wiederum in einer anderen Weise.

Konzentration

Begriffe wie Angst, Stress, Motivation, Entspannung oder Konzentration sind für die psychologische Situation mancher Sportarten von Bedeutung. Im Folgenden soll anhand der **Konzentration** beispielhaft aufgezeigt werden, welche Bedeutung psychischen Aspekten im Sport zukommt und wie man psychische Leistungsvoraussetzungen gezielt verbessern kann.

14.1 Konzentration im Sport

Tunnelkonzentration

Wenn man sich konzentriert, lenkt man die Aufmerksamkeit auf einen ausgewählten Bereich des Wahrnehmungsfeldes. Je stärker man sich konzentriert, umso kleiner wird das Wahrnehmungsfeld, umso weniger wird man abgelenkt. Spitzensportler sprechen bildhaft von einer »**Tunnelkonzentration**«, sie nehmen nur noch das Wesentliche wahr. *Gabler* et al. (2004) vergleichen die Konzentration bildhaft mit dem Scheinwerferlicht eines Autos in der Nacht. Durch Konzentration versucht man wichtige Reize gezielt, unwichtige dagegen nicht wahrzunehmen. Wenn man lernen möchte, wie man sich am besten konzentriert, muss man nach *Baumann* (1999) zuvor ein paar Faktoren kennen, welche die Konzentration mehr oder weniger stark beeinflussen.

14.1.1 Ziel der Konzentration

Nur wenn ein klar definiertes Ziel vorhanden ist, kann Konzentration ausgeübt werden. Einfach als Coach in ein Spiel hineinzurufen: »Konzentriert euch!« ist demnach sinnlos. Die Mannschaft müsste eigentlich nachfragen: »Auf was oder wen denn?«

Praxisbeispiele

> Eine klare Zielvorgabe wäre z.B. für einen Handballcoach: »Konzentriert euch auf den Kreisläufer!«, im Tischtennis: »Konzentriere dich auf seine Vorhand-Aufschläge!«

14.1.2 Bedürfnisse, Motivation, Wünsche

Nur wer motiviert ist, kann sich konzentrieren! Vor allem für Kinder und Jugendliche ist dies wichtig. Sie können sich umso besser und länger konzentrieren, je mehr Spaß und Lust sie an der Tätigkeit empfinden. Über den Aufforderungscharakter von Spiel- und Übungsformen muss sich der Trainer/Übungsleiter im Nachwuchsbereich entsprechend Gedanken machen (vgl. *Baumann* 1999).

> **Merke**
> Um die Konzentration zu fördern, muss der Trainer entweder die Motivation steigern und/oder den Trainingsteilnehmern das Ziel und dessen Bedeutung bewusst machen.

14.1.3 Entspannung

Durch bewusste Entspannungsübungen ist man in der Lage, sich auf sich selbst, den eigenen Körper und seine Verfassung zu konzentrieren. Entspannungsmethoden kann man lernen.

14.1.4 Zeit

Das Erlernen der Konzentration dauert unterschiedlich lange.

Praxisbeispiel

> Der österreichische Skisprungtrainer *Toni Innauer* hat z.B. seine Skispringer aufgefordert: »Konzentriert euch im Alltag ausschließlich auf die Tätigkeit, die ihr gerade verrichtet: essen, denken, sich mit dem Partner unterhalten. Wer im Alltag lernt, sich zu konzentrieren, braucht im Sport nichts Neues zu lernen.«

14.1.5 Konzentrationsrichtungen

Der ideale Konzentrationszustand ist durch eine **hellwache Geisteshaltung** gekennzeichnet (*Baumann* 1999). Man nimmt alle Einzelheiten der beabsichtigten Aufgabe bzw. der Umgebung wahr und bleibt trotzdem körperlich locker. Das Bild einer zum Sprung bereiten Raubkatze zeigt, dass Spannung und Wachheit nichts mit Verkrampfung und Verbissenheit zu tun haben. Der Gedanke »Ich muss mich konzentrieren!« kann Widerstände hervorrufen und unter Umständen das Gegenteil bewirken.

Praxisbeispiele

> Bei einem Gerätturner ist die Konzentration eng begrenzt, bei einem Fußballspiel ist sie auch dann weit gestreut, wenn man z.B. nicht selbst unmittelbar ins Geschehen eingreift. Bei Ballwechseln im Tischtennis ist sie kurzzeitig, nämlich zwischen 3 und 5 Sekunden, erforderlich, während sie beim Marathonlauf längerfristig wirken muss.

Dimensionen der Konzentration

Man kann sich nach innen, auf den eigenen Körper, konzentrieren oder mehr nach außen, auf die Wirkung der eigenen Aktion. Man spricht hier von verschiedenen Dimensionen der Konzentration (vgl. *Baumann* 1999).

14.1.6 Konzentrationstraining und Konzentrationskontrolle

Wie die oben aufgeführten Beispiele zeigen, müssen Sportler lernen, mit Ablenkungen umzugehen und sich auf die Handlungen zu konzentrieren, die sie gerade ausführen wollen. In der Praxis hat die Sportpsychologie Maßnahmen, Verfahren bzw. Techniken entwickelt, die Bündelung der Gedanken auf eine Aufgabe hin auszurichten. *Baumann* (1999) beschreibt folgende Alternativen:

Beispiele für Konzentrationstraining

- **Gedankenpendel:** Die Aufmerksamkeit wandert von einem Pol (nach innen, z.B. auf die eigene Atmung) zum anderen (nach außen, z.B. Geräusche wahrnehmen).
- **Pausengestaltung:** Sie dient der Entspannung, dem Neuaufbau verbrauchter Energien und der Erneuerung der Konzentration auf die nächste Aufgabe.
- **Zentrieren** bedeutet, die Gedanken in die Körpermitte zu richten, die Schwere des Körpers zu spüren und ein- bis zweimal bewusst auszuatmen. Man kontrolliert dadurch Gedanken, Atmung und Muskelanspannung.
- Man soll sich auf die nächste **Aktion** und nicht auf das nächste Ergebnis konzentrieren.
- **Positiv denken** heißt realistisch denken, gleichzeitig aber auch offensiv, zuversichtlich und mit Selbstvertrauen an Aufgaben herantreten.
- **Konzentration vor dem Wettkampf** bedarf bewusster Planung. Der Sportler konzentriert sich auf sich selbst und auf das, was er als Nächstes tun wird. Gedanken an Ergebnisse oder Folgen lenken ab.

- **Entspannung** verstärkt die Wirkung. Man kann gelungene Aktionen der Vergangenheit ins Gedächtnis zurückrufen und sie in der Vorstellung mit allen positiven Empfindungen und Gefühlen durchspielen.

Entscheidend ist zu wissen, dass die hier aufgeführten Methoden vom Sportler gelernt werden können. Man kann sie sich wie einen Tennisschlag oder einen Salto aneignen bzw. sie ebenso gezielt trainieren. Möchte man seine Konzentrationsfähigkeit verbessern, genügt eine punktuelle Beschäftigung nicht. Nur bei überdauernder Übung und Anwendung kann man für seine eigene Konzentrationsfähigkeit davon profitieren.

Aufgaben

1. Überlegen Sie, welche Anforderungen Ihre eigene Sportart an die Psyche des Athleten/Sportlers stellt. In welchen Situationen kommt dies besonders deutlich zum Ausdruck?
2. Versuchen Sie sich an selbst erlebte Situationen im Sport zu erinnern, welche Sie als psychologisch belastend empfunden haben. Wie hat sich das auf sie selbst ausgewirkt, was haben Sie gespürt?
3. Versuchen Sie für die einzelnen Begriffe Angst, Stress, Motivation und Konzentration entsprechende Sportarten bzw. Situationen zu finden, in denen diese deutlich zu erkennen sind. Was kennzeichnet diese Sportarten/Situationen?
4. Wie sieht es in Ihrer eigenen Sportart mit der Konzentration aus? Welche Bedeutung kommt ihr zu? Welche Möglichkeit sehen Sie, diese gezielt zu verbessern?
5. Welche Dimension der Konzentration ist in ihrer eigenen Sportart wichtig. Verändert sie sich, bleibt sie gleich? Versuchen Sie weitere Beispiele für Konzentrationsrichtungen in anderen Sportarten/ Disziplinen zu finden.

14.2 Motivation im Sport

Praxisbeispiele

Wenn man Sportler beim Training beobachtet oder sie während eines Wettkampfes sieht, kann man ihnen nicht »ansehen«, warum sie dies tun. Vor allem der Bereich des Spitzensports wirft im Hinblick auf die Beweggründe Fragen auf. Warum fährt ein Radprofi ca. 40.000 km im Jahr und quält sich z.B. während der Tour de France einen Berg nach dem anderen hinauf? Was treibt einen Triathleten dazu, für den Iron-man-Triathlon auf Hawaii zu trainieren? Das Training dieser Sportler ist auf bestimmte Ziele bzw. Zielzustände ausgerichtet, welche die Trainierenden erreichen möchten.

Die Frage nach der Motivation behandelt die Frage nach dem **Antrieb des Handelns**, dem »**Warum?**«, aber auch dem »**Warum nicht?**«. Das Handeln von Sportlern – egal, auf welcher Leistungsstufe – ist immer auf ein **Ziel** hin ausgerichtet, verfolgt bestimmte Absichten und lässt sich begründen. Diese Zielorientierung von Bedürfnissen zeigt Abbildung 86.

Zielorientierung von Bedürfnissen

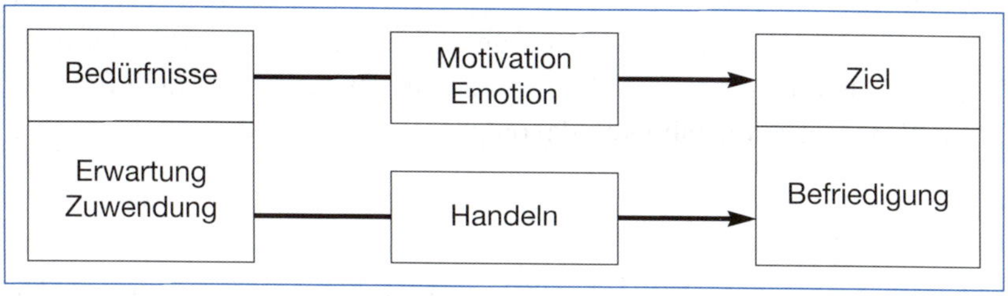

Abb. 86: Zielorientierung von Bedürfnissen (mod. nach *Baumann* 1999)

Dabei sind die Motive der Trainierenden nicht direkt beobachtbar. Wenn man jemanden Sport treiben sieht, kann man zunächst einmal nur mutmaßen, warum er dies tut. Primärbedürfnisse (Motive) zum Sporttreiben können z.B. sein (vgl. *Baumann* 1999):

Primärmotive zum Sporttreiben

- Leistung (Technik, Steigerung, Vergleich, Herausforderung, Überwindung)
- Freude und Lust an der Bewegung
- Kommunikation (Anschluss an andere, Geselligkeit)
- Kompensation (Ausgleich, Austoben)
- Gesundheit (Vorbeugung, Therapie)
- Aussehen (Figur, Fitness)
- Sozialprestige (Jugendlichkeit, Anerkennung, Image)
- Selbstvertrauen (Sicherheit, Bewusstsein des eigenen Könnens)
- Körpererfahrung (Körperbeherrschung, Selbsterfahrung)
- Regeneration (Erholung)

Motivation durch den Trainer

Bei Trainern gilt es u.a. als ein besonderes **Kompetenzmerkmal**, wenn sie die Fähigkeit besitzen, Sportler zu motivieren, indem sie diese dazu bringen, sich mit einem bestimmten Erfahrungsbereich auseinander zu setzen. Dies ist kein einfaches Unterfangen, da die Sportler zum Teil recht unterschiedlich auf die gleiche Intervention des Trainers reagieren können. Unter **Motivation** versteht man die aktuellen Prozesse, die zu einem Verhalten (z.B. Krafttraining) führen können und dieses in Gang halten. Sie ist ein situationsabhängiges, aktuelles und möglicherweise kurzfristiges Geschehen. Im Folgenden soll dies anhand von Beispielen aus der Leistungsmotivation verdeutlicht werden.

14.3 Leistungsmotivation im Sport

Hoffnung auf Erfolg

Furcht vor Misserfolg

Die Leistungsmotivation, also das Bestreben, die Leistung um ihrer selbst willen zu erbringen, weist zwei wichtige Komponenten auf: die Hoffnung auf Erfolg und die Furcht vor Misserfolg. Bei Sportlern kann man entsprechend zwischen »**Erfolgsmotivierten**« und »**Misserfolgsmotivierten**« unterscheiden. Zum Beispiel neigen erfolgsmotivierte Sportler eher dazu, zuversichtlich und optimistisch zu sein (Erfolgszuversichtliche), während misserfolgsmotivierte zu Ängstlichkeit und Pessimismus neigen (Misserfolgsängstliche). **Erfolgszuversichtliche** orientieren sich vorwiegend am Erfolg und beschäftigen sich wenig mit dem Misserfolg. Bei den **Misserfolgsängstlichen** dominiert die Furcht vor dem Misserfolg und sie bemühen sich primär, den möglichen Misserfolg zu vermeiden (*Gabler* et al. 2004).

Ziele

In mehreren Untersuchungen konnte gezeigt werden, dass die Hoffnung auf Erfolg und die Furcht vor Misserfolg mit anderen Komponenten der Leistungsmotivation zusammenhängen. Erfolgszuversichtliche setzen sich zum Beispiel vorwiegend realistische Ziele. Dies sind Ziele, die innerhalb eines mittleren, subjektiven Schwierigkeitsbereiches liegen. Die Misserfolgsängstlichen tendieren dazu, sich entweder sehr niedrige oder extrem hohe Ziele zu setzen. Diejenigen mit niedrigen Zielen – der Misserfolg kann dadurch mit großer Wahrscheinlichkeit vermieden werden – weisen eine eher geringe Gesamtmotivation auf, diejenigen mit extrem hohen bzw. unerreichbaren Zielen – der Misserfolg ist dadurch relativ wahrscheinlich – eine starke Gesamtmotivation.

Kausalattribuierung

Gleichzeitig gibt es Zusammenhänge der Erfolgs- bzw. Misserfolgsorientierung mit der Kausalattribuierung. Bei der **Kausalattribuierung** prüft der Sportler, auf welche Faktoren er die Leistung zurückführen kann, d.h., welche Gründe (kausal) er der Leistung zuschreiben (attribuieren) kann. Erfolgszuversichtliche sprechen dabei den Erfolg eher den eigenen Fähigkeiten zu, den Misserfolg eher mangelnder Anstrengung oder Pech. Misserfolgsängstliche tendieren dazu, Erfolge nicht auf ihre eigenen Fähigkeiten zu beziehen und mehr dem Zufall zuzuordnen. Misserfolge werden mehr den eigenen Fähigkeitsmängeln und weniger einer mangelnden Anstrengung zugeschrieben.

Neigung mit Erfolg oder Misserfolg umzugehen

Aufgaben zum Kapitel

1. Welche Primärmotive zum Sporttreiben kennen Sie?
2. Lesen Sie die Einführungsbeispiele aus dem Kapitel 5 »Krafttraining« durch und machen Sie sich noch einmal die Motive der Trainierenden klar.
3. Was versteht man unter der Motivation als Kompetenzmerkmal von Trainern?
4. Wodurch unterscheiden sich grundsätzlich Motiv und Motivation?
5. Beschreiben Sie misserfolgsmotivierte Sportler so genau wie möglich.
6. Beschreiben Sie erfolgsmotivierte Sportler so genau wie möglich.
7. Was versteht man unter Kausalattribuierung?

15 Sportverletzungen

Jeder Sportler – ob Breiten-, Freizeit- oder Leistungssportler – betreibt seine Sportart mit dem Risiko, sich dabei zu verletzen oder u.U. Schäden davonzutragen. Die Statistiken zeigen, dass die verschiedenen Sportarten sich bezüglich der Häufigkeit, der Schwere und Art der Verletzungen zum Teil recht erheblich voneinander unterscheiden. **Jede Sportart hat dabei ein eigenes Verletzungsprofil.** Dieses muss der ÜL/Trainer kennen, wenn er vorbeugend sinnvoll etwas gegen häufig zu erwartende Sportverletzungen unternehmen möchte. Im Vordergrund dieses Kapitels steht deshalb die Verletzungsvorbeugung, nicht deren Erstversorgung oder gar »Reparatur«.

Verletzungsvorbeugung

»Vorbeugen ist besser als heilen« besagt ein altes Sprichwort. Es gilt natürlich ganz besonders im Sport. Die beste Vorbeugung gegen Sportverletzungen setzt für den Trainer mit der **richtigen Vorbereitung auf den Sport** ein. Für den Trainer/ÜL hat die Thematik folgende Bedeutung:

Bedeutung für den Trainer

- Er trägt im Training oder Wettkampf die Verantwortung.
- Er soll Fehl- und Überbelastungen erkennen.
- Er soll das Training gefahrlos gestalten.
- Er sollte verletzte Sportler richtig trainieren.
- Er sollte bei Sportunfällen richtig handeln.

15.1 Hauptursachen von Sportverletzungen und Sportschäden

Prinzipiell lassen sich die Ursachen von Sportverletzungen in **personenabhängige** (Bandapparat, Psyche etc.) und **personenunabhängige** (Bodenbeschaffenheit, Geräte etc.) unterteilen. Für den Trainer oder Übungsleiter ist es wichtig, dass er die Verletzungsursachen und dazugehörige vorbeugende Maßnahmen kennt (Tab. 41).

Verletzungsursachen und vorbeugende Maßnahmen

Verletzungsursachen	Vorbeugende Maßnahmen
hohe Risikobereitschaft	»Fair Play«, Achtung der Person und der Gesundheit aller Beteiligten
Verletzungsrückstände	ausheilen (leichte Belastung/ Beanspruchung)
schwacher Bandapparat	Kräftigung, geeignetes Schuhwerk
fehlende Schutzmaßnahmen	Knieschützer, Helme, Ellbogenschützer
fehlende Regeneration	bewusstes Einbeziehen in den langfristigen Trainingsaufbau
muskuläre Dysbalancen	Kräftigung der Rumpf- und Stützmuskulatur
Sportgeräte	von Zeit zu Zeit kontrollieren
Bodenbeschaffenheit/ Witterungsbedingungen	kontrollieren
Ermüdung	Training der konditionellen Fähigkeiten, Trainingsplanung
mangelnde Konzentration	Konzentrationstraining, evtl. Ausdauerschulung
Gegner	auf die Psyche einwirken, Fairnesserziehung
fehlendes, mangelhaftes Aufwärmen	»richtiges« Aufwärmen, z.B. alters- und niveauangepasst

Tab. 41: Mögliche Verletzungsursachen und vorbeugende Maßnahmen

Aktive Vorbeugung ist wichtig

Entscheidend ist für den Trainer/ÜL, dass er die Ursachen kennt und auch **aktiv** etwas für die Vorbeugung tut! Dies beginnt in der Regel mit der Auswahl der Sportbekleidung und der Sportgeräte. Funktionalität ist wichtiger als der jeweilige aktuelle Modetrend. Durch geeignete Schuhwahl lassen sich Belastungen deutlich reduzieren. Generell sollten Sportgeräte, welche für Erwachsene konzipiert worden sind, nicht von Kindern benützt werden. Schutzkleidung muss man nicht nur in bestimmten Mannschaftsspielen, sondern z.B. auch beim Inlineskaten tragen. Während des Sporttreibens gilt die konsequente Berücksichtigung **allgemeiner Trainingsprinzipien** als ein zusätzlicher Faktor der Verletzungsprophylaxe. Die Sportlerinnen und Sportler benötigen entsprechende **konditionelle Voraussetzungen**, um die auf den Körper einwirkenden Belastungen zu reduzieren.

Merke

Einen besonderen Stellenwert nehmen in der Verletzungsvorbeugung das Krafttraining bzw. kräftigende Übungen ein.

Der Hauptgrund ist darin zu sehen, dass kräftige Muskeln die Gelenke besser stabilisieren und schützen können. **Bei der Beseitigung muskulärer Dysbalancen sind kräftigende Übungen ein zentraler Faktor.** Gleichzeitig sind angepasste konditionelle Voraussetzungen die Basis für das Beherrschen richtiger Bewegungstechniken. Fehlerhafte oder falsche (u.U. falsch gelernte!) Techniken beinhalten ein hohes Verletzungspotenzial.

Merke

Das Erlernen korrekter Bewegungstechniken ist aktive Verletzungsvorbeugung!

Gesunde Lebensführung, zu der unter anderem die richtige/vernünftige und angepasste Ernährung zählt, ist ein weiterer häufig unbeachteter Faktor der Verletzungsvorbeugung. Alkoholmissbrauch sowie Rauchen verlangsamen und behindern die Regeneration zusätzlich.

Merke

Regeneration ist Prävention!

Praxistipps

Verletzungen können minimiert werden,

- wenn sowohl der Aufbau der einzelnen Trainingseinheit (keine anspruchsvollen Übungen im ermüdeten Zustand)
- als auch der langfristige Trainingsaufbau (z.B. Regeneration) beachtet werden,
- wenn man den Gesundheitszustand der Sportler beachtet,
- wenn man bei fieberhaften oder infektiösen Krankheiten nicht trainiert,
- durch Vorsicht bei Entzündungen,
- durch Vorsicht bei alten Verletzungen,
- durch Vorsicht bei orthopädischen Vorschädigungen,
- durch anforderungsgerechtes Schuhwerk,
- wenn Uhren, Schmuck etc. abgelegt bzw. abgeklebt werden,
- wenn man auch auf herumliegende Gegenstände achtet,
- wenn man keine unfunktionellen Gymnastikübungen macht (z.B. Kopfkreisen),
- wenn aerobe Ausdauer für das Hinauszögern von Ermüdung und einen längeren Erhalt der Konzentrationsfähigkeit trainiert wird,

- wenn man Koordinationstraining macht (z.B. um Stürze vermeiden bzw. besser abfangen zu können).

Akute Sportverletzungen

Akute Sportverletzungen treten **plötzlich** auf. Erkennbare Ursachen wie äußere gegnerische Einwirkungen oder Stürze können vielfältige unmittelbare Anzeichen wie Schmerzen und/oder Schwellungen hervorrufen. In der Regel sind Sportverletzungen wieder ausheilbar.

Überlastungsschäden

Überlastungsschäden entwickeln sich **schleichend** und können die Folge von wiederholten Mikroverletzungen sein oder verschleißbedingt auftreten. Vor allem bei Neueinsteigern und Wiederbeginnern ist Vorsicht geboten. In der Saisonvorbereitung sollte nicht blind »Kondition gebolzt« werden. Die **Einplanung aktiver und bewusster Regenerationsphasen** ist in diesem Trainingsabschnitt besonders wichtig.

15.2 Sportverletzung - PECH gehabt?

Die im Sport am häufigsten auftretende Verletzungsart ist die stumpfe Sportverletzung, also z.B. die Prellung oder Stauchung. Um die Beschwerden zu lindern und einer Verschlimmerung vorzubeugen, ist es dringend ratsam, **sofort mit der Erstversorgung zu beginnen**. Dabei soll die Gedankenbrücke »PECH« dem Trainer oder Übungsleiter helfen, in der richtigen Reihenfolge schnell und gezielt helfen zu können (vgl. *Anrich* 2005).

PECH-Regel

P = **Pause machen**. Durch eine schnelle Ruhigstellung kann meist eine Verschlimmerung verhindert werden. Gleichzeitig wird verhindert, dass zu viel Blut in das verletzte Gebiet fließt. In dieser Phase muss auch entschieden werden, ob ein Gang zum Arzt erforderlich ist oder ob ein Krankenwagen gerufen werden muss. Fatal wäre es, bei Verletzungssymptomen einfach weiterzumachen.

E = **Eis, um die verletzte Stelle zu kühlen**. Der Kältereiz bewirkt, dass sich die Einblutung im Muskel minimiert. Der Kältereiz hat zudem schmerzstillende Wirkung. Die Eisanwendung (mit Unterbrechungen) sollte bis zu einer Gewebetemperatur von ca. 10–15 °C führen. Dies kann u.a. man mit Eiswürfeln in einem Plastikbeutel erreichen.

C = **Compressionsverband anlegen**. Man kombiniert den Compressionsverband mit der Eiskühlung. Es ist darauf zu achten, dass man den Muskel nicht abschnürt und den Schmerz dadurch verstärkt.

H = **Hochlagerung des verletzten Körperteils**. Der Muskel bzw. das Gelenk wird hochgelagert und ruhig gestellt. Dadurch wird verhindert, dass zu viel Blut in das verletzte Gewebe fließt.

Warme Eisbehandlung

Kälteanwendung kann auf verschiedene Arten erfolgen. Generell spricht man bei stumpfen Sportverletzungen von einer »warmen Eisbehandlung«, d.h. man kühlt die Stelle für eine gewisse Zeit, nimmt das Eis dann eine Zeit lang weg, um danach wieder zu kühlen. Die Kälteapplikation beeinflusst das neuromuskuläre System in der Art, dass der Schmerz vollkommen verschwinden kann. Dadurch kann der Sportler dazu verleitet werden, dass er weitermachen möchte.

Tabelle 42 zeigt Vor- und Nachteile verschiedener Kühlmethoden auf.

Verschiedene Kühlmethoden

Kühlmittel/ Methode	Vorteile	Nachteile
Eis	• erreicht tiefer gelegenes Gewebe • sehr gute Tiefenwirkung • umweltfreundlich	• nicht überall verfügbar (Eisschrank/Kühlbox) • Gefahr der Eisfixierung direkt auf der Haut
Eisspray	• kann überallhin mitgenommen werden	• Wirkung u.U. nur oberflächlich • Verbrennungsgefahr der Haut • umweltbelastend durch Müll
Eisgelpack	• erreicht tiefer gelegenes Gewebe • Wiederverwendbarkeit	• nicht überall verfügbar • u.U. Eisschrank/Kühlbox notwendig
Kältekissen	• erreicht tiefer gelegenes Gewebe	• Kühldauer begrenzt (ca. 45 min)
Wasser	• fast überall vorhanden • erreicht bei längerer Anwendung auch tiefer gelegenes Gewebe • umweltfreundlich	• Kühlung der verletzten Körperstelle u.U. sehr umständlich • längere Kühlung schwierig

Tab. 42: Vor- und Nachteile unterschiedlicher Kühlmittel und Kühlmethoden

Aufgaben zum Kapitel

1. Welches sind die häufigsten Verletzungsarten in Ihrer Sportart/Disziplin? Was können Sie vorbeugend dagegen unternehmen?
2. Wie verhalten Sie sich bei einer stumpfen Sportverletzung (Prellung)? Bitte begründen Sie Ihre Entscheidung.
3. Welche Verletzungsursachen gibt es in Ihrer Sportart/Disziplin zu berücksichtigen? Zu welchen vorbeugenden Maßnahmen muss das bei Ihnen als Trainer/Übungsleiter führen?
4. Welche Maßnahmen der Kühlung kennen Sie? Welche Vor- und/oder Nachteile haben die Ihnen bekannten Kühlungsmethoden?

Glossar

Adaptation	=	Anpassung
Adaptabilität	=	individuelle Anpassungsfähigkeit
aerob	=	Vorgänge, die mit Beteiligung von Sauerstoff ablaufen
alaktazid	=	ohne Milchsäure (Laktat) ablaufende Energiebereitstellung
Anabolismus	=	aufbauende Vorgänge im Organismus
anaerob	=	Vorgänge, die ohne Beteiligung von Sauerstoff ablaufen
Antizipation	=	vorstellungsmäßige Vorwegnahme des Ergebnisses und Ablaufs einer Handlung
Derivat	=	Abkömmling
diuretisch	=	entwässernd
Elektrolyte	=	z.B. Salze, die in wässriger Lösung in positive und negative Ionen zerfallen
essenziell	=	wesentlich
exzentrisch	=	abbremsend/nachgebend (z.B. Muskelarbeit beim Abfangen des Körpergewichts)
Flexibilität	=	Beweglichkeit, Gelenkigkeit
Fructose	=	Fruchtzucker
funktionell	=	zweckbestimmt
Glukose	=	Traubenzucker, eines der wichtigsten Kohlenhydrate
glykämisch	=	auf den Zuckergehalt im Nahrungsmittel bezogen
Glykogen	=	tierische Stärke, Speicherform des Traubenzuckers in Leber und Muskeln
Homöostase	=	Konstanz von Lebensbedingungen, Fließgleichgewicht
Heterochronizität	=	unterschiedlicher Verlauf (im Bereich der Regeneration)
intermuskulär	=	auf das Zusammenspiel verschiedener Muskeln bezogen
intramuskulär	=	auf das Zusammenspiel der Fasern in einem Muskel bezogen
isometrisch	=	Spannungsänderung des Muskels bei gleichbleibender Muskellänge
ischämisch	=	durchblutungsbedingt
Kohlenhydrate	=	Zuckerformen
Kontraktion	=	Anspannung des Muskels
konzentrisch	=	überwindend (im Krafttraining z.B. Kniestreckbewegung)
Laktat	=	Milchsäure. Abfallprodukt, das bei der Verbrennung von Glukose bei unzureichender Sauerstoffversorgung entsteht
Mitochondrien	=	Zellorganellen für aerobe Energiebereitstellung (»Kraftwerke« der Zelle)

Maltodextrine	= Mehrfachzucker
Maltose	= Malzzucker
morphologisch	= die Form, Größe, den Umfang und die Struktur von Körper, Organen oder Geweben betreffend
motorisch	= die Bewegung betreffend
neuromuskulär	= das Zusammenspiel Nerv-Muskel betreffend
Osmolarität	= osmotischer Druck einer Flüssigkeit (Verhältnis Teilchen zu Flüssigkeit)
physisch	= körperlich
Protein	= Eiweiß
Prophylaxe	= Vorbeugung
psychisch	= seelisch
Regeneration	= Erholung
Rehydratation	= Wiederauffüllung mit Flüssigkeit
Resorptionsrate	= Aufnahmemenge an Flüssigkeit in einem definierten Zeitabschnitt
retardiert	= verzögert
Saccharose	= Mehrfachzucker
Substitution	= Ersatz
Sympathikus	= Leistungsnerv
Thermoregulation	= Temperaturregulation des menschlichen Körpers
Viskosität	= Dickflüssigkeit

Abkürzungsverzeichnis

Abb.	= Abbildung
ADP	= Adenosindiphosphat
AMP	= Adenosinmonophosphat
ATP	= Adenosintriphoshat
bzw.	= beziehungsweise
ca.	= circa
CK	= Kreatinkinase
CrP	= Kreatinphosphat
d.h.	= das heißt
DSB	= Deutscher Sportbund
etc.	= et cetera
evtl.	= eventuell
g	= Gramm
GT	= Gerätturnen
HDL	= High-density Lipoprotein (»gutes« Cholesterin)
HF	= Herzfrequenz
HF-max	= maximale Herzfrequenz
HF-proz.Tr.	= prozentuale Trainings-Herzfrequenz
HF-res	= Herzfrequenz-Reserve
HKS	= Herz-Kreislauf-System
HMV	= Herzminutenvolumen
i.d.R.	= in der Regel
IAS	= individuelle aerobe Schwelle
IMP	= Inosin-5-Monophosphat
kg	= Kilogramm
KZA	= Kurzzeitausdauer
l	= Liter
LA	= Leichtathletik
LDL	= Low-density Lipoprotein (»schlechtes« Cholesterin)
LZA	= Langzeitausdauer
max	= maximal/e
mg	= Milligramm
min	= Minute/n
ml	= Milliliter
mmHg	= Millimeter der Quecksilbersäule (Messwert für den Blutdruck)
mmol	= Millimol

mod.	= modifiziert
mosmol	= Milliosmol
MZA	= Mittelzeitausdauer
S	= (Herz-)Schläge
sek	= Sekunde/n
Std.	= Stunde/n
SV	= Schlagvolumen des Herzens
Tab.	= Tabelle
Tr.	= Trainer/in
u.a.	= unter anderem
u.U.	= unter Umständen
ÜL	= Übungsleiter
v.a.	= vor allem
vgl.	= vergleiche
Wdhlg.	= Wiederholung/en
z.B.	= zum Beispiel
z.T.	= zum Teil
ZNS	= Zentralnervensystem

Literaturverzeichnis

1. Anrich, C.: Fußball – Leistung steigern, Verletzungen vermeiden. Rowohlt Verlag, Reinbek 2002
2. Anrich, C.: Supertrainer Stretching und Beweglichkeit. Rowohlt Verlag, Reinbek 2005
3. Bauersfeld, M., Voß, G.: Neue Wege im Schnelligkeitstraining. Philippka Verlag, Münster 1992
4. Baumann, S.: Psyche in Form. Hrsg. Bayerischer Landessportverband, München 1999
5. Boeckh-Behrens, W.U., Buskies, W.: Gesundheitsorientiertes Fitnesstraining. Dr. Loges, Winsen 1995
6. Bös, K.: Gesunde Kinder und Jugendliche durch gezielte Bewegungsförderung – was kann der Handball leisten? Symposiumsvortrag 17.04.2004
7. Bös, K., Brehm, W.: Gesundheitssport. Verlag Hofmann, Schorndorf 1998
8. Bötcher, G., Hönl, M.: Effektives Schnelligkeitstraining im Handball – mehr als nur sprinten. Handball-Training 3 (1994) 39–43
9. Boyle, P.M.: The effect of static and dynamic stretching on muscle force production. Leistungssport 3 (2004) 31–32
10. Brettschneider, W.-D.: Sportunterricht in Deutschland – erste Ergebnisse der SPRINT-Studie. DSB 2004
11. Brouns, F.: Die Ernährungsbedürfnisse von Sportlern. Springer Verlag, Berlin–Heidelberg–New York 1993
12. Buskies, W.: Sanftes Krafttraining nach dem subjektiven Belastungsempfinden versus Training bis zur muskulären Ausbelastung. Dt Z Sportmed 10 (1999) 316–320
13. Conzelmann, A.: Modelle sensibler Phasen als Leitkonzepte für ein entwicklungsgemäßes Training im Kindes- und Jugendalter. In: Hohmann, A., Wick, D., Claus, K.: Talent im Sport. Verlag Hofmann, Schorndorf 2002, 77–85
14. De Marées, H.: Sportphysiologie. Sport und Buch Strauß, Köln 2003
15. Dickhuth, H.-H.: Einführung in die Sport- und Leistungsmedizin. Verlag Hofmann, Schorndorf 2000
16. DTTB: Lehrplan 2000. DTTB-Eigenverlag, Frankfurt 2002
17. Feldmann, K., Späte, D.: Handlungsschnelligkeit gezielt trainieren. Handballtraining 9 (1998) 4–17
18. Friedrich, W.: Konditionstraining im Tischtennis. Hrsg. Deutscher Tischtennis Bund, Frankfurt/Main 2005
19. Friedrich, W., Moeller, H.: Zum Problem der Superkompensation. Leistungssport 5 (1999) 52–55
20. Fröhlich, M., Schmidtbleicher, D., Emrich, E., Coen, B.: Metabolische und kardiovaskuläre Beanspruchung bei spezifisch trainierten und untrainierten Männern im Kraftausdauertraining. Dt Z Sportmed 12 (2003) 355–360

21. Gabler, H., Nitsch, J.R., Singer, R.: Einführung in die Sportpsychologie. Verlag Hofmann, Schorndorf 2004
22. Grosser, M., Starischka, S., Zimmermann, E.: Das neue Konditionstraining. BLV Verlagsgesellschaft, München 2003
23. Grupe, O.: Bewegung, Spiel und Leistung im Sport. Verlag Hofmann, Schorndorf 1982
24. Haidn, O., Weineck, J. : Bogenschießen. Spitta Verlag, Balingen 2000
25. Harre, D.: Trainingslehre. Sportverlag, Berlin 1982
26. Hohmann, A., Lames, M., Letzelter, M.: Einführung in die Trainingswissenschaft. Limpert Verlag, Wiebelsheim 2003
27. Hollmann, W., Hettinger, T.: Sportmedizin – Arbeits- und Trainingsgrundlagen. Schattauer Verlag, Stuttgart–New York 2000
28. Hotz, A.: Koordination. In: Hegner, J., Hotz, A., Kunz, H. (Hrsg.): Erfolgreich trainieren! Akademischer Sportverband Zürich, Zürich 2000, 116–139
29. Janssen, P.: Ausdauertraining. 3. Aufl., Spitta Verlag, Balingen 2003
30. Jeukendrup, A.E., Brouns, F.: Ernährung im Ausdauersport: von der Theorie zur Praxis. Insider 5 (1) (1997) 1–6
31. Joch, W., Ückert, S.: Grundlagen des Trainierens. LIT Verlag, Münster 1999
32. Keul, J., Hamm, M.: Die richtige Fitnessernährung. Umschau Verlag, Heidelberg 1998
33. Klee, A., Wiemann, K.: Beweglichkeit, Dehnfähigkeit. Verlag Hofmann, Schorndorf 2005
34. Konopka, P.: Sporternährung. BLV Verlagsgesellschaft, München 2003
35. Letzelter, M.: Trainingsgrundlagen. Rowohlt Verlag, Reinbek 1984
36. Löllgen, H.: Das Anstrengungsempfinden. Dt Z Sportmed 11 (2004) 299–300
37. Martin, D., Carl, K., Lehnertz, K.: Handbuch Trainingslehre. Verlag Hofmann, Schorndorf 2001
38. Moeller, H., Niess, A.M.: Getränke im Sport. Dt Z Sportmed 9 (1997) 360–364
39. Neumaier, A.: Koordinatives Anforderungsprofil und Koordinationstraining. Sport und Buch Strauß, Köln 1999
40. Neumann, G., Hottenrott, K.: Das große Buch vom Laufen. Meyer & Meyer Verlag, Aachen 2002
41. Paffenbarger, R.S.: Körperliche Aktivität, Leistungsfähigkeit, koronare Herzkrankheit und Lebenserwartung. Dt Z Sportmedizin 2 (1991) 60–66
42. Power, K., Behm, D., Cahill, F.: An acute bout of static stretching: Effects on force and jumping performance. Leistungssport 1 (2005) 45–46
43. Rost, R.: Sport und Gesundheit. Springer Verlag, Berlin–Heidelberg 1994
44. Rost, R.: Sportwissenschaftlich-sportmedizinische Begründung für einen gesundheitsorientierten Sport außerhalb und innerhalb der Hochschule. In: Schulke, H.-J. (Hrsg.): Gesundheit in Bewegung. Meyer & Meyer Verlag, Aachen 1992
45. Schnabel, G., Harre, D., Borde, A. (Hrsg.): Trainingswissenschaft. Sportverlag, Berlin 2002
46. Spiecker, H.: Sportschuhe. Perimed-Verlag, Erlangen 1983
47. Steinhöfer, D.: Grundlagen des Athletiktrainings. Philippka Verlag, Münster 2003
48. Tittel, K.: Beschreibende und funktionelle Anatomie des Menschen. Gustav Fischer Verlag, Stuttgart 1985

49. Weineck, J.: Optimales Training. Spitta Verlag, Balingen 2004a
50. Weineck, J. : Sportbiologie. Spitta Verlag, Balingen 2004b
51. Weineck, J., Haas, H.: Optimales Basketballtraining. Spitta Verlag, Balingen 1999
52. Wick, D.: Biomechanische Grundlagen sportlicher Bewegungen. Spitta Verlag, Balingen 2005

Sachregister